MÉMOIRES

DU

BARON D'HAUSSEZ

DERNIER MINISTRE DE LA MARINE SOUS LA RESTAURATION

PUBLIÉS PAR SON ARRIÈRE-PETITE-FILLE

LA DUCHESSE D'ALMAZAN

INTRODUCTION ET NOTES PAR

LE COMTE DE CIRCOURT ET LE COMTE DE PUYMAIGRE

TOME SECOND

PARIS
CALMANN LÉVY, ÉDITEUR
RUE AUBER 3, ET BOULEVARD DES ITALIENS, 15
A LA LIBRAIRIE NOUVELLE
—
1897

MÉMOIRES
DU BARON D'HAUSSEZ

DERNIER MINISTRE DE LA MARINE SOUS LA RESTAURATION

Droits de traduction et de reproduction réservés pour tous pays, y compris la Suède, la Norvège et la Hollande.

MÉMOIRES
DU
BARON D'HAUSSEZ

DERNIER MINISTRE DE LA MARINE SOUS LA RESTAURATION

PUBLIÉS PAR SON ARRIÈRE-PETITE-FILLE

LA DUCHESSE D'ALMAZAN

INTRODUCTION ET NOTES PAR

LE COMTE DE CIRCOURT ET LE COMTE DE PUYMAIGRE

TOME DEUXIÈME

PARIS
CALMANN LÉVY, ÉDITEUR
ANCIENNE MAISON MICHEL LÉVY FRÈRES
3, RUE AUBER, 3

1897

MÉMOIRES
DU BARON D'HAUSSEZ

DEUXIÈME PARTIE

CHAPITRE PREMIER

M. d'Haussez à Bordeaux. — Ses prédécesseurs, M. de Breteuil et M. de Tournon. — M. Ravez. — M. Gautier. — Le général Alméras. — Travaux d'embellissement et d'utilité exécutés à Bordeaux. — Une statue de Louis XVI décapitée à la fonte. — Monseigneur de Cheverus, le clergé, les jésuites. — La statue de M. de Tourny. — Travaux conçus pour l'utilité du département de la Gironde, la plupart entravés par l'administration centrale.

Après avoir soldé un compte d'arrérages politiques, je reviens à ce qui me concerne personnellement.

La préfecture de la Gironde, à laquelle je venais d'être appelé, était le poste que j'enviais le plus. La première de France par son importance, son rang et l'agrément de sa résidence, elle avait pour moi l'avantage de me rapprocher du département des Landes que j'avais administré, et où j'avais laissé, outre des amis dont l'affection disposerait favorablement l'esprit de mes nouveaux administrés, des projets dont l'exécution se rattacherait aux intérêts de la Gironde. Les études que j'avais faites dans un pays me serviraient dans l'autre. J'atteignais donc ainsi la réalisation de mes espérances.

Mon amour-propre ne m'aveuglait pas cependant au point d'attribuer à mon seul mérite la faveur que je recevais; je n'en étais redevable qu'au refus fait par M. de Montlivaut[1] d'échanger la préfecture du Calvados contre celle de la Gironde. Des considérations d'intérêt le déterminèrent à préférer une position en harmonie avec ses ressources pécuniaires, à une plus brillante où il lui faudrait faire une dépense que sa fortune ne comportait pas. Le ministre de l'Intérieur lui avait proposé une augmentation de traitement de cinq mille francs. Madame la duchesse d'Angoulême, qui se considérait presque comme la reine de Bordeaux et se mêlait de tout ce qui s'y faisait, avait offert une somme pareille. M. de Montlivaut voulait le double de ces sommes : il fut refusé. On songea alors à moi, j'acceptai sans conditions.

Au mois de mai 1824, je pris possession de ma nouvelle administration. L'organisation en était parfaite; les ressources immenses; je me promis de ne rien changer à la marche des affaires et d'attendre pour faire du nouveau, l'achèvement de ce qui avait été commencé par mes prédécesseurs. J'ai

1. Montlivaut, né en 1770, servit dans l'artillerie avant la Révolution; émigra, rentra en France sous le Consulat. Secrétaire de Joséphine après son divorce (1811). Préfet des Vosges en 1814, résigna ses fonctions pendant les Cent Jours. A la seconde Restauration, Louis XVIII le nomma préfet de l'Isère, conseiller d'Etat en service extraordinaire en 1816, préfet du Calvados en 1817.

suivi fidèlement ce plan qui m'avait réussi dans mes autres départements.

J'avais eu pour prédécesseur immédiat le comte de Breteuil[1], excellent chrétien, médiocre administrateur, qui faisait ou croyait faire des miracles partout, et n'en faisait certes pas en administration. S'il avait porté un nom vulgaire, on l'aurait peut-être compris dans une fournée de destitutions, mais il s'appelait M. de Breteuil : on en fit un pair.

Pendant son administration, M. de Breteuil avait dépensé les idées de son prédécesseur sans leur en adjoindre une seule des siennes. M. de Tournon, à qui il avait succédé, avait une manière d'agir toute différente. Il voulait paraître tout concevoir, tout exécuter. On n'indiquait pas une pensée qui ne se trouvât dans sa tête, pas un moyen auquel il n'eût songé. Il y avait, étendue sur tout son individu, une telle couche épaisse de morgue, de contentement de lui-même, d'importance, que l'on ne savait si elle recouvrait du talent ou de la nullité. Si on l'eût cru, dans ses préfectures de Riom, de Bordeaux et de Lyon, et dans le conseil des bâtiments dont, pour le malheur des administrateurs de province, il a exercé la présidence pendant une dizaine d'années,

---

1. Achille-Stanislas-Émile Le Tonnelier de Breteuil naquit à Paris le 27 mars 1781. Son père était maréchal de camp et appartenait à la famille qui donna un ministre à Louis XVI. M. de Breteuil, après avoir été auditeur au conseil d'État, en 1813, fut nommé préfet des Bouches-de-l'Elbe, et occupa sous la Restauration plusieurs autres préfectures. Il fut créé pair en 1823, adhéra au gouvernement de Juillet et plus tard à l'Empire sous lequel il devint sénateur. Mort à Paris en 1864.

il aurait eu la pensée de tout ce qui devait se faire de beau, de grand, d'utile en France. Depuis le pont de Bordeaux jusqu'au plus petit presbytère de village, tout serait sorti de son imagination. Il est vrai que son travail était lent et difficile. Le projet le plus simple subissait dans ses bureaux un examen de plusieurs années, et souvent encore il n'en sortait que défiguré et rendu impropre à sa destination. Par compensation, M. de Tournon[1] posait des premières et des dernières pierres à tous les coins des territoires confiés à son administration. Il avait posé la première et la dernière pierre du pont de Bordeaux, commencé longtemps avant son administration et qui n'a pas été achevé sous la mienne ; la première pierre et la dernière d'un quartier de Lyon qui est encore à faire. Je ne suis pas sûr qu'il n'ait pas posé la première pierre du Colisée et la dernière du Vatican pendant sa préfecture de Rome. Il en était bien capable.

Appelé à la pairie, il avait su passer entre tous les partis sans s'être jamais prononcé pour aucun,

1. Le comte de Tournon-Simiane, d'une ancienne famille du Vivarais, naquit à Apt, le 23 juin 1778. Préfet de Rome de 1810 à 1814, il y laissa, dit une note de la *Correspondance du comte de Serre*, la réputation d'un excellent administrateur. En 1815, il devint préfet de la Gironde, et en 1822 du Rhône. En 1823 il fut élevé à la pairie, et mourut le 18 juin 1833, dans le département de Saône-et-Loire, au château de Génclard. On a de lui des *Études statistiques sur Rome et les États romains*. Le 14 février 1834, son éloge composé par le marquis de Mortemart, fut lu à la Chambre des pairs par le baron Monnier (Voir *Correspondance du comte de Serre*, tome III, page 445.) Après 1830, M. de Tournon ne se montra pas hostile au nouveau gouvernement.

faisant quelquefois mine d'appartenir à l'opposition, puis endossant l'habit de gentilhomme de la chambre et venant pavaner dans les salons du roi.

M. de Tournon était un de ces hommes sur lesquels le jugement peut s'exercer dans les sens les plus opposés, tant il était difficile, malgré les efforts qu'il faisait pour se mettre en avant, de se dire s'il avait du mérite ou s'il n'en avait pas.

Une influence aussi grande et imposante qu'incommode, celle de madame la duchesse d'Angoulême, pesait sur le département de la Gironde et ajoutait singulièrement aux difficultés de son administration. C'était Bordeaux qui, le premier, avait donné le signal du retour de la fortune de la maison des Bourbons; c'était à Bordeaux que madame la Dauphine avait, en 1815, déployé le courage et l'énergie qui ont rendu son nom à jamais célèbre.

Un séjour de plusieurs mois qu'elle avait fait dans cette ville, pendant la campagne d'Espagne, l'avait familiarisée avec tous ses intérêts, tels au moins qu'on les lui avait fait voir, sous un jour faux. Elle en connaissait les principaux habitants, tels qu'ils s'étaient montrés, c'est-à-dire avec assez peu de vérité. La princesse avait donc la prétention de pouvoir juger de tout et de tout diriger à Bordeaux. M. de Tournon en avait souffert; M. de Breteuil s'en était arrangé. Je craignais d'autant plus d'éprouver des désagréments, que je ne pouvais me faire illusion sur les dispositions peu favorables de Son Altesse à mon égard. Ma seule ressource restait dans l'indépendance que je m'étais faite et à laquelle j'étais redevable de la dignité que j'avais toujours su allier, à ma déférence envers les ministres auxquels je n'hésitais pas à résister, lorsque les ordres qu'ils me donnaient ne convenaient pas à mon caractère ou à mes opinions.

On m'avait au reste fort exagéré les désagréments dont j'étais menacé. Lorsque, après ma nomination, je me présentai chez madame la duchesse d'Angoulême, elle m'entretint dans des termes généraux, et parut se défendre de toute participation aux affaires de mon département. Le ton dont elle me parla me fit juger que cette réserve tenait entièrement à un sentiment qui s'attachait à moi. Je fis semblant de ne pas comprendre le fond de sa pensée, et je pris la princesse au mot; je donnai des assurances de mon désir d'étudier les intentions et même les affections de Son Altesse royale, pour en faire la règle de ma conduite, et je m'en tins là.

Mes anciennes relations avec M. Decazes devaient encore ajouter aux difficultés qui m'attendaient et rendre ma position plus délicate. Depuis trois ans elles avaient été interrompues, mais je sentais la convenance de les reprendre dans un département où il avait de vastes propriétés, où il résidait, et auquel il avait rendu d'incontestables services. Je prévins M. de Corbières de mes intentions; il apprécia les motifs qui m'engageaient à me rapprocher de M. Decazes, et me dit qu'il comptait d'ailleurs que je saurais me garantir de son influence,

en donner des preuves. « Si dans votre département, ajouta-t-il, on trouve mauvais que vous voyiez l'ancien président du Conseil, vous direz qu'il est duc, qu'il est pair, et qu'à ces titres il mérite des égards; vous ajouterez qu'en prenant congé du roi, vous avez remarqué à la cheminée du Cabinet de Sa Majesté le portrait de M. Decazes mêlé à ceux des membres de la famille royale, et que vous vous croyez obligé de vous montrer poli. » Je me conformai ponctuellement à ces instructions, les seules que M. de Corbières me donna. Car, m'étant présenté chez lui la veille de mon départ pour obtenir une audience que je poursuivais en vain depuis plusieurs jours, il me demanda d'un ton moitié brusque, moitié distrait, ce que je voulais de lui. Je lui répondis que je désirais l'entretenir du département que j'allais administrer. « Qu'avez-vous à me dire? — Peu de chose, mais je présume que Votre Excellence a des instructions à me donner. — Moi?... non... Ah! si, pourtant : Portez-vous bien! » Voilà une singulière façon de congédier un administrateur.

J'avais souvent rencontré M. Ravez[1], député de la Gironde et alors président de la Chambre, mais sans avoir jamais eu avec lui des rapports suivis. Ma nouvelle position m'imposait le devoir de lui montrer de la confiance et de chercher à en obtenir de lui. J'y parvins, et nos relations ont toujours

---

1. Voir la note 1 à la fin du volume.

conservé un caractère d'estime et d'affection réciproques.

Considéré dans une certaine sphère d'idées, et dans une spécialité d'emploi, M. Ravez est un des hommes les plus distingués de l'époque. A une noble éloquence que font ressortir une voix retentissante, une déclamation juste, une belle figure et un air grave, il joint de vastes connaissances en jurisprudence, un esprit droit qui sait en faire l'application et une conscience inflexible. Il peut être donné en exemple à la magistrature à la tête de laquelle l'opinion unanime de la France l'a placé. Il a exercé avec éclat la présidence de la Chambre des députés, ce qui était en harmonie avec ses études et ses habitudes de prédilection. Jamais cette Chambre n'a été dirigée avec plus de dignité, de convenance, de talent et, quoi qu'en ait dit la faction qui lui était opposée, avec plus d'impartialité.

Les personnes qui ont vu M. Ravez dans des dispositions purement politiques, n'accordent pas autant d'éloges à l'aptitude qu'il y apportait. Ses vues alors perdent de leur étendue. Il s'attache à des considérations de détail qui ne lui permettent pas d'embrasser un horizon un peu vaste. Son imagination, accoutumée à ne marcher qu'appuyée sur des règles positives ou sur des faits, se montre hésitante et timide. Il paraît s'être fait à cet égard une justice plus rigoureuse encore, car il s'est constamment refusé à entrer dans le ministère, dont, à plusieurs reprises, les portes lui ont été ouvertes. La part de renommée qu'il s'est acquise est assez belle pour que, en homme sage, il ait craint de la compromettre en se laissant entraîner, par l'ambition, hors de la ligne dans laquelle un doute, peut-être exagéré de ses moyens, l'a engagé à se renfermer.

Sa conduite ferme et courageuse pendant la Terreur de la première Révolution, et les tracasseries de la dernière, couronnent dignement la haute réputation que ses talents et son caractère lui ont faite.

On m'avait prévenu que j'aurais à ménager l'excessif amour-propre d'un négociant qui s'était mis en possession de la confiance de madame la duchesse d'Angoulême, et s'en faisait un moyen d'influence exploité avec peu de réserve à Paris et à Bordeaux. Lorsque j'arrivai dans cette dernière ville, je trouvai un changement déjà très sensible dans les sentiments de M. Gautier [1] dont l'exaltation politique s'était subitement affaissée au point d'être descendue au niveau des sentiments peu chaleureux, presque hostiles même de la défection.

C'était dès lors un de ces royalistes qui, parvenus aux extrêmes limites de leur opinion, ont sauté dans l'opinion contraire afin de ne pas s'arrêter. On

1. Gautier (Jean-Elie), né à Bordeaux le 6 octobre 1781, devint membre du conseil municipal et du conseil général de la Gironde. Député en 1823, il vota dans un sens ministériel; en 1827 se détacha de la droite et fut l'un des rédacteurs de l'adresse des 221 qu'il lut à Charles X. Fait pair de France en 1832, ministre des finances en 1839, fait sénateur en 1852 par le prince président.

prétend que pour faire diversion au blâme que lui avait attiré une longanimité poussée trop loin dans une circonstance où son extrême vivacité aurait tout au plus été suffisante, M. Gautier s'était, en 1814, jeté à corps perdu dans le mouvement royaliste qui avait provoqué la reconnaissance de la légitimité lors de l'entrée de M. le duc d'Angoulême à Bordeaux. Trop compromis pour reculer, il persista pendant les Cent Jours dans sa ligne de conduite, et durant les années suivantes, il se montra exalté parmi les plus exaltés de son parti. Son zèle le recommanda auprès de madame la dauphine qui, dans l'exercice du patronage que les circonstances lui avaient donné sur la ville de Bordeaux, lui accorda une confiance illimitée. Élu député, son ardeur royaliste s'amortit. Il devint défectionnaire et entraîna après lui la clientèle nombreuse que la bienveillance inconsidérée de son auguste protectrice avait groupée autour de lui. Bien des gens, qui à son instigation votaient pour des candidats libéraux, croyaient encore servir la cause royaliste, parce qu'ils agissaient d'après M. Gautier. C'est à lui principalement que l'on doit attribuer la perte de l'esprit public dans Bordeaux.

Sa mauvaise volonté était d'autant plus dangereuse qu'elle était servie par une capacité réelle en affaires, et par le talent de bien écrire un discours. M. Gautier est très entendu en matière de finances. Rapporteur du budget à différentes reprises, il a constamment fait preuve de talent. On peut se dispenser de le dire à lui et à ceux qui le connaissent, car son air satisfait prouve qu'il le sait, et suffit pour en informer tout le monde. Comme bien d'autres, M. Gautier a trouvé le prix de sa défection dans sa nomination à la pairie.

Parmi les autres notabilités incommodes, je comptais MM. Lainé, de Peyronnet, de Sèze, Duhamel, Dudon, qui tous étaient originaires de Bordeaux, qui tous y avaient des intérêts ou des parents, qui tous affichaient la prétention d'y faire parade d'influence. Il m'eût été trop difficile de satisfaire tant d'exigences. Je pris le parti de m'affranchir de toutes; et avant de quitter Paris, je m'y étais pris de manière à ne laisser aucun doute sur la fixité de ma résolution à cet égard; j'ai eu à m'en applaudir. Excepté dans de rares circonstances, j'ai été peu contrarié par tous ces personnages que l'on m'avait faits et que je croyais être si redoutables.

Je retrouvai à Bordeaux une ancienne connaissance de l'Isère; le lieutenant général Alméras [1]. qui commandait la 11ᵉ division militaire. Son caractère bizarre offrait un mélange de bonhomie et de susceptibilité d'esprit, il avait le savoir d'un bénédictin et la rudesse d'un soldat mal élevé, une abnégation complète de prétentions personnelles, et une rigueur offensante sur tout ce qui avait rapport

1. Louis Alméras fait baron par l'Empereur, naquit le 14 mars 1768 et mourut en janvier 1828. Engagé volontaire au début de la Révolution, il suivit Kléber en Égypte et assista aux grandes batailles de l'Empire. En 1812 il fut nommé général de brigade et en 1823 nommé au commandement de Bordeaux.

à son rang. Au milieu d'une atmosphère de fumée de tabac soigneusement entretenue, le général Alméras passait sa vie à lire, à jouer au billard, à se mettre en colère, à gronder, jurer et rire de ses emportements, auxquels il mettait un terme en riant le premier. C'était l'homme le plus singulier qu'il fût possible de voir, celui avec lequel il était le plus facile de se brouiller ou de vivre en parfaite intelligence. Je n'hésitai pas à prendre ce dernier parti, et jamais le plus léger nuage ne s'est élevé entre nous.

Il y avait à Bordeaux une puissance collective qu'il fallait soigneusement ménager : c'était celle du commerce. Je n'épargnai rien pour me la rendre favorable. Force lieux communs dans le commencement, peu après une connaissance approfondie de ses intérêts, un désir appuyé de preuves de les servir, me la concilièrent et m'en firent une auxiliaire qui ne m'a manqué qu'aux élections de 1827. Encore le refus de concours que j'éprouvai, fut-il le résultat des fautes du gouvernement plus que d'une opinion arrêtée à l'avance chez ceux qui jusqu'alors m'avaient secondé avec un zèle soutenu.

Bordeaux doit sa prospérité à sa position au confluent de la Garonne et de la Dordogne et à sa proximité du confluent des deux fleuves qui en font l'entrepôt nécessaire du commerce des provinces méridionales de la France. C'est dans ce port que se fait l'échange des vins précieux récoltés sur les rives du Rhône et de la Garonne avec les objets que ses vaisseaux vont chercher dans toutes les parties du globe. Cet état prospère n'est pas acheté par l'exubérance de la population que la perspective de moyens d'existence amène ordinairement dans les lieux où le commerce a une grande activité. Celui de Bordeaux suffit à tous les besoins de sa population. Il l'entretient dans un état d'aisance que de graves perturbations politiques pourraient seules interrompre. La disproportion de la population agricole du département avec les besoins exigés par les travaux de l'agriculture est plus sensible ; mais elle est compensée par l'émigration momentanée d'ouvriers que les Pyrénées et la Saintonge fournissent dans la saison où leur travail est nécessaire. L'industrie manufacturière serait donc sans objet et sans moyens dans le département de la Gironde. Pour s'y établir même, elle serait obligée d'appeler une population étrangère qu'un chômage laisserait sans ressources. Puis tout entier aux spéculations aventureuses des armements maritimes, l'esprit des négociants bordelais manque du calme et de la patience nécessaires pour pénétrer dans les minutieux détails d'une entreprise industrielle, pour en surveiller le développement et en attendre les résultats. J'ai donc dû me borner à une protection active à l'égard de quelques usines destinées à l'exploitation du minerai et des bois des Landes. Si je n'ai pas détourné l'industrie, je n'ai au moins rien fait pour l'attirer. J'ai atteint mon but, non sans contrarier les idées alors très en vogue qui attachaient à la propagation des manufactures la prospérité des centres où elles s'établissent.

On a beaucoup parlé de l'influence du clergé et de celle des jésuites. On en est venu jusqu'à en chercher la preuve, et trop tard, il est vrai, car tout était détruit. Elle a démenti les astucieuses accusations des ennemis de la royauté. Chassés contre toute espèce de droit, les jésuites n'ont pas tenté de résister. Leurs amis, que l'on disait si nombreux et si fanatiques, ont à peine fait entendre quelques réclamations. La révolution s'est opérée, et pas un prêtre n'a élevé la voix contre elle. Avant ces deux épreuves j'avais vu de près ce clergé et ces jésuites que l'on faisait si redoutables, et je m'étais convaincu qu'ils ne justifiaient en rien les craintes hypocrites que l'on affectait à leur sujet. Je ne passais pas pour dévot. Dans aucune occasion, je n'hésitai à réprimer avec énergie tout ce qui avait l'air d'une tentative d'empiètement du clergé. J'ai de fortes raisons de penser que je n'en étais pas aimé ; et jamais pourtant un reproche, un avis même du ministère ne m'a révélé l'existence d'une réclamation.

Bordeaux possédait un collège tenu par des jésuites. Jamais un de ces prêtres ne s'est mêlé dans une intrigue politique ni même dans ces menées religieuses conseillées par un zèle outré. Qu'avaient donc de si formidable des ecclésiastiques exclusivement livrés aux soins de l'éducation qu'ils dirigeaient dans les vues les plus propres à ramener la génération qu'ils élevaient aux vrais principes de la religion, de la morale et de la politique? Que pouvaient des prêtres sans crédit, sans influence, sans racines dans la société, sans autre éducation que celle qu'ils recevaient dans les séminaires; tous tirés des dernières classes de la société; qui n'avaient trouvé leur vocation que dans la comparaison de ce que leur vaudrait le métier de leur père avec ce qu'ils avaient à attendre du service des autels? Rien. Aussi fallait-il se livrer à de futiles investigations pour rencontrer un fait ridicule qui vînt à l'appui des accusations; quelque desservant qui eût encensé un vieux seigneur de village; quelque curé qui se fût querellé avec le maire pour une place dans le chœur de son église, ou quelque autre qui, d'un ton chagrin, eût comparé le riche produit de la dîme avant la Révolution avec le salaire mesquin qui le remplaçait. Je le répète, je le proclame, parce que j'en ai la conviction, le clergé n'était pas redoutable.

Les évêques, choisis parmi les anciens prêtres sans acception de rang et de famille, donnaient l'exemple de toutes les vertus. A Nîmes, à Grenoble, à Bordeaux, j'ai admiré en eux la réunion des qualités que commande la religion et de celles que réclame la philosophie. L'archevêque de Bordeaux, M. Cheverus[1], les alliait à ce point que, dans une

1. Jean Lefebvre de Cheverus né en 1768, mort en 1836. Emigra aux Etats-Unis, évangélisa les Indiens. Élevé à l'épiscopat, il fut sacré évêque de Boston en 1810. Rentré en France, fut appelé à l'évêché de Montauban en 1823, à l'archevêché de Bordeaux en 1826. Créé cardinal en 1836.

occasion où il devait dîner avec un ministre protestant et un rabbin, il se plaça entre eux en leur disant avec gaieté : « Comme il se pourrait que nous ne fussions pas réunis dans l'autre monde, rapprochons-nous au moins dans celui-ci. » J'ai constamment obtenu de ce prélat le concours le plus empressé, excepté peut-être en politique, où il ne se souciait pas de compromettre le corps auquel il appartenait et les individus qui lui était subordonnés.

Parmi les projets qui m'avaient été laissés à exécuter, deux se recommandaient particulièrement à mon intérêt. L'un était la construction d'un hôpital, l'autre, celle de bains dont la ville de Bordeaux manquait. La première de ces entreprises avait été retardée par les lenteurs apportées dans l'examen des projets, et aussi par la difficulté de réunir les moyens financiers. La seconde devait s'exécuter à l'aide d'un emprunt ou d'une concession que ferait la ville. Je pressai cette dernière affaire au point que deux ans après mon arrivée, Bordeaux se trouvait embelli par deux vastes édifices d'un style admirable et d'une grande utilité. La dépense s'était élevée à douze cent mille francs.

La construction de l'hôpital éprouva un peu plus de lenteur, soit par l'hésitation que le conseil municipal mit à adopter les voies que je lui proposais pour couvrir la dépense, soit par les chicanes qu'en sa qualité de président du conseil des bâtiments, M. de Tournon ne cessait de faire naître. Je surmontai enfin ces obstacles et, avant mon départ l'édifice, un des plus importants et des mieux entendus de ce genre que possède la France, était terminé. J'aurais fait bâtir en même temps un abattoir, si la malveillance apportée par le conseil des bâtiments, n'en avait retardé la construction. Il a été réservé à mes successeurs de doter la ville de ce magnifique et utile établissement [1].

Sur ma proposition, le Conseil général du département vota l'érection d'une statue à Louis XVI et affecta une somme de cinquante mille francs à cet objet. Le conseil municipal de Bordeaux fit un vote semblable. Je m'étais engagé à obtenir ce qui manquerait pour couvrir la dépense de la générosité des communes et des particuliers. Les conseils municipaux répondirent à mon appel, mais le ministre de l'Intérieur, non content de refuser son approbation aux votes, me blâma de les avoir provoqués dans des termes qui eussent à bon droit motivé une accusation de jacobinisme, si la signature de M. Decazes s'était trouvée à la place de celle de M. de Corbières. C'est ainsi que ce ministre royaliste encourageait le royalisme.

J'avais eu la pensée de représenter le roi-martyr dans le moment où, à la lecture de son arrêt, il s'écria : « J'en appelle au peuple ! » mot touchant,

---

1. Sur l'exécution de deux projets conçus par ses prédécesseurs, l'un pour la construction d'un hôpital, l'autre pour celle d'un établissement de bains, M. d'Haussez entre ici dans des détails que nous supprimons afin d'éviter les longueurs.

honorable pour la nation dans laquelle le malheureux prince plaçait sa confiance, et qu'il absolvait ainsi du crime de la Convention. M. de Peyronnet m'adressa des observations fort vives sur l'inconvenance qu'il y avait à rappeler par un monument public un événement douloureux en même temps que flétrissant pour la France, et il ajouta que sur sa proposition le Conseil avait décidé que le roi serait représenté dans ses habits royaux. Deux mois plus tard, son Excellence, en possession par intérim, du portefeuille de l'Intérieur, fit approuver par le Conseil un projet de statue de Louis XVI pour la place Louis XV à Paris, dans l'attitude que ce prince devait avoir au moment où l'abbé Edgeworth lui disait ce mot admirable : « Fils de saint Louis, montez au ciel [1]. »

C'est ainsi que trop souvent l'on est conséquent lorsque l'on est au pouvoir.

Malgré ces oppositions et ces contrariétés, je fis exécuter la statue qui venait d'être terminée au moment où la Révolution de 1830 éclata. Une cir-

1. Le comte Beugnot m'a, à ce sujet, rapporté l'anecdote suivante : « Le jour de la mort du roi, dit-il, j'étais avec quelques amis qui partageaient ma douleur. L'idée vint à un de nous d'ennoblir, ce qui était si affligeant, et il proposa de mettre dans la bouche du prêtre qui accompagnait le monarque, le mot vraiment sublime qui a fait une si grande fortune. » L'abbé Edgeworth a dû être bien surpris en voyant le lendemain dans les journaux que son cœur avait été si bien servi par son esprit. » (Note de M. d'Haussez.)
Voir sur l'authenticité du mot prononcé par l'abbé Edgeworth l'ouvrage de M. de Beaucourt : *Captivité et derniers moments de Louis XVI.* (Paris, Picard. 1892), tome I, p. 30, 334, 337, 357, 371, 374, 380, 391, 393, 396 ; tome II, p. 351, 369.

constance qui donna lieu à de pénibles rapprochements se produisit lors de la fonte. Le fondeur avait voulu couler en un seul jet cet immense monument qui devait avoir vingt pieds de hauteur. Au moment où l'opération semblait terminée heureusement, une forte détonation se fit entendre, et l'on vit disparaître le bronze qui était resté en excédent dans la partie supérieure du moule. On ne doutait pas que l'opération ne fût manquée. Lorsque le refroidissement du métal permit d'enlever le moule, on trouva la statue parfaitement coulée mais sans tête. Madame la Dauphine me parla de cet incident avec un chagrin mêlé d'humeur, dont l'impression subsistait sans doute encore lorsqu'elle visita la statue que l'on avait promptement réparée. Elle jugea sévèrement cet immense et beau travail et ne me dit pas un mot obligeant sur les soins que j'avais donnés à cet hommage rendu à la mémoire de son père. Elle affecta même de donner la préférence à la statue destinée à la place Louis XV, dont le modèle était dans le même atelier.

Je fis élever sur une des places de Bordeaux la statue de M. de Tourny[1], ancien intendant de la Guyenne. Cette statue exécutée sous l'administration de M. de Tournon, avait été laissée par M. de Breteuil dans les magasins de la préfecture.

Par mes ordres et d'après mes plans, deux colonnes rostrales, surmontées de statues, décorèrent l'espla-

---

1. Voir la note II à la fin du volume.

nade qui domine le port, et une belle fontaine en marbre compléta la décoration de la place Royale.

J'ordonnai l'étude du projet relatif à la distribution des eaux, dont plusieurs quartiers de la ville sont privés. Je n'ai pu terminer cette opération qui m'avait coûté beaucoup de temps et de peines, et qui rencontrait des obstacles à chaque instant renouvelés par l'esprit de routine et de parcimonie du conseil municipal ; l'amour-propre des administrateurs de la ville qui, ne voulant rien faire, ne voulaient pas que les autres fissent, et les intérêts mal entendus des principaux habitants compliquaient encore cette opération.

Les travaux que je faisais exécuter dans le chef-lieu ne détournaient pas mon attention de ceux que réclamaient les arrondissements. Je donnai aux routes mes soins les plus actifs et cela avec un tel succès que, en quatre années et avec une somme d'un million, j'ai commencé et achevé un système complet de communications à travers tout le département. Je n'aurais pas obtenu un pareil résultat avec aussi peu de dépenses et tant de promptitude si je ne m'étais affranchi du concours fort lent et fort cher de l'administration des ponts et chaussées. Convaincu comme je l'étais par ma propre expérience, qu'excepté dans des circonstances fort rares, le tracé et la confection des routes n'exigent pas des talents transcendants, et qu'il suffit de ces connaissances que l'on rencontre partout, j'en confiai le soin à des hommes familiarisés avec les travaux du même genre. Je me bornai à leur prescrire le maximum des pentes, et le maximum de la largeur des chemins. Je préposais à la surveillance des travaux des propriétaires intelligents et surtout intéressés à la prompte ouverture des routes. Lorsque les plans étaient terminés et que les directions étaient indiquées par des jalons, je me transportais sur les lieux ; j'écoutais les réclamations et je prenais des décisions.

Ce n'était qu'après ces préambules que les travaux commençaient. Dans d'autres excursions j'en examinais les progrès, et je signalais les rectifications et les changements qu'ils me semblaient exiger.

Si déjà je ne l'avais été, je me serais convaincu par les résultats que j'obtenais de cette manière de procéder, qu'un administrateur doit être plus souvent à cheval que sur son fauteuil, car rien ne se fait bien, vite et économiquement, que ce qu'il voit ou que l'on sait qu'il doit voir, et parce qu'en faisant une excursion pour un objet, il donne à vingt autres des soins auxquels il n'aurait pas songé si son activité ne les lui avait fait découvrir.

Les travaux d'art, tels que les ponts, s'opéraient au moyen d'adjudications et de péages. Je me bornais à indiquer dans un programme les conditions principales pour un pont, le genre et la qualité des matériaux, sa largeur, le poids qu'il devait porter, le temps pendant lequel l'entrepreneur devait en garantir l'existence. Je passais l'adjudication à celui des concurrents qui offrait les conditions les plus avantageuses. Je me bornais ensuite à faire surveiller les travaux de manière à acquérir la certitude qu'ils avaient été exécutés conformément aux engagements contractés.

Ce mode d'action a procuré au département un pont sur la Garonne, deux sur la Dordogne, trois sur l'Isle, un sur la Leyre, et un autre sur le Dropt, plus un nombre très considérable d'ouvrages du même genre, mais de moindre importance [1].

La création d'un canal destiné à réunir la Garonne à l'Adour et à éviter au commerce la navigation très dangereuse et très chère du golfe de Gascogne m'avait occupé lorsque j'administrais le département des Landes. Je repris ce projet à mon arrivée dans la Gironde. J'obtins du gouvernement les fonds nécessaires aux travaux préliminaires, et de M. Deschamps, ingénieur d'un grand talent, un concours actif, qui en moins de deux ans, mit à ma disposition le projet du canal. Mais j'avais vainement répété à l'ingénieur qu'il suffisait d'une largeur et d'une profondeur peu considérables, de travaux d'une nature économique, et exécutés avec les matériaux qui se trouvaient dans les localités ; vaine-

---

[1]. Ici encore, nous croyons devoir nous borner à mentionner, malgré leur intérêt intrinsèque, les longs détails que M. d'Haussez donne sur un projet de canal destiné à relier l'Adour à la Garonne. On y retrouve toutes les tribulations d'un préfet actif et sensé aux prises avec les bureaux du ministère des Travaux publics, tableau qui revient sans cesse dans la relation de la carrière administrative de ce préfet centralisateur, preuve de sa bonne foi dans le maintien de sa thèse.

ment lui avais-je recommandé de renfermer la dépense dans des limites telles que les revenus du canal pussent couvrir les intérêts du capital qu'il aurait coûté. Je ne pus obtenir ce résultat. Le projet magnifiquement grandiose était fort peu en rapport avec les intérêts qu'il devait servir ; le devis, dont l'évaluation portée à trente millions aurait été probablement doublé dans l'exécution, effraya le gouvernement et me laissa sans moyens de combattre, par de bonnes raisons, le rejet qui en fut prononcé. J'aurais trouvé des entrepreneurs si le projet avait été plus rapproché des idées modestes que j'avais données aux ingénieurs comme programme du travail que je leur demandais. Ils dédaignèrent de s'en occuper et une opération utile au pays et qui, renfermée dans des proportions convenables, aurait présenté des avantages aux entrepreneurs, a été ajournée à jamais peut-être, parce qu'il n'a pas convenu à un ingénieur de faire le sacrifice de son amour-propre, et que le gouvernement a refusé à un administrateur la faculté de recourir à d'autres moyens pour atteindre son but.

Ce que je demandais pour arriver à la création du canal de l'Adour à la Garonne, c'était l'autorisation de concéder la possession à perpétuité du canal, à une Compagnie qui aurait contracté l'engagement de remplir les conditions suivantes : d'ouvrir une voie fluviale entre la Garonne et l'Adour dans un temps déterminé ; de lui donner des proportions qui lui permissent de porter les barques d'un tonnage également fixé, et de leur faire parcourir la distance dans un temps convenu. On aurait laissé à la Compagnie la faculté de donner au canal la direction, et aux travaux la forme qui lui auraient paru le plus en rapport avec ses intérêts. Ces mêmes intérêts eussent offert la garantie la plus efficace de la convenance des travaux et de leur rapport avec l'utilité publique.

La direction générale des ponts et chaussées rejeta avec humeur un système qui avait le seul tort de diminuer de beaucoup son importance. Elle poussa la susceptibilité au point de refuser de l'admettre dans des travaux de moindre importance, tels que ceux que nécessitait l'établissement de canaux destinés à établir la navigation à travers des marais dont des Compagnies avaient entrepris le desséchement.

Dans ces occasions, je ne me laissais pas arrêter; j'autorisais les travaux; je tolérais, comme conventions entre particuliers, l'établissement des péages. Le département est redevable à ce mode, de l'établissement de plusieurs canaux qui étendent, à quelques lieues à droite et à gauche des grandes rivières, le bienfait de leur navigation.

Un projet de ce genre que, peu de mois après mon arrivée dans le département, j'avais soumis au gouvernement, est resté quatre ans dans les bureaux de la direction générale des ponts et chaussées et ceux du Ministère, et il n'en est sorti que rendu inexécutable par la disproportion des travaux avec les besoins, et de la dépense avec les moyens d'y pourvoir.

J'avais eu l'idée de retirer du Trésor, où ils ne rapportaient que 3 p. 100 les fonds déposés par les communes dont les revenus excédaient les dépenses, de les réunir dans une caisse générale, et de tenir ces capitaux à la disposition des communes qui désiraient emprunter. Ils ne devaient être prêtés que sur des garanties propres à assurer avec la rentrée, à des époques fixées, le paiement d'un intérêt de 4 p. 100. Chaque commune avait un compte ouvert pour les sommes qu'elle déposait dans la caisse, et elle était exactement créditée des versements qu'elle faisait et des intérêts des sommes qu'elle prêtait. Chaque année je rendais au conseil général du département un compte confidentiel de l'emploi des fonds et de la situation financière de chaque commune.

Je connaissais trop les habitudes de tracasserie et les vues bornées des bureaux pour avoir informé le Ministère de cette mesure que j'affectais de considérer comme un acte de simple administration. Pendant quatre années, cette institution échappa à la connaissance du gouvernement, et c'est à elle que je dois attribuer les résultats qui appelèrent l'attention sur mon administration. En effet, une commune était-elle dans la nécessité de faire une dépense excédant ses ressources, pour la réparation de son église, la construction d'un presbytère ou d'un pont, l'ouverture d'un chemin, la mise en valeur d'une lande ou d'un marais, elle empruntait à la caisse centrale, la somme qui lui était nécessaire et en faisait le remboursement, en deux, quatre, dix années même, à l'aide des économies que comportaient ses revenus. Elle échappait ainsi à l'alternative de négliger un travail utile ou de recourir à des impositions onéreuses pour en couvrir la dépense. Dans les quatre années de la durée de cet établissement, les fonds de la caisse centrale s'étaient élevés à plus de trois cent mille francs, lesquels étaient constamment employés et portaient la vie et l'activité dans tous les genres d'améliorations, le travail et de l'aisance dans les classes pauvres.

Le ministre de l'Intérieur découvrit enfin, par l'intermédiaire des finances dont la surveillance s'étendait à tout, l'innovation que j'avais introduite. Au lieu de la convertir en une mesure générale, il la fit immédiatement cesser. Lorsque je quittai le département de la Gironde, je luttais encore contre l'esprit de despotisme et de fiscalité des bureaux pour conserver un établissement que je persiste à considérer comme une des mesures les plus propres à assurer le bien-être des communes et à hâter le progrès des améliorations.

Je ne fus pas plus heureux dans une tentative que j'avais faite pour favoriser le perfectionnement de la race des chevaux.

Les dépôts d'étalons, tels qu'ils sont organisés en France, ne sauraient fournir d'une manière convenable des moyens de reproduction, soit par la qualité, soit par le nombre des types. J'avais pensé qu'il était dans l'intérêt de l'État, comme dans celui de mon département, de multiplier les ressources dans ce genre, et sur ma proposition le conseil général avait affecté une somme de vingt mille francs à l'acquisition de dix étalons. Pendant le temps où ils ne seraient pas employés à la monte, ils devaient être confiés au directeur du manège de Bordeaux qui les ferait servir dans son établissement. Le département économisait ainsi la dépense de leur nourriture pendant huit à neuf mois, et les frais se réduisaient à l'achat et au renouvellement des animaux.

Je pensais qu'il convenait de réserver la science des croisements pour les établissements royaux et les riches amateurs qui en feraient une étude et un but de spéculation, et que pour améliorer la reproduction commune, on devait se borner à répandre dans les campagnes de bons types. Ce procédé tout simple aurait ouvert la voie à des perfectionnements plus importants, et aurait en peu d'années fourni au gouvernement, à l'agriculture et à l'industrie, des chevaux meilleurs que ceux qu'ils possédaient.

Le ministre de l'Intérieur rejeta la mesure proposée sous prétexte qu'elle nuirait à l'emploi des étalons des dépôts royaux. Grâce à cette belle considération, voilà l'agriculture d'un département réduite, pour l'une de ses branches les plus importantes, aux ressources insuffisantes que le gouvernement mettait à sa disposition ! La voilà condamnée à ne pas élever de chevaux ou à n'en élever que de mauvais, parce qu'il plaît à un ministre d'empêcher qu'on ne lui donne les moyens d'en obtenir de bons !

Et voilà un conseil général contrarié dans son désir de faire le bien du pays dont il représente les intérêts ! Certes, c'était là une de ces occasions où le gouvernement fournissait lui-même des arguments fondés contre la centralisation qu'il tenait tant à conserver !

Mais, comme ce n'eût pas été assez du refus, M. de Corbières et M. Syriès de Meyrinhac, alors directeur des haras, ces deux administrateurs de même talent, ces deux hommes dont l'éducation avait été faite à la même école, l'accompagnèrent de ces formes inconvenantes qui leur étaient habituelles. Je fus si sévèrement traité pour avoir osé proposer une amélioration, que je crus devoir envoyer ma démission ; on ne l'accepta pas.

La fixation des dunes mobiles qui de l'embouchure de la Gironde à celle de l'Adour présentent, sur une étendue de soixante-dix lieues de longueur et deux ou trois de largeur, une zone de stérilité et de désolation, occupa mes soins dans le département de la Gironde, comme elle l'avait fait dans celui des Landes. Dans les deux contrées, je me suis attaché à porter les travaux sur les points qui me présentaient quelques villages, et sur tout le cours de quelque ruisseau à protéger contre l'invasion des sables. J'ai réussi à garantir les endroits les plus menacés, et maintenant il ne s'agit plus que de poursuivre les ensemencements pour l'utilisation d'un sol jusque-là sans valeur.

En 1824, j'avais conçu le projet de créer dans les Landes de vastes forêts destinées à assurer les besoins des arsenaux maritimes. La nature du sol, qui se prête merveilleusement au développement des arbres de haut jet, notamment du chêne et du pin, son peu de valeur, la possibilité de se procurer sans grandes dépenses d'immenses espaces incultes, tout me faisait penser que le gouvernement aurait avantage à adopter mes idées. A l'encontre des entreprises de plantations, l'avenir seul n'était pas admis à bénéficier de celle-ci, car, en donnant une valeur à des terrains incultes, elle permettait à la génération actuelle de profiter de ressources improductives jusqu'alors.

Les calculs admis comme règles parmi les agents forestiers de la marine portent à quatre-vingt mille hectares l'étendue des forêts nécessaires à l'approvisionnement des arsenaux militaires de la France, en lui supposant une marine rivale de celle de l'Angleterre. Je proposais de doubler cette étendue et d'affecter à la marine les forêts de pins créées et à créer sur les dunes, et de charger le ministère de la continuation des semis et de leur aménagement.

D'après mon plan, on aurait affecté au défrichement des terrains consacrés aux forêts, les forçats, à qui une bonne conduite dans les bagnes aurait mérité un changement favorable dans leur régime. La surveillance des travaux et la garde des bois, auraient été données comme retraite aux marins de tous grades, devenus impropres au service de la mer, mais aptes encore à ce service, beaucoup moins rigoureux.

D'après les évaluations les plus probables, l'achat, le défrichement et l'ensemencement des terrains n'auraient pas entraîné une dépense de plus de six à sept millions, défalcation faite de l'entretien des forçats, lequel n'aurait pas été plus dispendieux qu'il ne l'est dans les bagnes, et de la solde de retraite des marins, qui n'eût entraîné qu'un faible accroissement. Appelé au ministère de la Marine, j'ai dû songer à l'exécution d'un projet dont l'idée principale et les moyens d'exécution n'avaient cessé de m'occuper pendant plusieurs années. J'avais déjà traité de l'acquisition de soixante-dix mille hectares de landes, lorsque les événements de 1830 sont venus mettre obstacle à la réalisation de mes vues [1].

Les rues de Bordeaux étaient devenues le rendez-vous de mendiants qui renchérissaient les uns sur les autres d'importunités, d'étalage de misères et d'infirmités. Je résolus de les faire disparaître en remplaçant les aumônes, inégalement partagées entre eux, par une souscription régulière, destinée à soulager seulement l'indigence de ceux qui apparte-

---

1. M. d'Haussez oublie de nous dire que les landes de la Guyenne eurent encore ses pensées au moment où d'autres intérêts poignants auraient dû les absorber. Aussitôt qu'il eut reçu la nouvelle de la prise d'Alger, il écrivit au maréchal de Bourmont pour lui confier son désir de faire l'essai de l'introduction des chameaux dans ces vastes plaines sablonneuses.

naient à la ville et avaient des droits réels à la pitié publique. Par déférence, beaucoup plus que par conviction du succès, les hommes les plus influents de chaque quartier consentirent à me seconder. Ils se partagèrent la ville, firent des tournées et recueillirent des souscriptions garanties pour trois années, dont le montant annuel s'élevait à cent quatre-vingt mille francs, résultat qui dépassait de beaucoup mes espérances.

Je chargeai une commission d'examiner les titres que chaque mendiant prétendait avoir à des secours. On réunit les pauvres ; on les interrogea ; on désigna ceux qui devaient rester à la charge de la ville. Ceux qui lui étaient étrangers furent renvoyés, soit dans leurs communes, soit dans les départements d'où ils étaient originaires. Ce triage, fait avec bienveillance, mais avec une justice rigoureuse, réduisit à trois cents le nombre des individus qui devaient être considérés comme dénués de ressources et incapables de pourvoir à leur existence. Je fis installer une maison pour les y recevoir. Là, du moins, ils étaient à l'abri de la misère et suivaient un régime simple, mais propre à satisfaire à tous leurs besoins. Quinze jours suffirent pour créer cet établissement et fonder une organisation économique qui comportait une surveillance active, continue et facile. Une somme annuelle de cinquante mille francs couvrit toutes les dépenses. L'excédent de la souscription fut employé à l'achat du local servant à ce nouvel hospice. Les économies faites ensuite furent appliquées à des achats de rentes et à une sorte d'amortissement de la mendicité. Cet établissement, qui, sous le rapport du régime, de l'ordre, de la propreté et de l'économie, pourrait être donné en exemple, subsiste encore et a été placé au nombre des hospices de Bordeaux.

Des moyens analogues ont été employés avec un égal succès dans les arrondissements. La forme des secours variait suivant les besoins, les ressources et les habitudes des localités. Ainsi, au lieu d'être consenties et acquittées en argent, les souscriptions l'étaient en denrées, selon les facultés ou la volonté des souscripteurs. Les secours étaient distribués à domicile au lieu de l'être dans une maison commune, mais l'effet était le même, et, dans le département entier, on ne voyait pas un mendiant.

Tels sont les principaux travaux auxquels j'ai consacré mes méditations, ma volonté, mon temps et mon activité pendant la durée de mon administration dans la Gironde, époque de bonheur pour moi, car il me semblait que je faisais du bien, que je le faisais facilement et sans trop de contrariétés, et pour une population qui l'appréciait et m'aidait à le faire; pour le gouvernement même, qui, à travers les tracasseries inséparables de ses habitudes, m'avait, comme preuve de sa satisfaction, conféré le titre de conseiller d'État et le grade d'officier de la Légion d'honneur. Lorsque je reporte mes regards sur le passé, je trouve que les cinq années que j'ai passées dans ce département ont été les plus et les mieux remplies de ma vie. Le cadre dans lequel mes facultés se développaient était en rapport avec leur étendue. Elles le remplissaient sans le déborder, mais sans y laisser de vide. Ma raison, mon amour-propre même y étaient à l'aise. Un pressentiment me disait que nulle part je ne serais mieux ; que hors de là tout deviendrait agitation, contrariété, danger même ; qu'une autre position mettrait en évidence le défaut de qualités qui seraient indispensables alors, et qui n'existaient pas en moi ; qu'ainsi il ne me suffirait pas de bien faire, il me faudrait encore dire comment et pourquoi je faisais bien, et que je n'en aurais pas les moyens ; que là, j'aurais par milliers des ennemis systématiques, tandis qu'ici l'affection, l'habitude, l'intérêt m'attachaient tous mes administrés, parmi lesquels j'avais le bonheur de ne pas rencontrer un ennemi.

Ces réflexions, hélas ! devaient ne me servir de rien. Les circonstances d'abord, de graves événements ensuite, l'emportèrent sur ma raison et ne me permirent de l'écouter que dans la direction incertaine d'un avenir dont je n'étais pas maître.

CHAPITRE II

M. de Villèle songe à dissoudre la Chambre. — Mauvais résultats de cette mesure. — M. d'Haussez les prévoit et en avertit. — Il est nommé député à Dax. — Accusation injuste de M. de Villèle. — M. d'Haussez la repousse avec éclat. — Le duc d'Orléans. — M. de Martignac. — Il forme une commission administrative composée d'hommes de diverses opinions et y appelle M. d'Haussez. — M. de Salvandy. — M. Hyde de Neuville. — Monseigneur Feutrier. — M. Portalis. — M. de Belleyme. — M. Mauguin. — M. Dupin, aîné. — M. Charles Dupin. — Le général Lamarque. — Le général Gérard. — M. Béranger. — M. Viennet. — M. Lainé de Villevecque. — M. Peton. — M. de la Boulaye. — Le vicomte de Conny. — M. Cottu. — M. Berryer. — M. d'Haussez apprend sa nomination au ministère de la Marine. — Visite à M. Decazes. — Singulière erreur où tombe celui-ci. — M. d'Haussez se rend à Paris. — Première rencontre avec les ministres.

En 1827, M. de Villèle eut la fatale pensée de dissoudre une Chambre où il avait eu longtemps une majorité qu'il craignait de perdre, et de demander à d'autres députés les moyens de gouvernement près de lui échapper. Il consulta les préfets pour connaître ce qu'on pourrait attendre d'une tentative si hasardeuse. Les questions étaient formulées de manière à faire hésiter les administrateurs qui ne trouveraient pas dans leur conscience ou leur manière de voir, la possibilité de répondre selon ses vœux. Quelques-uns furent plus francs, et dirent ce qu'ils prévoyaient. Je fus de ce nombre. L'espèce de supériorité que me donnait l'importance de mon département, engagea le président du Conseil à me charger de correspondre avec ceux de mes collègues dont les départements rapprochés du mien pourraient régler leur marche sur celle de Bordeaux. Ils s'expliquèrent plus ouvertement avec moi qu'ils ne l'avaient fait avec le ministre, et la plupart m'exprimèrent des craintes trop motivées. Je préparai un rapport que je ne devais terminer qu'à Paris, où selon mes instructions, je me rendrais, après avoir conféré sur la question importante qui s'agitait alors, avec les préfets dont je traverserais les chefs-lieux.

J'informai le ministre de l'incertitude où la plupart étaient du succès, et de la certitude qu'avaient les autres d'une défaite complète. J'ajoutai que pour mon compte personnel il me fallait accep'er sans la combattre, l'élection de trois députés libéraux, et que si j'espérais faire nommer cinq royalistes pour les autres sièges, ce ne serait que dans certaines conditions. Je demandai donc au ministre de s'engager d'honneur à ne pas employer avant les élections certains moyens dont il disposait et que je savais propres à indisposer l'opinion publique. De plus, on ne devait pas m'imposer de candidats officiels, se contentant des hommes de mon choix, pourvu qu'ils fussent connus comme fidèles royalistes.

Comme je revenais à la charge pour détourner M. de Villèle d'une résolution dont je n'attendais que des désastres, il me dit : « Vous êtes dans un carrefour, et vous voyez ce qui se passe autour de vous, mais rien au delà. Je suis sur un clocher, j'embrasse l'ensemble du panorama. Si vous étiez dans ma position vous verriez et jugeriez comme je le fais. »

Je rentrai promptement à Bordeaux pour préparer l'inquiétante opération. Les promesses formelles que je reçus commençaient à me rendre quelque confiance dans le succès. Je ne ménageai ni les démarches, ni les moyens avoués de captation. J'obtins des engagements positifs de la part d'électeurs qui, j'en étais certain, me faisaient un sacrifice personnel en votant pour les candidats que je leur désignais. Tout était donc bien disposé, et je devais compter sur le résultat que j'avais annoncé, quand les obstacles que j'avais lieu de croire écartés surgirent tout à coup. Quelques jours avant l'élection je reçus l'ordre de porter M. de Peyronnet comme candidat officiel. Vint ensuite l'ordonnance qui créait soixante-seize pairs dont le choix, en justifiant les inquiétudes propagées par les ennemis du gouvernement, effrayait les esprits et froissait des opinions qu'il eût été essentiel de ménager, au moins jusqu'à ce que l'on fût assuré de la victoire.

Le fait suivant permettra de juger combien l'impression produite par cette fatale mesure fut subite, spontanée et fâcheuse.

Le courrier de Paris arrive à Bordeaux vers six heures du soir et la distribution des dépêches n'a lieu que dans la soirée. Comme j'étais au spectacle peu de jours avant les élections, je remarquai dans la salle des allées et venues, une circulation inaccoutumée de journaux que l'on se passait de main en main avec agitation. J'allais demander la cause de ce trouble lorsque plusieurs personnes entrent dans ma loge, le *Moniteur* à la main, et me font lire l'ordonnance qui créait les pairs. Parmi ces hommes se trouvaient quelques royalistes, les autres étaient des libéraux qui, par égard pour moi, devaient voter pour mes candidats. Les uns et les autres me parurent également indignés et furent unanimes dans la déclaration qu'ils me firent de se croire dégagés des paroles que j'en avais reçues. Je les priai de réfléchir avant d'arrêter une résolution, et de venir conférer le lendemain avec moi. Plusieurs s'y refusèrent, les autres vinrent, plus confirmés que la veille dans la résolution qu'ils avaient prise avec une si grande précipitation. Je rendis compte au ministre dès le soir même de ces fâcheuses dispositions. Deux jours après, je dus l'informer qu'elles étaient communes à tout le département. Les élections eurent lieu. La proportion fut l'inverse de celle que j'avais espérée. Au lieu de cinq députés royalistes sur huit, je n'en obtins que trois.

Je fus élu à la presque unanimité dans le collège électoral de Dax.

L'ouverture de la session m'appela bientôt à Paris. Je fus assez surpris des airs de hauteur et de mécontentement que M. de Villèle affecta en toutes circonstances envers moi. Il me fut impossible de douter qu'il cherchait à faire retomber sur les informations que je lui avais fournies, une part de la terrible responsabilité dont il se sentait accablé. Je m'en expliquai vivement avec lui.

Quand je me présentai pour avoir l'honneur de faire ma cour à la Dauphine, cette princesse me reçut avec un air de souverain mécontentement qui lui est propre, et me demanda séchement si je m'applaudissais du beau conseil que j'avais donné de dissoudre la Chambre. Je lui répondis que jamais je n'en eusse donné un semblable. Son Altesse royale me dit qu'elle le tenait de M. de Villèle, qui d'ailleurs s'était prévalu de mes informations pour surmonter les oppositions qu'il rencontrait parmi ses collègues et les hésitations du roi. Je niai les assertions du ministre avec la fermeté que me donnait ma conscience, et j'offris à la princesse de mettre sous ses yeux les originaux de mes rapports consignés dans le registre où étaient les minutes de mes lettres. Elle céda à demi à mes instances et chargea le vicomte d'Argout de recevoir la communication.

Une heure plus tard, j'étais chez le premier écuyer, mon registre à la main. Le vicomte, qui était de mes amis, après avoir lu trois rapports faits dans l'espace de deux mois, et qui étaient trop formels pour laisser une porte ouverte à une opinion différente exprimée verbalement, prend le registre et le porte chez madame la Dauphine. Son Altesse royale entre dans l'appartement où je me tenais, et me demande comment elle pourra concilier ce qu'elle vient de voir avec l'assertion du ministre. Je lui dis que c'était au ministre qu'elle devait adresser cette question ; que, pour moi, je m'en tenais à la preuve que je venais de fournir et que j'étais prêt à exposer de nouveau en présence même de mon contradicteur.

En sortant de chez madame la Dauphine, je me présentai chez le roi, qui m'avait accordé une audience pour le même jour. Sa Majesté, étonnée de me voir un registre sous le bras, me demanda ce que j'en voulais faire. Je le lui expliquai. Sa Majesté s'assit, me fit asseoir auprès d'elle, et m'ordonna de lui lire mes rapports. Elle ne me dissimula pas la surprise qu'ils lui causaient, après ce que M. de Villèle lui avait assuré d'une manière si positive. Le roi ajouta qu'il était fort aise de voir qu'un administrateur qu'il aimait eût conservé son bon sens dans une circonstance où tant d'autres avaient perdu le leur.

Le lendemain, je fus appelé chez M. de Villèle, qui m'exprima son déplaisir de la communication que j'avais faite. Je lui fis connaître les motifs qui avaient dicté ma conduite, et n'hésitai pas à lui dire combien l'interprétation qu'il avait donnée à mes rapports m'avait surpris, car ils me semblaient de nature à ne laisser aucun point obscur. Nous nous séparâmes très mal satisfaits l'un de l'autre. Je n'en défendis pas moins le ministre avec fermeté dans toutes les occasions où il fut attaqué, pendant les deux sessions suivantes [1].

[1]. Ce curieux épisode est l'un des plus instructifs de ceux que l'on rencontre dans les Mémoires de M. d'Haussez. On y découvre le fond des vices qui ont perdu la Restauration. M. de Villèle, esprit clairvoyant pourtant, abusé par l'exercice du pouvoir, qui éclaire quelquefois, mais aveugle plus souvent, se cramponnait à l'espoir de triompher par son habileté d'une opposition fortifiée par les fautes qu'il avait commises malgré lui. Pourtant il devait reconnaître qu'il était ruiné dans l'opinion du corps électoral, de cette mince tranche de la nation en qui se concentrait tout le mouvement politique. Il avait échoué autrefois dans ses efforts pour élargir la base du régime parlementaire. Depuis, il avait tenté, sans conviction, de corriger ce vice par la création factice d'une aristocratie territoriale, chargeant ainsi le sommet de la pyramide dont le soubassement existait, mais ne comptait pour rien dans le système exclusif du *pays légal*. L'habile préfet de la Gironde avait bien pu, confiant dans les résultats de sa méthode pour influencer les élections, tout en le dissuadant fortement de dissoudre la Chambre, lui répondre du succès... dans la Gironde. La plupart des autres préfets ne partagèrent pas les illusions de M. de Villèle, et ils expliquèrent au roi pourquoi. Nous citerons, à ce sujet, une page caractéristique des souvenirs du préfet de l'Oise :

« J'ai toujours vu le roi sous le charme de M. de Villèle, ayant en lui une confiance sans bornes, qui se manifestait dans toutes les occasions ; aussi, me disait-il souvent : « Rien ne m'embarrasse, voyez-vous, » Villèle avait prévu cela, Villèle saura bien trouver un autre parti » pour sortir de cette difficulté... ». J'osais dire au roi ce que je croyais la vérité, et il ne s'en offensait pas. Une seule fois il me montra de l'humeur, voici à quelle occasion : c'était au mois d'octobre 1827, il était question de la dissolution de la Chambre, opération que je jugeais dangereuse, et j'osai la signaler comme telle au roi. Peu de jours auparavant, il avait été très bien accueilli à Beauvais, où il avait logé chez moi ; et comme il m'exprimait sa satisfaction de la joie que lui avait témoignée le peuple. « Oui, Sire, répondis-je ; mais cette joie,

Un jour que je faisais mon service de gentilhomme de la chambre aux Tuileries[1], le duc, la duchesse d'Orléans et le duc de Chartres, vinrent faire une

» qui était bien sincère, bien spontanée, ne doit pas, toutefois, per-
» suader au roi que, s'il entrait dans ses pensées de renouveler la
» Chambre, projet que je n'ose approfondir, les élections puissent être
» conformes à ses désirs. — Mais comment arrangez-vous cela? inter-
» rompit le roi avec une sorte d'irritation. Puisque la population m'est
» dévouée, elle doit le prouver par ses œuvres, elle doit entrer dans
» mes vues, qui, certainement, sont pour le bien de la France. — Non,
» Sire, je le répète avec assurance à Votre Majesté, repris-je en don-
» nant à mon expression quelque chose de grave et de solennel, la
» population est dévouée au roi, et les élections seront mauvaises.
» Cela parait un paradoxe... (Ici, le roi m'interrompit de nouveau) :
» — Expliquez donc cela, l'homme aux paradoxes. — *C'est qu'une*
» *partie seulement de cette population vote dans les collèges*, et que la
» majorité des électeurs est entraînée, soit par des hommes qui n'aiment
» pas la monarchie, soit par les royalistes de la défection dont le
» nombre s'accroît tous les jours. » Alors le roi s'exprima avec une
véritable tristesse, quoique sans colère, sur cette désertion... et sa
bouche prononça avec un soupir le nom de Chateaubriand. » *Souvenirs du comte Alexandre de Puymaigre.*

L'illusion que causait à Charles X l'enthousiasme des foules, excité par la séduction de sa personne, le trompa toujours d'une manière qui fait plus d'honneur à son cœur qu'à son esprit. En voici un exemple hélas! trop frappant : En 1828, revenant de ce voyage d'Alsace, qui fut pour lui une succession d'ovations, il vit à Troyes Casimir Périer, le combla de caresses, et lui dit dans l'effusion de son cœur : « Si j'avais
» su que je fusse tant aimé de mon peuple, j'aurais gardé Villèle! »
M. de Martignac avait à préparer ce triomphe mis une grande habileté qui se dissimulait Charles X ne lui attribua aucune part du triomphe et fut par là encouragé à le congédier, non pour rappeler Villèle, mais pour appeler Polignac. — Combien plus censé et plus observateur était le Dauphin, disant à M. d'Haussez, à Marseille : « Je doute que parmi ceux qui m'acclament si chaudement, il y ait beaucoup d'électeurs! »

1. Outre un grand chambellan, quatre premiers gentilshommes de la chambre et six premiers chambellans, on comptait dans la maison du roi trente-deux gentilshommes de la chambre et un nombre indé- terminé de gentilshommes honoraires. A cette catégorie appartenaient

visite. Quelques moments s'écoulèrent avant qu'ils fussent introduits dans l'appartement du roi. M. le duc d'Orléans[1], dont je ne sais comment ma figure était connue, s'approcha de moi, entama la conversation, et se plaignit, dans des termes très obligeants, de ce que je ne m'étais pas fait présenter chez lui. Je cherchai une excuse dans mon absence presque continuelle de Paris, et la brièveté des séjours que j'y faisais. « Maintenant, me dit-il, je n'admettrai plus cette excuse, puisque votre mandat de député vous retiendra ici toute la session. Si vous ne venez

des membres de l'ancienne aristocratie et de la noblesse impériale. Cette espèce de sinécure honorifique, non rétribuée, était une place de cour très recherchée. Venaient ensuite les gentilshommes de la chambre ordinaires, les gentilshommes surnuméraires, et enfin les gentilshommes ordinaires honoraires. Les fonctions des gentilshommes honoraires, dont faisait partie M. d'Haussez, se bornaient, par an, à une semaine de service près du roi. (Voir les *Almanachs royaux* de la Restauration.)

1. Sous le règne de Louis XVIII, les gentilshommes de la chambre avaient l'honneur de déjeuner à la table du roi.
Un jour que j'étais de service, la conversation roula sur le duc d'Orléans. Une circonstance antérieure ayant porté à la connaissance du roi mon opinion sur ce prince, Sa Majesté me dit : « Par une singulière coïncidence, je me suis amusé, hier, à tracer le portrait du duc d'Orléans. Après le déjeuner, je vous le montrerai. »
Les éloges très sincères, très mérités, dont j'accompagnai l'expression de ma gratitude pour cette royale complaisance, ayant confirmé les gracieuses dispositions de l'auteur, je me permis de solliciter et obtins l'autorisation de prendre une copie de cette pièce, non moins remarquable par la finesse des vues et le bon goût de sa rédaction, que précieuse par la plume qui l'a écrite.
Portrait de M. le duc d'Orléans par le roi Louis XVIII, avril 1821 :
« Le duc d'Orléans a reçu une éducation excellente On l'a élevé en homme, et il le doit à une femme : c'est le chef-d'œuvre de madame de Genlis. Il débuta prince, puis il se fit jacobin ; ensuite soldat ; citoyen des États-Unis d'Amérique ; maître de mathématiques ; voyageur pédestre ; plus tard, hôte de l'Angleterre, naturalisé Sicilien, sollicitant

pas me voir, je croirai ce que l'on me dit, que c'est, chez vous, un parti pris de me bouder. » Je répondis de mon mieux à cette invitation qui me paraissait trop pressante de la part d'un prince du sang.

Le soir, le roi me dit devant toute la société réunie dans le salon de madame la Dauphine : « Le duc d'Orléans m'a parlé de vous aujourd'hui. Il se plaint de ce que vous n'allez pas au Palais-Royal ». J'exprimai en des termes vagues ma surprise et ma gratitude pour la remarque que le prince avait faite de mon absence. La conversation n'alla pas plus loin. Après avoir terminé son whist, le roi me prit le bras, me conduisit dans l'embrasure d'une croisée et insista pour connaître le motif de ma répugnance à aller chez un prince de sa famille. Je dis à Sa Majesté que cette répugnance n'avait d'autre cause que la certitude de ne rencontrer là que des gens d'une opinion opposée à la mienne. « Allons, dit le roi en riant, vous êtes de ces ultras qui croient que mon

en Espagne un rôle quelconque, et, en définitive redevenu prince du sang, il porta successivement les noms de duc de Valois, de Chartres, d'Égalité et de duc d'Orléans.

» C'est un prince sage et si économe qu'il semble être avare ; il n'en est rien. Son seul désir est que sa nombreuse famille soit riche. Je ne l'ai jamais aperçu où je l'aurais voulu. Est-ce sa faute ou la mienne ?

» Depuis sa rentrée, il est chef de parti, et il n'en fait pas mine. Son nom est un drapeau de menace ; son palais un point de ralliement. Il ne se remue pas, et cependant je m'aperçois qu'il chemine. Cette activité sans mouvement m'inquiète. Comment s'y prendre pour empêcher de marcher un homme qui ne fait aucun pas ? C'est un problème qui me reste à résoudre. Je voudrais bien n'avoir pas à en laisser la solution à mon successeur. » Ce morceau a été trouvé dans les papiers de M. d'Haussez.

cousin conspire contre moi. — Je ne suis pas ultra, Sire, mais je ne mets pas en doute les mauvaises intentions du prince. — Bah ! contes que tout cela ! Pour conspirer il lui faudrait dépenser de l'argent, et il ne sacrifiera pas le sien à un pareil jeu, qui lui coûterait cher de toutes façons ! Voulez-vous aller chez lui ? — Si le roi l'ordonne. — Je n'ordonne rien de pareil. Vous ferez ce que vous voudrez. Je vous parle seulement de ce dont il m'a entretenu. Prenez garde à vous s'il devient jamais votre roi. — Je ne solliciterai pas plus ses bonnes grâces alors qu'à présent. » Le roi se mit à rire et me quitta.

Lorsque je fus appelé au ministère, je dus faire ma cour au prince. Il me reçut avec cette politesse obséquieuse qui lui était particulière, et me dit qu'après s'être réjoui pour le roi de mon entrée au Conseil, il s'en félicitait pour lui-même qui y gagnerait des relations que je lui avais jusque-là refusées. Ces relations auxquelles il attachait tant de prix, se sont bornées à quelques visites d'étiquette et à un dîner.

Je n'ai jamais vu de prince plus disposé à sacrifier sa dignité dans ses avances, plus empressé à grouper du monde autour de lui. Pour en attirer davantage, il affectait de ne faire acception ni d'opinions, ni de positions sociales, ni même de tenue. Venait chez lui qui voulait et dans le costume que l'on avait, quel qu'il fût. Les hommes qui fréquentaient le plus habituellement les salons du Palais-Royal et de Neuilly, n'étaient pas d'humeur à lui payer des respects qu'il n'exigeait pas. Ils s'en dispensaient et agissaient sans façon, en complices plutôt qu'en courtisans. MM. Dupin, Kératry, Viennet, Laffitte, et une foule d'autres de moindre importance politique, venaient familièrement s'asseoir à sa table, sans invitation préalable, en bottes, crottés, sans toilette. Le duc et sa famille trouvaient cela très bien. Ils s'essayaient, dans leurs salons, aux ignobles prévenances qu'il leur faudrait employer dans la rue à l'égard de la canaille dont ils briguaient déjà le concours. On a pu voir que tant d'efforts n'ont pas été faits en vain.

Les sessions de 1827 et de 1828 furent une lutte continuelle entre les amis d'un pouvoir qui ne se défendait pas, et les ennemis qui l'attaquaient avec autant de mauvaise foi que d'acharnement. J'eus occasion de monter souvent à la tribune pour y combattre des propositions funestes à la monarchie, et même des projets de loi présentés par les ministres et pour repousser les accusations dirigées contre les préfets, mes collègues, à l'occasion de la conduite qu'ils avaient tenue dans les élections. M. de Martignac[1] ne leur prêtait aucun appui et s'offensait même de celui qu'ils trouvaient en moi. Je n'en accomplis pas moins ce que je considérais comme un devoir, et je ne laissai pas une inculpation sans réplique.

Dès son entrée au ministère, M. de Martignac s'était occupé de réunir les matériaux d'une loi municipale et départementale réclamée à grands cris par toutes

1. Voir à la fin du volume la note III.

les oppositions qui s'étaient succédé depuis la Restauration. L'opposition toute royaliste de 1816 se garda bien de la proposer lorsqu'elle fut parvenue au pouvoir, tant elle eût été embarrassée par les doctrines subversives professées alors par ses organes. L'opposition libérale s'en faisait à son tour un moyen. C'était le texte habituel de ses déclamations. Le ministère de 1828 tenait trop à la ménager pour ne pas la satisfaire sur ce point. Une commission, dans laquelle on avait soigneusement introduit des hommes de toutes les époques et de toutes les doctrines, fut organisée. J'y représentais l'opinion royaliste; MM. Mounier et Salvandy, l'opinion doctrinaire; le duc de Brissac et le baron Portal, l'opinion impériale; MM. Pelet, de la Lozère et Fumeron d'Ardeuil, l'opinion libérale; M. Cuvier, le tout ensemble, et à bon droit, car il avait fait partie de toutes les commissions qui avaient été créées pour cet objet depuis quinze ans.

On s'arrêta à des bases propres, me semblait-il, à faire perdre à l'administration, qui seule soutenait le gouvernement, le peu de forces que le libéralisme et le ministère lui avaient laissées. Je combattis de tout mon pouvoir les principes subversifs que l'on cherchait à introduire dans cette loi. Je ne trouvais d'appui que chez M. de Salvandy[1], et

1. Narcisse-Achille de Salvandy, né à Condom, le 11 juin 1796. En 1813 il fit dans les gardes d'honneur la campagne de Saxe. A la Restauration, il entra dans la maison militaire du roi, et au 20 mars escorta Louis XVIII jusqu'à la frontière. En 1819, Salvandy fut nommé maître des requêtes au conseil d'État, mais destitué en 1821 par M. de

encore mêlait-il à mes idées la teinte de théorisme qui gâte les siennes. Il sortit de nos longues et orageuses délibérations un projet présenté à la Chambre des députés, et qui bientôt après fut brusquement retiré par M. de Martignac.

M. de Salvandy est un homme facile à juger, grâce au soin qu'il prend de se montrer partout, de prétendre dominer sur tout. Rien qu'à voir son air rengorgé, sa figure pleine et satisfaite, le toupet frisé qui décore son front, et le pantalon collant qui dessine sa jambe, on reconnaît l'homme qui sait ce qu'il vaut et qui, même, s'estime fort au delà. Il a soin de se placer à la sommité de l'opinion dominante et de l'abandonner dès qu'elle décline. Il s'était fait remarquer par la chaleur de son ultracisme au commencement de la Restauration. Les couplets les plus royalistes sortaient de sa plume et de sa bouche, car il réunit les deux talents des poètes de l'antiquité : il chante les vers qu'il compose. Il s'est laissé glisser de la hauteur de son royalisme dans les doctrines nébuleuses de

---

Peyronnet. Il se jeta dans le journalisme et passa avec Chateaubriand au *Journal des Débats*. Nommé conseiller d'État sous le ministère Martignac, il donna sa démission à l'avènement aux affaires de M. de Polignac. On lui attribue le mot prononcé à la fête que le duc d'Orléans donna au roi de Naples : « Fête tout à fait napolitaine, car nous dansons sur un volcan. » Salvandy accepta sans enthousiasme la révolution de Juillet. Il fut député de l'Eure en 1832, ministre de l'instruction publique en 1837, poste qu'il occupa de nouveau en novembre 1845, après avoir été ambassadeur à Madrid et à Turin. Mort en 1857 ; a laissé de nombreux ouvrages. Était membre de l'Académie française.

M. Guizot, et s'est mis à publier dans le *Journal des Débats*, des articles d'un style brillant et chaleureux, mais qui ne sont pas à la portée de toutes les intelligences. Attaché depuis longtemps au Conseil d'État avec le titre de maître de requêtes, ce n'est que sous le ministère de M. de Martignac qu'il a tenté d'aborder la tribune comme commissaire du roi. Ses débuts ne furent pas heureux. Contrarié dans son désir d'obtenir une réputation d'orateur, il lui a fallu se retrancher dans celle d'écrivain, à laquelle il a des droits incontestables. Il met de l'affectation à reproduire le style de M. de Chateaubriand, et l'on doit reconnaître que souvent il y a réussi.

A l'avènement de M. de Polignac au ministère, M. de Salvandy se persuada qu'il produirait une grande sensation en donnant sa démission. Il la jeta brutalement à la tête du ministre qui la laissa tomber d'un air de pitié. C'est tout au plus si deux ou trois journaux songèrent à signaler cet acte de courage. Cela ne faisait pas le compte de M. de Salvandy. Il rétracta cette démarche, donna à rire au parti du ministère et mécontenta le sien. On s'attendait à le voir surgir entre deux barricades à la suite des événements de 1830. Point. Ses antécédents, des services, son talent, sa gloire, tout a été se perdre dans une place au conseil d'État dont son amour-propre dut se contenter.

La composition de la Chambre rendait bien difficile la tâche des députés royalistes. Toutes les notabilités de l'opinion libérale figuraient sur les bancs de ce que j'hésite presque à appeler l'opposition, tant la conduite des ministres fait douter de la partie de la Chambre où ils la voyaient. Des bancs du ministère même, partaient les plus étranges doctrines ; et on ne saurait s'en étonner lorsque l'on songe au caractère des hommes qui le composaient.

J'ai beaucoup connu M. Hyde de Neuville[1]. J'ai pendant une grande partie de ma carrière politique, parcouru les sentiers tracés par lui, défendant la même cause, tendant au même but, et cependant toujours différant sur les moyens d'y parvenir. C'est que M. Hyde de Neuville ne sent pas, ne voit pas, ne juge pas, n'agit pas comme tout le monde. Il faut que quelque chose d'extraordinaire se mêle à tout ce qu'il fait. Sous l'Empire, nous nous avisions de tramer des conspirations : M. de Neuville s'y réservait un rôle, mais ce rôle n'était en rapport

---

1. En lisant les *Mémoires et souvenirs du baron Hyde de Neuville*, récemment publiés (Plon, trois vol. in-8°), on peut s'expliquer les dissidences d'opinions qui existaient entre lui et M. d'Haussez, et comprendre le ton rancunier de ce passage Ces Mémoires ont été le sujet d'un article que M. le vicomte de Vogüé a inséré dans son volume *Heures d'histoire*, et intitulé *le Roman d'un conspirateur* (page 217), titre que justifie pleinement l'existence aventureuse qu'il racontait si brillamment. M. d'Haussez ne paraît pas avoir été bien informé de la manière dont M. Hyde de Neuville remplit ses fonctions d'ambassadeur en Portugal. Le 30 avril 1824, une révolution, favorisée par l'Angleterre, y avait éclaté. Il s'agissait de remplacer le roi dom Jean VI, par l'infant dom Miguel. Les troupes s'étaient prononcées pour lui, les ministres étaient arrêtés, le roi prisonnier dans son palais. Grâce à Hyde de Neuville, qui a fait un très intéressant récit de ces événements, la révolution fut comprimée, le roi recouvra la couronne, et l'infant fut embarqué pour la France. « M. Hyde de Neuville, ambassadeur en Portugal, dit Lamartine, avait agi en ambassadeur de Louis XIV. » (*Histoire de la Restauration*, t. VIII, p. 67.)

avec rien de ce qui devait entrer dans l'exécution du plan. La Restauration arrive, et M. de Neuville est envoyé à la Chambre des députés, fait du royalisme à sa manière, exagère ses opinions, au point d'en faire un sujet d'épouvante pour les gens peu familiarisés avec la royauté, et qu'il eût fallu accoutumer à la regarder sans en avoir peur.

Il incommodait le gouvernement; pour s'en débarrasser, on l'exile avec une ambassade aux États-Unis, où il tempère l'éclat de son royalisme par une forte teinte de libéralisme. De l'Amérique, il est envoyé en Portugal, et c'est pour y être témoin d'une révolution favorisée par l'Angleterre, et qu'il se met en tête de favoriser lui-même. Enfin, le voilà de retour en France, et faisant de l'opposition à un ministère tout composé de ses anciens amis; passant de l'opposition dans la défection, de la défection dans la doctrine, et obtenant enfin le portefeuille de la marine, objet de tous ses vœux. Dans cette haute situation, il se montre ce qu'il avait été toute sa vie, et dans toutes les positions, inconséquent, beau parleur, voulant le bien et faisant le mal.

Le curé poupard de l'Assomption, l'évêque au teint fleuri du diocèse de Beauvais, le prélat aux opinions libérales, l'abbé Feutrier[1], fut appelé au

1. Dans ses *Souvenirs*, le comte de Puymaigre parle ainsi de M. Feutrier : « Jamais je n'ai connu un homme meilleur, bon prêtre, très régulier pour son compte et au-dessus de toute critique quant à ses mœurs, il avait de l'esprit, de la gaieté, une morale douce et un grand tact pour gagner les cœurs, mais ses opinions politiques n'étaient pas celles de la majorité du clergé. Il se fit dans son corps des ennemis

ministère des affaires ecclésiastiques. Le talent qu'il déployait dans la chaire ne l'accompagna pas à la tribune où il se montra lourd, embarrassé, sans une réplique à opposer aux attaques dont il était l'objet. Il tenta d'apaiser la faction ennemie en adoptant en partie ses principes et son langage; mais ce fut sans le moindre succès. Il reprit enfin la route de son évêché, laissant, dans l'arène où il avait combattu, sa réputation d'orateur, et quelque peu de celle de son orthodoxie politique et religieuse. Il a peu survécu à sa sortie du ministère.

A diverses reprises et sous des titres différents, M. Portalis[1] eut aussi accès dans les conseils du roi. Il y a porté une de ces capacités vulgaires qui, sans s'élever et précisément parce qu'elles n'ont pas

---

puissants et menaçants, et cette conviction empoisonna sa vie quand il fut aux affaires. Il avait beaucoup de grâce, rehaussé par le plus beau physique possible, et possédait un charme d'élocution séduisante dans la conversation des salons. Sans être en chaire un orateur de premier ordre, il avait obtenu de brillants succès à la Madeleine... Si M. Feutrier était un peu ambitieux, comme on lui en a fait le reproche, c'est qu'il avait la conviction de sa force qu'il s'exagérait peut-être; c'est surtout qu'il comptait faire le bien, en suivant l'inspiration de sa conscience pure et de son vif désir d'amener le triomphe, dans l'intérêt du roi et de la France, de ses opinions qui se rapprochaient du centre gauche. M. Feutrier ne disconvenait pas qu'il eût le désir des hautes positions et du pouvoir; un peu d'ambition lui semblait la seule passion qu'un prêtre pût avoir sans trop en rougir... » (*Souvenirs sur l'Émigration, l'Empire et la Restauration*, p. 292.) — Voir la note IV à la fin du volume.

1. Marie-Joseph Portalis, fils du célèbre jurisconsulte qui prit une grande part à la rédaction du *Code civil*, né en 1778 à Aix, mort à Passy le 4 août 1858, fut en 1808 nommé comte et directeur général de la librairie. En 1811, il fut disgracié pour avoir laissé publier un bref

les moyens de le faire, peuvent s'appliquer à tout. On trouve chez lui des phrases pour défendre ou combattre une proposition à la tribune; de l'aménité pour accueillir dans un salon; ce qu'il faut de connaissance des affaires pour traiter toutes celles qui se discutent dans un conseil; de la flexibilité de caractère pour s'arranger de toutes les positions qu'amènent les circonstances; de la résignation pour se consoler de tous les événements, et toute la souplesse convenable pour s'accommoder de leurs conséquences et en tirer parti. On pourrait l'appeler l'homme insubmersible dans les tempêtes politiques. Impénétrable aux flots, il se laisse ballotter par les vagues, glisse à leur surface, s'enfonce lorsque la mer se creuse, reparaît lorsqu'elle s'élève. Le calme revenu, on le voit s'abandonner au vent de quelque part qu'il souffle, disposé qu'il est de s'arranger du port vers lequel il le pousse. Pour M. Portalis, ce port, dans la dernière bourrasque, a été la première présidence de la Cour de cassation, où il se tient à l'abri avec les trembleurs et les inutiles que les événements y ont jetés depuis quarante ans.

M. de Martignac sentait la nécessité de mettre la police de Paris en harmonie avec la faiblesse

---

du pape; mais en 1813, il fut appelé à présider la cour d'Angers. Il fut successivement nommé conseiller à la Cour de cassation, pair de France et sous-secrétaire d'État au ministère de la justice. Le 4 janvier 1828, il devint garde des sceaux, et en 1829, ministre des affaires étrangères. Le 8 août de la même année, il fut nommé premier président de la Cour de cassation. En 1852, il devint sénateur, il était membre de l'Académie des sciences morales et politiques.

de l'administration qu'il voulait donner à la France. Il la confia à M. de Belleyme[1], magistrat attaché à l'un des tribunaux de la capitale. Le nouveau préfet comprenait sa mission. Il désorganisa sous prétexte d'organiser, donna des uniformes à ses espions, sans doute dans la vue de rendre impossibles les surprises qu'ils seraient tentés de faire à la naïve franchise des factieux; fit de la philanthropie en réunissant quelques centaines de mendiants dans les prisons qu'il fallut bientôt leur ouvrir, faute de moyens de les y nourrir ; et pour compléter une carrière si honorablement parcourue, il se jeta dans le libéralisme. Si la faction dont il avait favorisé les progrès par sa complaisance, par sa mollesse, par son défaut de vigilance, peut-être même par la secrète affinité de ses sentiments, ne s'était mise à le proclamer un grand homme, personne ne se fût avisé de lui soupçonner du talent. Mais l'esprit de parti fait des réputations aussi bien que le mérite. Pour les gens pressés, mieux vaut même recourir à ce moyen parce que, blâmant sans réserve, louant sans pudeur, il va plus vite en besogne que le talent. M. de Belleyme en est une preuve entre mille autres.

L'esprit qui devait caractériser la nouvelle Cham-

1. De Belleyme (Louis-Marie), né en 1787, mort en 1862, avocat en 1807, orateur distingué, procureur du roi en 1814, juge d'instruction en 1821, préfet de police en 1828, donna sa démission sous le ministère Polignac. Président du tribunal de première instance, il remplit ces fonctions de la manière la plus honorable et en 1857 fut appelé à la Cour de cassation.

bre se manifesta dès les premières séances. M. Ravez dut céder la présidence, qu'il avait exercée pendant sept années, à M. Royer-Collard, et une adresse insultante pour la royauté frappa d'anathème le ministère qui venait de se retirer. Bientôt après, un projet de mise en accusation des ministres, présenté par M. Labbey de Pompières donna lieu à de violentes déclarations, mais n'alla pas plus loin.

Les membres de la Chambre précédente, qui avaient fait partie de la défection et siégeaient dans la nouvelle, devinrent le centre d'un parti nombreux auquel se rallièrent les libéraux. J'ai déjà fait connaître les de Lalot, les Berbis, etc.

A la tête du parti libéral, on remarquait plusieurs hommes que la faction tenait en réserve pour l'époque où il lui serait facile de jeter le masque et de marcher tête levée vers l'accomplissement de ses desseins.

M. Mauguin[1] était un de ces hommes. Ses opinions antimonarchiques l'avaient depuis longtemps recommandé à la confiance de son parti. Ses talents oratoires en faisaient un personnage important. Des premiers il eut accès à la Chambre des députés. Il

1. Mauguin, né à Dijon en 1785, mort en 1854. Avocat libéral, plaida avec éclat dans plusieurs affaires célèbres. Élu député de Beaune en 1827, il siégea à l'extrême gauche. Contribua par l'autorité de sa parole au renversement des Bourbons. — Passa dans l'opposition après 1830, c'est lui qui fit consacrer par la Chambre le droit individuel d'interpellation pour les députés. Il ne cessa de 1830 à 1848 de faire partie de la Chambre des députés. En 1848 le département de la Côte-d'Or l'envoya à l'Assemblée constituante et à l'Assemblée législative où il vota avec les modérés.

y apportait une éloquence un peu pesante, sentant fort les habitudes du barreau, mais cependant pressante et incommode pour ses adversaires. Il s'était placé à la tête de la partie la plus hostile de l'opposition, et si l'idée que l'on s'était formée de son caractère avait répondu à celle qu'il donnait de ses talents, il eût pu y jouer un grand rôle.

Avec d'aussi mauvaises intentions, une haine aussi ardente des institutions monarchiques, il y a chez M. Dupin aîné [1], plus de facilité dans le talent, plus de mordant dans l'expression, plus de méchanceté dans l'intention, plus de chaleur dans la volonté, plus de ce qui séduit et entraîne les masses, que chez M. Mauguin. On ne saurait lui refuser une élocution qui tient du prodige, soit qu'on considère le fond de ses pensées, soit que l'on s'attache à sa fécondité. Riche d'images, redoutable par le ton acerbe qui l'anime et la précipite, elle est une véritable puissance.

Fixe dans ses idées de haine contre la légitimité, M. Dupin l'est moins dans le reste de sa conduite politique. Il se porte volontiers vers les partis extrêmes, mais il recule toujours au moment de s'y engager, et s'il s'y laisse entraîner, c'est que dans ses hésitations il fait moins de pas en arrière qu'il n'en fait en avant, et qu'une nouvelle excitation le

1. Il s'agit ici de Dupin aîné, né à Varzy (Nièvre) en 1783, mort en 1865. On peut comparer le portrait peint par d'Haussez avec celui qu'Alexis de Tocqueville a donné dans ses *Souvenirs*, page 271. Il serait difficile de dire lequel des deux écrivains s'est montré le plus acerbe et le plus malveillant.

trouve toujours plus rapproché du but vers lequel on le pousse. Il fait ainsi du chemin dans la carrière funeste qu'il parcourt, et il rend chaque jour plus irrémédiable l'état affreux où il a contribué à placer la France. De la protestation des Cent Jours à l'illégale délibération prise par quelques députés qui prononçaient la déchéance de Charles X, et disposaient de sa couronne en faveur d'une autre dynastie, on a vu constamment M. Dupin parmi les conspirateurs, les dirigeant, les défendant, les stimulant. Il peut être considéré comme un des instruments les plus actifs du renversement de la branche qui régnait et des malheurs de la France.

Ses procédés sont rendus plus choquants par la rudesse de ses manières, la grossièreté de son ton, le dédain de son air et de ses paroles, et l'expression hideuse de sa brutale figure. C'est un de ces hommes que l'on hait rien qu'à les voir. C'est bien pis encore lorsqu'on les connaît.

La nature a incarné en M. Dupin le type bourgeois dans ce qu'il a de plus commun, de plus vulgaire, de plus vaniteux, de plus trivialement laid. C'est l'homme de basse origine, vain d'en être, avec du savoir, de l'éloquence, de l'esprit, de l'envie, de l'ambition, de la morgue, et en plus les dons acquis et les vices repoussants des hautes classes. Ce savoir prend des formes pédantesques, cette éloquence devient de la loquacité ; cet esprit affecte une ironie amère et de mauvais ton ; cette ambition est brutale, dédaigneuse, repoussante ; cette morgue au lieu de se grandir sur des talons rouges, marche pesamment sur de gros souliers, et s'en sert pour éclabousser, frapper et écraser tout ce qui blesse son irritable susceptibilité. Ce n'est pas en s'élevant au-dessus des autres, c'est en abaissant les autres au-dessous de lui que cet être insolent cherche à dominer, et là encore, on retrouve cet orgueil du peuple qui lui est propre, emporté sans mesure et sans dignité, sarcastique sans bon goût, insultant à la manière des rues.

Son frère, le baron Charles Dupin[1], est une sorte d'idéal du pédantisme. Il en a l'air important et composé, l'attitude méprisante, la distraction affectée, la tenue même. On trouve dans son esprit et dans la direction qu'il lui donne tous les traits qui compléteraient la ressemblance, la caricature même du modèle. Par une singulière préoccupation, tout chez M. Charles Dupin prend la forme d'un chiffre et devient une règle de trois ou une figure de mathématiques. Il fait des discours comme des démonstrations algébriques et il s'occupe moins à calculer les effets d'une révolution que la force des moyens qu'il lui faudra employer pour arriver à son terme. Mais dans cette tête il y a du savoir, et beaucoup, et en secouant, en faisant tomber le ridicule qui le couvre, on trouvera que sa science est de bon aloi.

Si l'éloquence du baron Dupin ne jette pas plus

---

1. Né en 1784, mort en 1875, fait baron par Louis-Philippe, sénateur par Napoléon III.

d'éclat, la faute en est à la manie qu'il a de la noyer dans un océan de chiffres ; mais cette manie, par une juste compensation, modère l'ardeur de ses opinions, et le maintient dans une sorte de modération politique dont il faut lui savoir gré.

On a remarqué que son ardeur à signaler les abus s'est toujours arrêtée devant les inconvénients du cumul des places. Il est vrai qu'il tire de ce cumul un assez bon parti.

J'arrive à un homme que classent parmi les forts un réel talent de tribune, une volonté constante à faire triompher la cause à laquelle il s'est voué, un sang-froid inébranlable dans la discussion et une invincible ténacité dans l'exécution de ses projets : au général Lamarque[1]. Son parti n'a pas, je le crois, rendu justice à la valeur réelle de cet esprit si bien organisé pour une époque de révolutions. Lamarque était d'autant plus redoutable que, froid dans ses affections, insouciant sur la moralité des moyens, il ne voyait que le but, et y tendait sans cesse sans se préoccuper des obstacles. C'était un homme profondément irréligieux, immoral et ami du scandale. Il effrayait jusqu'à son parti même, qui l'a laissé mourir sans avoir osé lui confier un poste où il pût développer ses dangereuses, mais incontestables

---

1. Maximilien Lamarque, né à Saint-Sever (Landes) en 1770, se signala dans toutes les guerres du temps et fut nommé général de brigade en 1801. Député des Landes, il ne cessa d'attaquer le gouvernement royal. Il mourut en 1832, et ses funérailles furent le prétexte de l'émeute fort grave connue sous le nom de journée de Juin.

supériorités. Comme celles des grands hommes de l'ancienne Rome, ses funérailles ont donné lieu à des combats, et le sang qui le 5 et le 6 juin a coulé sur son cercueil, prouve la violence de l'attachement qu'il avait su inspirer aux masses qu'il dirigeait.

Plus prudent, plus réservé, mieux élevé que le général Lamarque, le général Gérard[1] a eu moins d'influence que le fougueux député des Landes. Sans éclat, mais avec persévérance, il a cependant pris une part active à tous les événements qui ont préparé la chute des Bourbons. Prudent avant tout, il agissait de manière qu'on ne pût deviner s'il conspirait; mais sa prudence ne l'empêchait pas de tout animer et tout diriger. On lui a attribué le plan d'attaque suivi dans Paris, et le succès n'a que trop prouvé l'habileté des combinaisons.

Le talent que le général avait déployé pendant les journées de Juillet ne s'est pas soutenu au ministère de la Guerre où il avait été promu au lendemain même de la révolution.

Une méchanceté froide, conduite par une volonté positive servie par un talent sec, voilà ce qui recom-

---

1. Général Gérard (Etienne-Maurice, comte) né en 1773, mort en 1852. Engagé volontaire en 1791. fit avec éclat les campagnes de la République et de l'Empire. Général en 1812, se retira à Bruxelles après le licenciement de l'armée en 1815, rentra en France en 1817. Député en 1822 et 1827, il siégea dans l'opposition. Ministre de la guerre après 1830. Maréchal en 1832. En 1835 grand chancelier de la Légion d'honneur. En 1838, commandant supérieur de la garde nationale.

mande M. Bérenger[1] à son parti. Sans cesse désigné pour tous les emplois importants il n'a encore pu arriver à un seul. Il lui manque absolument une sorte d'expansion de manières et d'éloquence qui prévienne en sa faveur et fasse apprécier ce qu'il vaut. Son parti a eu tort, car jamais il n'eût pu trouver un homme plus dangereux que M. Bérenger.

Sans grande peine, à l'aide de quelques mauvais vers imprégnés de politique à défaut de poésie, M. Viennet[2] a pu s'introduire dans la Chambre des députés, et siéger avec des hommes célèbres par la violence de leurs sentiments et de leur conduite. Fidèle au principe auquel il devait son élévation, il a longtemps figuré parmi les orateurs les plus fougueux. Bien lui en prit, car si l'on privait ses discours du trop d'emportement qui les caractérise, on ne saurait les écouter. Les pensées n'ont rien de profond, le style rien de charmant, les idées rien

1. Bérenger (Alphonse Marie-Marcel,) né en 1785, mort en 1866. Conseiller auditeur à la cour de Grenoble en 1818. Avocat général en 1811. Député pendant les Cent Jours, resta à l'écart sous la Restauration. Elu à la Chambre des députés en 1827, siégea dans l'opposition. Après la révolution, de 1830 il fut chargé de soutenir l'accusation dans le procès des Ministres. Il entra à la Chambre des pairs en 1839. Président de chambre à la Cour de cassation après 1848, présida la haute cour de justice à Bourges et à Versailles.

2. Viennet (Jean-Guillaume,) né à Béziers en 1777, officier d'artillerie et décoré après la bataille de Lutzen ; sous la Restauration, entra dans le corps royal d'état-major d'où il fut rayé après la publication d'épîtres fort libérales. Député de l'Hérault, il siégea à gauche sous la Restauration mais devint un des plus zélés serviteurs du Gouvernement de Juillet. Fut de l'Académie dès 1830, pair de France en 1840. A laissé des œuvres justement oubliées; mort en 1868.

d'utile. M. Viennet n'était donc qu'un factieux plus bruyant, plus bavard que les autres, mais rien de plus.

A quel travers d'esprit, à quel calcul a-t-il cédé le jour où il a voulu parler de calme, d'ordre, de respect au gouvernement ? Mais ce jour-là sa popularité s'est effondrée, il a été jeté aux gémonies de la presse et est descendu dans l'opinion à la place qui lui est due.

Qui n'a pas vu M. Laisné de Villevêque[1] ne connait pas l'ennui dans ce qu'il a de plus pesant, la bonhomie dans ce qu'elle a de plus niais, la philanthropie dans ce qu'elle a de plus égoïste ; cet homme semble travaillé par une continuelle indigestion de faits, et il les sème partout où il passe sans s'inquiéter du sol où il les laisse tomber. Dans un lieu public il modèle sa politique sur celle qu'il suppose à la majorité ; dans une conversation, il est de l'avis de son interlocuteur. Il joue la simplicité et a de la prétention à la bonhomie, et croit se faire des amis de tous ceux qu'il rencontre ; il pleure sur le sort des malheureux, et pour mettre un terme à leurs souffrances il en a envoyé quelques centaines périr de misère, de faim, de fièvre dans un coin insalubre de l'Amérique que les États-Unis lui avaient concédé.

Possesseur du privilège d'endormir profondément la Chambre des députés, une fois au moins dans

---

1. Voir à la fin du volume la note V.

chaque discussion, il avait par quelques phrases libérales, gagné la confiance de la majorité qui, en 1828, le nomma questeur. Il sollicitait des audiences du roi, ne manquait pas une soirée des ministres, et était assidu à toutes les réunions tenues chez MM. de La Fayette, Laffitte et Périer. Le peu d'état que l'on faisait de son caractère et de son influence plaidait pour lui, et lui faisait pardonner cette ubiquité politique. Le silence et l'oubli l'ont enveloppé. Qui se souvient maintenant de M. Laisné de Villevêque et de sa colonie de Goazacoalco.

Au premier rang des célébrités du ridicule, brille M. Petou[1]. On ne saurait pousser plus loin, la pesanteur, l'obscurité, et affirmer tout cela par une plus forte dose d'outrecuidance. Cette confiance en soi est si vigoureuse, qu'on serait parfois tenté de la prendre pour du courage, et n'en faut-il pas, en effet, pour se faire, de gaieté de cœur, l'interprète de toutes les sottises et la risée de son propre parti? Ce courage fut celui de M. Petou. Il ne laissait pas échapper une occasion de monter à la tribune et d'y étaler sa bizarre éloquence. Ses longs bras déclamant à contre-mesure, la niaiserie de sa physionomie, l'hésitation de sa parole qui se concluait invariablement par le choix d'une expression impropre, donnaient à sa figure le plus étrange caractère. Se levait-il pour se rendre à la tribune, ses voisins le tiraient par les basques de son habit,

---

1. Voir la note VI à la fin du volume.

voulant le faire asseoir ; vains efforts dont il ne tenait aucun compte, il fallait qu'il allât débiter effrontément quelques-unes de ces phrases dont le compte rendu souligne l'effet par ces mots mis entre parenthèses : « Mouvement de gaieté — hilarité — rire général. » Les esprits chagrins qui soutiennent qu'il n'y a pas le mot pour rire dans une séance de la Chambre des députés, n'ont sans doute jamais eu la bonne fortune d'entendre M. Petou.

Le parti royaliste comptait dans la Chambre plusieurs notabilités auxquelles il me faut ajouter le vicomte de la Boulaye[1]. Il est rare de rencontrer dans une même personnalité un esprit plus vif, plus piquant, plus prompt à la riposte, plus prêt à l'attaque, des idées plus justes, des vues plus étendues en politique comme en administration. Tous ces avantages, qui sont mis en valeur par une grande faci-

---

1. M. d'Haussez n'est pas prodigue d'éloges et, après avoir lu le portrait qu'il trace de M. de la Boulaye, on s'étonne de l'oubli dans lequel les biographes l'ont laissé. Heureusement, dans l'importante publication que le comte de Serre a faite des lettres de son père, on trouve la notice suivante : « Jean-Baptiste-Louis Froc de la Boulaye, né à Versailles le 8 juin 1763, fut admis en 1781 dans l'administration de la marine et des colonies, où son père avait servi pendant plus de cinquante années. Cinq ans plus tard, il devenait chef du secrétariat de la direction générale des ports et arsenaux et, la même année, le maréchal de Castries, ministre de la marine, lui donna une mission de confiance à Brest et à Lorient. Il était, en 1788, premier secrétaire du conseil de marine. Arrêté en 1793, il passa deux mois dans les prisons de Saint-Malo. Après le 9 thermidor, il devint intendant de l'armée navale commandée par Villaret de Joyeuse et fit les campagnes de 1794 et 1795. Au mois de juillet de cette année, il fut nommé secrétaire général du ministère de la marine, et en 1798, inspecteur général des subsistances maritimes. Renonçant à cette carrière en 1801, il vint se fixer à Ay.

lité d'expression, une assurance que rien ne démonte, n'ont cependant pas placé M. de la Boulaye dans la situation élevée qu'ils semblaient lui promettre. Il est resté un député utile au parti qu'il défendait avec courage et talent, peu recherché du gouvernement qui n'accordait pas à ses services toute la gratitude qu'ils méritaient, fort mal venu de la gauche qui lui en voulait mortellement de ses attaques continuelles.

Je ne puis m'expliquer cette sorte de défaveur générale qu'en l'attribuant à un manque de gravité dans l'esprit, le style et les gestes, et la taille même, de M. de la Boulaye. Tout, chez lui, prend une teinte d'ironie qui nuit à l'opinion que mérite une valeur bien au-dessus de ce genre de succès.

Le courage, le talent et une complète inaptitude aux affaires se lient dans M. le vicomte de Conny[1]. Je ne sais personne de plus propre à défendre une

Dès 1804, il fut membre du conseil d'arrondissement de Reims, et, bientôt après, membre du conseil général de la Marne, fonction qu'il a exercée durant trente-sept ans. Il fut nommé, en 1814, commissaire du roi près le gouvernement anglais, pour régler ce qui concernait les prisonniers de guerre, et, l'année suivante, premier secrétaire d'ambassade à Constantinople, mais il ne put s'y rendre à cause des événements politiques. Le département de la Marne le choisit pour son représentant à la Chambre des Cent Jours. Il l'élut une seconde fois en 1816 et une troisième en 1821. Conseiller d'État depuis le 12 juillet 1820, M. de la Boulaye donna sa démission lorsque M. de Serre quitta le pouvoir, et lui témoigna autant de dévouement dans la mauvaise que dans la bonne fortune. Il mourut à Paris le 21 avril 1847. » *(Correspondance du comte de Serre*, annotée et publiée par son fils. Paris, Vaton, 1876, tome II, page 205.) La *Correspondance du comte de Serre* contient un grand nombre de lettres de M. de la Boulaye. Elles sont charmantes de verve, d'esprit, d'originalité et suffiraient à faire une réputation.

1. Le vicomte Félix de Conny naquit à Moûtiers en 1789 et vint fort jeune à Paris. Il fit une vive opposition à l'Empire et, plusieurs fois

cause qui se perd et de moins habile à en retarder la chute. C'est un bon soldat d'arrière-garde qui brûlera jusqu'à sa dernière cartouche, combattra à l'arme blanche, mais dont la brillante valeur n'arrêtera pas l'ennemi. Si sa cause triomphait, il s'attribuerait tout l'honneur, voudrait diriger les opérations ultérieures et deviendrait un véritable obstacle. Chez lui, la réflexion ne vient jamais tempérer ni régler la fougue des sentiments. Son exaltation reste sans écho dans le siècle positif où nous vivons. Tous les partis le jugent bien. Le sien apprécie ses intentions et son talent, mais sans avoir jamais songé à la tentative périlleuse de les employer. L'autre rit de ses rodomontades, de sa bouffissure. Mais, dans les deux camps, on rend hommage à son caractère franc et loyal.

En dehors de la Chambre, on trouvait plusieurs hommes de talent appartenant aux diverses nuances de l'opinion royaliste et qui luttaient avec force et persévérance, mais sans unité de vues, sans ensemble et sans discipline. L'un d'eux, M. Cottu[1], tourmenté d'un besoin de célébrité, a saisi au passage les cir-

---

arrêté, ne cessa de protester de son dévouement pour les Bourbons. A la Restauration, il fut nommé sous-préfet de la Palisse, combattit avec ardeur le ministère Decazes, fut destitué et déféré aux tribunaux pour un violent article publié après la mort du duc de Berry. En 1830, député de l'Allier; lors de la révolution de Juillet, il supplia Charles X de faire arrêter le duc d'Orléans. Sous le règne de Louis-Philippe, il eut d'incessants démêlés avec le parquet. Le vicomte de Conny mourut en 1850. Il a laissé de nombreux ouvrages, entre autres une *Histoire de la Révolution*, 8 volumes in-12 qui parurent de 1834 à 1842.

1. Jean-François Cottu, né à Paris le 13 mars 1778. Durant les Cent Jours cessa de remplir les fonctions de conseiller à la Cour impériale et

constances capables de l'aider à réaliser son rêve ; et, pourtant, il n'est parvenu qu'à faire parler de lui, mais jamais à être quelqu'un. Rebuté par le libéralisme qu'il avait courtisé dans quelques pamphlets et qui, je ne sais pourquoi, n'en a pas fait de cas, il s'est jeté à corps perdu dans le royalisme qui l'a mieux accueilli, mais qui, au lieu de lui ouvrir ses rangs, l'a tenu en enfant perdu en dehors de la ligne. Il ne manque cependant ni de talent ni d'originalité surtout, il a même parfois une sorte de hardiesse qui pourrait passer pour du courage. La prétention de ne rien abandonner du volumineux bagage d'idées à lui propres qu'il apportait, a toujours empêché M. Cottu de s'introduire dans la confiance des partis qu'il a caressés tour à tour.

A l'époque dont je parle, le talent de M. Berryer[2] ne se révélait qu'à peine dans quelques articles de journaux, témoignant d'une ferme conviction royaliste ; mais deux ans devaient s'écouler avant qu'il

---

les reprit à la seconde Restauration. Chargé par M. Pasquier, en 1818, de recueillir, en Angleterre, des renseignements sur la manière dont le jury y était organisé, remplit, sur l'ordre de M. de Serre, une mission analogue en 1817 et fut ensuite nommé membre de la commission qui devait préparer un projet de loi sur la réforme du jury. Il refusa de prêter serment à Louis-Philippe et acheva sa vie dans la retraite.

2. Berryer (Pierre-Antoine), né en 1790, mort en 1868. Avocat, orateur et écrivain, il ne cessa de défendre la monarchie légitime. Il plaida dans les procès politiques : Chateaubriand, la duchesse de Berry, le prince Bonaparte. Député de juin 1830, il ne cessa de siéger dans l'opposition monarchique libérale, se retira en 1851, reparut à la Chambre en 1863. Membre de l'Académie française où, en 1854, il remplaça le comte A. de Saint-Priest.

prît tout son essor. De tous les orateurs que j'ai entendus à la tribune, M. Berryer est l'un de ceux dont l'éloquence m'a le plus étonné. On ne saurait imaginer une telle fécondité de pensées servie par une élocution plus facile, un choix de mots plus parfaits, plus expressifs, une richesse d'images peintes des couleurs les plus brillantes et les mieux adoptées au sujet. La vigueur de son raisonnement défie la logique la plus ardue comme les arguties les plus minutieuses.

Dans l'intervalle des deux sessions, j'étais revenu à Bordeaux. J'y trouvai le comte d'Autichamps[1] investi du commandement de la 11e division militaire. Mon titre de conseiller d'État me donnait sur lui une préséance à laquelle, sans la moindre raison fondée, il opposait son titre de pair. Il résulta de ces prétentions respectives, qu'attendant l'un de l'autre une première visite, nous ne nous en fîmes pas et que nous évitâmes même les occasions de nous rencontrer. Les choses restèrent en cet état jusqu'à ce que, cédant aux instances de M. le Dauphin, le roi modifia le décret qui donnait le pas aux conseillers d'État sur les lieutenants généraux. Le jour où je reçus l'ordonnance royale, j'écrivis au comte d'Autichamps que, toujours empressé

1. Charles de Beaumont, comte d'Autichamps, né en 1770, mort en 1852. Fit partie de la garde constitutionnelle du roi Louis XVI. Fut l'un des chefs les plus héroïques de l'insurrection de la Vendée, signa le traité de pacification avec le général Hoche. La Restauration le fit pair de France, lieutenant général. En 1833, il essaya de soulever la Vendée et, de ce chef, fut condamné à mort par contumace.

d'obéir à la volonté du roi, je me présenterai chez lui dans l'après-midi, afin de me conformer à une ordonnance de Sa Majesté qui lui accordait la préséance, bien qu'il n'eût pas voulu la reconnaître lorsqu'elle m'appartenait. La visite eut lieu, se passa en compliments réciproques et ne fut suivie que de celles que l'étiquette rendait indispensables.

Je ne désirais un changement dans ma position que pour l'époque où il deviendrait la récompense d'une carrière que je ne voudrais pas pousser plus loin. Il en a été autrement.

En 1829, le ministère concessionnaire de M. de Martignac, n'ayant plus que la monarchie à abandonner aux factieux, et ne voulant pas la livrer, se retira, laissant à d'autres le soin hasardeux de sauver la couronne, et la nécessité périlleuse et plus probable de succomber avec elle. Dans l'embarras où était le roi de trouver des ministres qui eussent l'abnégation de se grouper autour d'un trône chancelant, on appela son attention sur moi. Vainement je fis observer que je n'étais pas l'homme du moment, que mes aptitudes, mon sincère amour du bien, ma fidélité ne seraient d'aucun secours, car il me manquait la qualité dominante, indispensable, dans la crise que l'on traversait : l'art de la parole; seul il pouvait imposer à la Chambre, mais, hélas! il me faisait entièrement défaut. Le temps pressait, il fallait un ministre; le roi parla, j'acceptai le portefeuille de la Marine.

La pensée que pour beaucoup mon dévouement serait de l'ambition, que l'orgueil seul guidait mes actes, m'aveuglait et en m'ôtant toute perspicacité, cette pensée m'était insupportable. Je n'hésitai donc pas à confier à quelques amis mes sombres appréhensions, ce que je pressentais de l'avenir réservé à la royauté et à ses serviteurs. Ceux-là du moins surent que j'affrontais le péril sans illusion, en toute connaissance de cause.

Je m'attendais si peu à l'honneur d'être appelé à faire partie d'un ministère que j'étais absent de Bordeaux quand la dépêche télégraphique qui portait cette nouvelle y arriva. La surveillance d'une grande route en voie d'exécution et l'inauguration d'un pont suspendu m'avaient appelé dans le voisinage du château du duc Decazes. Le duc, informé de ma présence, vint à ma rencontre et insista le plus obligeamment du monde pour que j'acceptasse son hospitalité. Des engagements antérieurs ne me permettaient pas d'accepter cette offre et, comme j'en exprimais mes regrets, je fus rejoint par le courrier porteur de la dépêche, envoyé à ma recherche. Je pris connaissance de la dépêche et aussitôt je modifiais ma détermination. M'adressant à M. Decazes, je le priai de m'accorder l'hospitalité que j'avais d'abord refusée, et j'ajoutai que je lui demanderais, après le dîner, une voiture pour me rendre à Bordeaux où de graves intérêts m'appelaient immédiatement.

Pendant la route, M. Decazes me pressa assez

indiscrètement de lui communiquer le contenu de la dépêche qui avait si brusquement modifié mes projets. Je me refusai à ses instances.

« — Je ne vous demande pas autre chose, me dit-il, que la confirmation de ce que je sais déjà. Vous êtes nommé à la direction générale des Ponts et Chaussées. On m'a mandé de Paris que c'était décidé. Plus communicatif que vous, j'ajouterai que, selon toutes probabilités, je serai appelé à la marine dont Rigny ne veut pas. Ainsi, mon cher, nous nous retrouverons bientôt, et je vous ferai voir que j'ai de la rancune contre les amis qui me refusent leur confiance. »

Je ne répondis rien à cette communication qui me donnait pourtant une grande envie de rire.

Je n'ai jamais vu d'homme travaillé au même degré que M. Decazes de la manie du portefeuille ; c'est chez lui une idée fixe, incessante, immuable. C'est en vain qu'il a cherché un dérivatif à ce cauchemar dans des entreprises industrielles et agricoles qui lui ont coûté beaucoup d'argent. Il réunit ses voisins chez lui, donne des fêtes pastorales aux fermiers de son canton, distribue des primes à ceux qui présentent les plus beaux bestiaux. Je l'ai surpris, un jour, présidant au repas de cent porcs et veillant très gravement à ce que les pommes de terre fussent impartialement partagées. Rien de tout cela ne pouvait chasser l'idée importune. Ce portefeuille insaisissable était toujours là, devant ses yeux, s'offrant à lui, et s'évanouissant quand il tendait la main pour le saisir.

En arrivant au château de la Grave je trouvai le duc et la duchesse de Broglie, qu'entouraient les libéraux les plus forcenés du pays. Cette réunion donnait une assez singulière idée de l'esprit dans lequel le *ministre en germe* se proposait d'entrer aux affaires.

Je dînai à la hâte et pris enfin congé d'une société où je me sentais assez mal à l'aise. J'arrivai dans la nuit à Bordeaux. Dès que je pus me servir du télégraphe, j'adressai au prince de Polignac quelques observations sommaires sur les motifs qui, selon ma pensée, ne faisaient pas de moi l'homme du moment: avant midi j'avais reçu l'ordre de partir sans délai pour Paris.

Le conseiller de préfecture chargé d'ouvrir les dépêches en mon absence n'avait pas strictement gardé le secret; la nouvelle transpira donc assez vite dans la ville. Elle parvint jusqu'à monseigneur de Bordeaux et à M. Ravez. Ces deux personnages m'honoraient d'une amitié trop sincère pour qu'elle les laissât indifférents; ils accoururent donc aussitôt à la préfecture. Leur clairvoyante affection se montra plus peinée que satisfaite de ma terrible fortune; ils me firent toutes les objections possibles, ne me cachèrent rien des dangers qui m'attendaient. J'étais hélas! de leur avis, nous partagions les mêmes appréhensions, les mêmes craintes, mais j'étais placé dans une alternative telle, que je devais obéir au roi, dussé-je me sacrifier. M. Ravez me confia alors qu'il venait de refuser le ministère de la Justice. « Vous êtes plus coupable que je ne le serais en résistant, m'écriai-je, car vous avez tout ce que je n'ai pas : talent oratoire, influence parlementaire, tout ce qui me manque enfin... »

Mes deux amis me dirent adieu en m'embrassant. Deux heures après j'étais sur la route de Paris.

A mon arrivée, je me rendis directement chez le prince de Polignac. Je l'avais connu en 1804, lors de la conspiration de Georges Cadoudal et de Pichegru, mais nous ne nous étions pas rencontrés depuis ce moment. Dans l'espoir de le convaincre, je renouvelai près de lui toutes mes objections au choix dont j'étais l'objet, mais ce fut en vain, il resta inébranlable. Voyant que je ne pouvais échapper à la terrible responsabilité que le ministère devait accepter, je voulus du moins avoir une idée générale du système qu'il avait arrêté. Le prince me répondit évasivement que nous parlerions de tout cela en route, et me donna rendez-vous pour m'emmener à Saint-Cloud et me présenter à Sa Majesté.

Je ne pus obtenir plus d'éclaircissement près de M. de la Bourdonnaye que j'allai voir. Comme le prince il se tint dans les généralités, et m'assura que les vues de mes collègues concorderaient nécessairement avec les miennes.

M. de Montbel, depuis longtemps mon ami, fut plus franc et m'avoua qu'aucun plan n'avait été ni présenté, ni discuté, mais que M. de Polignac et

M. de la Bourbonnaye semblaient en avoir arrêté un et qu'ils attendaient la présence du ministre de la Marine pour le soumettre au Conseil. Il me pressa d'accepter, non qu'il vît l'avenir sous un jour favorable, mais parce qu'il considérait comme une lâcheté de reculer devant les dangers qu'on m'offrait de partager.

Le roi, quand je lui fus présenté, me dit qu'il connaissait mes hésitations et les motifs sur lesquels je les basais, mais qu'il ne s'arrêtait ni aux unes, ni aux autres; qu'il était des occasions où l'on ne doit pas consulter les intérêts de ses amis, que cette occasion se présentant, il m'avait offert le portefeuille de la Marine, certain que j'accéderais à un désir auquel je ne le forcerais pas à donner le caractère d'une volonté.

J'acceptai.

CHAPITRE III[1]

Danger de la monarchie au moment de la chute du ministère Martignac. — Le ministère Polignac. Désarroi des idées, absence de direction politique. — Portraits des ministres : M. de Polignac, M. de La Bourdonnaye, M. Courvoisier, comte de Bourmont, baron d'Haussez, comte de Chabrol, M. de Montbel. — Premières séances du Conseil. — Le préfet de police. — Portraits du Roi, du Dauphin, de la Dauphine, de la duchesse de Berry. — La Cour.

Attaquée dans ses prérogatives les plus essentielles, menacée dans son existence même, la monarchie ne pouvait résister plus longtemps à l'action destructive de la presse, et du système électoral offert par la timidité du dernier ministère à la menaçante exigence de la Chambre des députés. A l'aide de ces deux terribles moyens, l'opposition avait accru ses forces au point d'avoir su créer un autre gouvernement, désavoué dans le principe, mais qui, bientôt révélé par ses actes, avait cessé d'être l'objet d'un doute. Ce gouvernement avait ses chefs, ses agents, une organisation territoriale, des contribu-

---

1. Voir à la fin du volume la note VII.

tions, une police, une armée !... Par suite de la disposition des esprits à accueillir avec faveur tout ce qui a l'apparence du blâme, les prétextes puisés dans les fautes réelles ou supposées du ministère devinrent des motifs de dénigrement contre ses membres. On ne tarda pas à en venir aux attaques les plus directes et les plus graves. On incrimina les intentions : on supposa des actes ; à la falsification souvent insuffisante des faits on substitua la calomnie. En vain était-elle repoussée : les dénégations, quelle que fût leur publicité, n'avaient d'autre résultat que de donner lieu à de nouvelles injures. Une fois excitée contre un fonctionnaire, la haine publique, sans cesse alimentée par de nouvelles accusations, ne savait s'arrêter. L'invraisemblance, l'absurdité, rien n'y faisait ; tout était bon, pouvu que le caractère de la violence s'y trouvât. Lorsque, trop grossier ou trop maladroit, un mensonge manquait son effet, un autre, toujours prêt, le remplaçait.

Après avoir épuisé ses traits contre les fonctionnaires, la licence osa se tourner contre la famille royale. Le roi lui-même ne fut pas épargné. Chaque jour de nouvelles attaques, habilement dirigées, lui enlevaient quelque chose dans la confiance, le respect et l'affection du peuple. Chaque jour, un ridicule, dont ses vertus mêmes fournissaient le prétexte, diminuait la considération à laquelle jamais monarque n'eut des droits plus réels.

La presse était le moyen principal employé par l'opposition pour arriver au but qu'elle se proposait.

Elle venait d'être affranchie de la censure; sans frein qui pût arrêter ses écarts[1], elle était assurée de trouver un appui dans la magistrature judiciaire à laquelle seule était réservé le soin de la réprimer.

Tourmenté par le besoin de dominer le pouvoir lorsqu'il se montre faible, de le contenir dès qu'il veut résister, ce corps ne supportait qu'avec l'impatience la moins déguisée son éloignement de la partie politique du gouvernement. Tous ses vœux, toutes ses démarches avaient pour but le retour à cette autorité usurpée par les parlements, et dont, sage une fois, la Révolution l'avait dépouillé. Il prétendait soumettre les lois à une sorte d'élaboration; comme si nous eussions encore été à une époque où, émanées d'une volonté absolue, elles seraient arrivées avec tous les inconvénients, tous les dangers même que leur origine pourrait faire redouter à la nation pour qui elles étaient faites, si une magistrature éclairée et puissante ne s'était interposée pour leur faire subir un contrôle également avantageux au souverain et aux peuples. Ce grand œuvre de la Révolution, respecté par un des hommes qui ont le mieux compris l'art de gouverner, fut détruit à la Restauration. En 1816 et dans les années suivantes, les orateurs royalistes s'étaient fait un moyen d'opposition des déclamations en faveur de la liberté de la presse et de l'intervention des tribunaux dans les affaires politiques. Parvenus au

---

1. Par la loi du 18 juillet 1828.

ministère, ils voulurent paraître conséquents avec les doctrines qu'ils avaient professées, et ils réalisèrent imprudemment ces utopies dangereuses, préconisées dans un intérêt qui n'était pas celui du trône ; et l'on vit les écrivains du *Conservateur*, ces royalistes si exclusifs dans leurs opinions, prévenir, dans leurs concessions irréfléchies, les vœux que n'avaient pas osé exprimer les rédacteurs des journaux les plus révolutionnaires.

La Cour royale de Paris donna le funeste exemple d'une opposition systématique à la marche suivie par le gouvernement. Le baron Séguier[1], son premier président, trouvait une occasion de continuer le scandale qui avait signalé toutes les phases de sa carrière politique ; il ne la laissa pas échapper. Retranché derrière l'inamovibilité dont le couvraient sa dignité de pair et les fonctions de la magistrature ;

1. Antoine-Jean-Mathieu Séguier, d'une famille originaire du Languedoc qui doit son illustration à la magistrature, naquit à Paris en 1768; il suivit dans l'émigration son père, ancien premier président de la cour royale de Paris. Rentré en France, il fut nommé par Napoléon, qui appéciait la valeur des anciens noms, substitut du procureur général de la Seine. En 1810 il obtint le titre de baron et la première présidence de la cour impériale de Paris. Il accueillit avec joie la Restauration qui le nomma conseiller d'État. Exilé pendant les Cent Jours, au retour de Louis XVIII, il reprit sa position de premier président et fut fait pair de France. Il montra de l'impartialité et de l'indépendance dans divers procès politiques. Ce fut à l'occasion d'un de ces procès qu'il prononça ce mot célèbre en réponse à une recommandation de M. de Peyronnet: « La cour rend des arrêts et non pas des services. » Il se rallia à la monarchie de Juillet qui, en 1834, le fit grand-croix de la Légion d'honneur, et mourut le 6 août 1848, laissant le souvenir de bien des métamorphoses politiques, mais aussi la réputation d'un magistrat intègre et éminent.

remplaçant le talent qui lui manque par de la turbulence, et la considération que lui refusent les honnêtes gens par les clameurs des factieux, il dirigeait lâchement contre le pouvoir des coups que celui-ci ne pouvait ni parer ni lui rendre. Du milieu des rangs ennemis qu'il avait grossis par la fougue de son exaltation royaliste, pendant les premières années de la Restauration, il ne cessa de créer des obstacles à la marche du gouvernement, que lorsqu'il eut rendu cette marche impossible. A son nom s'attachera à jamais le reproche d'avoir contribué le plus au renversement de l'ordre dans son pays et à la subversion de la dynastie.

Excités par lui, séduits peut-être par les applaudissements dont il était l'objet, les tribunaux, notamment ceux de Paris, refusèrent leur concours dans l'application des mesures répressives de la licence de la presse; ils méconnurent le sens le plus précis, la lettre même des lois, sans craindre de se placer dans un état de forfaiture ouverte, et ils ajoutèrent au scandale des acquittements les plus contraires à l'évidence des délits, celui du blâme contre le gouvernement qui en avait provoqué la répression. En butte à des haines d'autant plus redoutables qu'elles étaient excitées par un corps jusque-là entouré de la vénération publique, découragés par le mauvais succès de leurs efforts, les fonctionnaires les plus zélés cessèrent de réclamer une justice qu'ils étaient certains de n'obtenir que rarement et toujours d'une manière imparfaite. Dès ce moment, le pouvoir fut discrédité ; et l'autorité compromise ne tarda pas à échapper aux mains qui seules avaient le droit et le devoir de la retenir et de l'exercer.

Les intermittences qui eurent lieu dans la composition des ministères qui se sont assez rapidement succédé favorisèrent les progrès du système libéral. Le ministère royaliste, qui remplaçait un ministère d'une nuance différente, avait pour point de départ forcé la position que lui laissait le ministère précédent. S'il tentait de se placer dans une situation plus élevée, il était bientôt ramené à un état de choses consacré d'une manière trop authentique pour qu'il fût possible de le décliner. Lui-même était entraîné à de nouvelles concessions, auxquelles se joignaient les concessions plus amples et plus significatives que ne manquait pas de faire à son tour le ministère, moins disposé à la résistance, qu'une volonté incertaine laissait succéder à celui qui venait de disparaître.

De concessions en concessions, on était parvenu à dépouiller le pouvoir des moyens de réprimer les excès de la presse. Celle-ci profita de son affranchissement pour compléter la victoire du parti dont elle servait la cause, et elle redoubla d'efforts pour la lui assurer dans les collèges électoraux. Rien ne fut négligé pour atteindre ce but important. L'influence dont le droit et la nécessité ne sauraient être rationnellement contestés au gouvernement, devint le prétexte des reproches les plus hasardés et exprimés avec le plus d'inconvenance ; et cette influence qui lui était enlevée passait sans ménagements, sans la moindre pudeur, à des comités, chargés dans chaque département, dans chaque arrondissement, des affaires de la faction. Les menées employées par ces comités n'y avaient déjà que trop agi dans un sens défavorable à l'autorité, lorsque celle-ci leur donna, par la loi du 24 juin 1828 [1], une forme et une consistance légale. Tout alors fut désespéré, et les hommes les moins clairvoyants purent fixer l'époque très rapprochée où un nouvel ordre de choses succéderait à celui que de lâches conseillers n'avaient pas le courage de défendre.

Le roi reconnut le danger ; il se décida, mais trop tard, à s'arrêter dans cette voie de concessions suivie par le dernier ministère, sans résultat avantageux pour le trône, sans satisfaction pour ces libertés au nom desquelles on se montrait si exigeant; il résolut d'essayer d'une fermeté sage qui, sans compromettre ces mêmes libertés, garantit à l'autorité souveraine la plénitude d'action sans laquelle elle ne peut opérer le bien. Telle fut la pensée qui présida à la composition du ministère du 8 août. Cette pensée ne reçut et semblait en effet destinée à ne recevoir qu'une réalisation incomplète [2]. Afin de

---

1. Loi qui établissait la permanence des listes électorales et donnait à chaque citoyen le droit de provoquer l'inscription ou la radiation de tout individu indûment omis ou porté sur la liste.

2. Dans l'idée primitive du roi, M. de Martignac et M. Roy devaient conserver leurs portefeuilles, et M. de Villèle devait être rappelé au Conseil. Cette combinaison fut contrariée par le prince de Polignac, justement effrayé de la supériorité de l'ex-président du Conseil, et par

ménager des susceptibilités politiques, de rattacher au gouvernement toutes les fractions de l'opinion royaliste et la portion de l'opinion libérale à laquelle on supposait de la propension à se rallier à lui, dès qu'elle en aurait reçu des garanties, on confia des portefeuilles aux hommes considérés comme l'expression de chacune de ces opinions. Ainsi M. Courvoisier vint siéger à côté de M. de La Bourdonnaye, dont il avait combattu les doctrines à la Chambre des députés ; M. de Chabrol dut mêler sa politique hésitante à l'ardeur irréfléchie de M. de Polignac ; et l'on pensa que l'amiral de Rigny consentirait à fondre la nuance très prononcée de son libéralisme dans la couleur royaliste non moins tranchée de M. de Montbel. Quant à M. de Bourmont, on comptait avec raison que son adresse contribuerait à mélanger et à réunir ces éléments hétérogènes.

Cette combinaison fut immédiatement dérangée par le refus de l'amiral de Rigny[1] d'accepter le portefeuille de la Marine. Dirigé par une ambition dont l'impatience n'était pas satisfaite par l'avancement le plus extraordinaire, par le cumul de la

M. de La Bourdonnaye qui, ayant jeté son dévolu sur le ministère de l'Intérieur, ne pouvait s'arranger de M. de Martignac. M. Roy, qui consentait à rester avec son collègue, refusa d'entrer seul dans la composition du nouveau Conseil, et aucun des membres du précédent n'y fut appelé.

1. Rigny (Henri-Gauthier, comte de), amiral, né en 1773, mort en 1835. Capitaine de vaisseau en 1816, commanda en 1822 l'escadre du Levant. Contre-amiral en 1825, il commandait l'escadre française à Navarin en 1827 ; se rallia à Louis-Philippe, fut successivement ministre de la Marine, des Affaires étrangères, et ambassadeur à Naples.

préfecture maritime de Toulon avec le commandement d'une escadre dans le Levant, par un titre, des décorations et tous les genres de distinctions, M. de Rigny n'était pas homme à dédaigner un poste auquel les vœux de sa famille ne l'appelaient pas moins que les siens, si sa prévision n'eût été aidée par les avis positifs de ce qui se préparait contre le trône. La promptitude de sa réponse vient à l'appui de cette opinion, qui fut confirmée par les personnes que leurs relations avec sa famille et avec lui avaient mises dans le secret de son caractère et de sa manière d'agir [1]. Je fus appelé au poste que M. de Rigny laissait vacant. On pensa que la fermeté de mon royalisme et la modération dont j'avais donné des preuves constantes satisferaient les différentes nuances de l'opinion de la droite, en même temps que ma position personnelle à l'égard des hommes influents de la gauche me rendrait un intermédiaire utile entre eux et le gouvernement. On

---

1. Les circonstances qui ont accompagné le refus de l'amiral de Rigny sont peu connues et méritent cependant de l'être; les voici :

M. de Rigny était chez le receveur général de Moulins, lorsque l'avis de sa nomination au ministère de la Marine lui parvint; il accourut à Paris, mais sa famille et ses amis lui imposèrent l'obligation de refuser. M. de Polignac, à qui il fit part de cette résolution, n'ayant pu la lui faire modifier, insista pour qu'il la notifiât lui-même au roi, et il l'accompagna à Saint-Cloud. Après avoir vainement employé les raisonnements qu'il croyait les plus propres à vaincre sa résistance, le roi ajouta : « Jeune encore, vous avez acquis une grande réputation militaire, les premiers grades de l'armée, tous les genres de distinction, la position la plus brillante : il ne vous manque que du repos pour jouir de votre gloire. C'est le sacrifice de ce repos que je vous demande... Vous ne me le refuserez pas. — Sire, reprit l'amiral, des

crut même trouver dans mes succès administratifs une compensation à mon défaut de talent oratoire, et l'on refusa de s'arrêter aux observations qu'une modestie réelle, et le désir d'attendre dans ma préfecture la vacance du seul poste qui me parût en rapport avec mes goûts et mon genre de talent, me portèrent à faire, avant de me rendre aux ordres du roi.

Le ministère était donc composé d'hommes choisis dans des opinions et des situations politiques diverses; mais, ce qui n'était pas un moindre inconvénient, ces hommes, dispersés sur tous les points de la France, se réunissaient sous la direction de l'un d'entre eux qu'ils ne connaissaient pas, sans savoir s'ils se conviendraient, s'ils s'entendraient, si dès le premier jour, quelque grave incompatibilité ne les forcerait pas à reprendre le chemin des provinces, d'où, sans les consulter, on les avait appelés. Chacun croyait au moins qu'une pensée réfléchie avait présidé à leur

---

considérations puissantes, surtout la composition du ministère, ne me permettent pas d'accéder aux désirs de Votre Majesté. — Quels noms vous répugnent ? — Je prie Votre Majesté de me dispenser de les désigner. — Je vous ordonne de le faire. — Sire, M. de Bourmont... — Je vous comprends, reprit le roi avec vivacité. Quand M. de Bourmont s'est trouvé face à face avec son roi, les armes lui sont tombées des mains. C'est un tort aux yeux de mes ennemis, aux vôtres. Aux miens, c'est un titre à ma confiance et à mon affection. » Un geste du monarque indiqua la fin de l'audience. L'amiral était tellement ému qu'il se trouva mal en traversant la pièce voisine du cabinet du roi. (Note de M. d'Haussez.)

Voir *le Mémoire sur la révolution de 1830*, par le marquis de Sémonville, dans *la Revue de Paris*, livraison du 1ᵉʳ septembre 1894, page 68.

choix : qu'en arrivant, ils trouveraient un plan arrêté, dont l'acceptation ou le rejet déterminerait leur position. Grande fut donc leur surprise en apprenant que le roi, inquiet des progrès de la faction libérale et les attribuant avec raison à la pusillanimité de ses ministres, avait résolu de former un ministère énergique dont le système lui parut exprimé par les opinions et le nom de M. de La Bourdonnaye et que, cédant aux prétentions du prince de Polignac, autant qu'entraîné par une vieille habitude d'affection, il l'avait désigné pour exercer dans le Conseil la part d'influence que lui-même s'était réservée. Ces deux personnages avaient donc été appelés aux Tuileries, et confiants, l'un dans une obstination qu'il prenait pour de la fermeté, l'autre dans une sorte d'illuminisme aventureux, qui l'avait précipité dans des embarras auxquels le hasard, à défaut de prudence, l'avait seul arraché, ils avaient ouvert l'almanach royal, et s'étaient arrêtés aux noms qui jouissaient de quelque réputation, sans s'embarrasser du résultat que produirait une telle réunion ; sans même avoir dans la tête le *projet d'un projet*.

Ce fut une grande question dans le public de savoir qui, de M. de La Bourdonnaye ou de M. de Polignac, donnerait son nom au ministère. Cette question, moins oiseuse qu'elle ne le paraît tout d'abord, ne fut pas immédiatement résolue. En attendant que les actes vinssent la trancher, l'opposition n'hésita pas à chercher des armes dans les antécédents de ces deux ministres ; et à cet arsenal, assez bien pourvu, elle ajouta toutes celles que la calomnie et la malignité purent fabriquer. Les discours de M. de La Bourdonnaye, les rigueurs qu'il avait proposées, sa perpétuelle insistance à provoquer les mesures les plus énergiques, donnèrent lieu de supposer au gouvernement l'intention de se placer au travers de la révolution et de la refouler vers sa source ; tandis que l'on prêtait au prince de Polignac la pensée de baser ses formes de gouvernement sur le droit divin et sur le droit royal, et de rétablir le bon plaisir dans toute son intégralité et avec toutes ses conséquences. En France, moins qu'en aucun pays du monde, on ne se montre difficile dans l'examen de ce qui a rapport à la politique. Jamais peuple ne se soucia moins d'exercer une critique raisonnée sur ce sujet important : il croit tout ce qu'on lui dit, tout ce qu'il lit, et rarement il prend la peine de comparer le bruit de la veille avec l'événement du jour. De là résulte une extrême facilité à lui faire croire tout ce que l'on a intérêt à lui persuader, et l'on sait avec combien peu de ménagement et de pudeur cette disposition est exploitée.

Le ministère Martignac avait paru croire que le seul moyen de faire taire la presse était de lui permettre de tout dire, et que, pour la rendre réservée, il suffisait de faire disparaître les trop faibles obstacles opposés jusqu'alors à son dévergondage. Obéissant à cette pensée, il enfanta cette funeste loi du 18 juillet 1828 et, comme il cessa d'exister au moment où les journaux remplissaient leurs colonnes des éloges dus à sa complaisance, chacun de ses membres emporta l'idée qu'il avait fait la plus belle chose du monde.

Le ministère qui lui succéda ne pensait pas ainsi ; il trouvait toutes les prétentions éveillées par cette presse, si imprudemment déchaînée ; toute la subordination des fonctions ainsi détruite à l'égard du gouvernement ; l'inquiétude et l'hésitation chez ceux qui conservaient de l'attachement au roi. Dans chaque département, des journaux nouvellement créés ajoutaient à l'effet produit par les feuilles de Paris et entretenaient un foyer permanent de résistance. Le seul remède à un pareil état de choses eût été une mesure plus forte et énergique qui, prise dans le moment de la stupéfaction produite par l'avènement inopiné du ministère, aurait pu être accueillie comme en étant le complément, et aurait au moins fait supposer l'existence d'un système et la volonté d'en poursuivre l'exécution avec vigueur.

Il n'en fut pas, il n'en pouvait être ainsi. Les deux hommes qui s'étaient emparés de la direction des affaires n'avaient ni la force, ni l'étendue d'esprit, ni le positif dans les idées, ni la connaissance de l'état de la France, ni même celle des collègues qu'ils venaient de s'associer, qu'il leur eût fallu pour arrêter un tel plan et en diriger l'exécution.

L'un, le prince de Polignac, élevé hors de France, n'y était rentré que pour prendre part à une tentative malheureuse, qui n'avait eu pour résultat qu'une longue captivité dont il ne paraissait pas avoir profité pour mûrir son jugement et former sa raison. Son langage, son accent indiquaient des habitudes étrangères. C'est à l'Angleterre qu'il empruntait ses idées et ses continuelles comparaisons ; il n'y avait pas jusqu'aux noms français qu'il ne dénaturât en les prononçant à l'anglaise. Ses manières, à la fois niaises et obligeantes, offraient un mélange de la politesse de cour et du mysticisme d'une confrérie [1]. Sa conversation n'était qu'une enfilade de mots, de phrases à travers lesquelles on apercevait l'embarras de terminer autrement que par quelque chose de vide et de ridicule. Pauvre d'idées, il adoptait de préférence celles qui sortaient d'un milieu où il pensait qu'on n'irait pas en chercher l'origine ; et, sans les approfondir, il les produisait au Conseil, et déduisait des conséquences sans se laisser arrêter par les observations les plus pressantes. Rencontrait-il une argumentation trop forte, « Messieurs, disait-il, l'obstacle que vous prévoyez n'existe pas. D'ailleurs, cela me regarde, et j'en fais mon affaire. » Puis il s'adressait au roi et ne manquait pas de faire prévaloir son avis, alors même qu'il était opposé à celui de ses collègues. S'apercevait-il des inconvénients de sa détermination ? Il n'hésitait pas, en proposant au roi de la rapporter, à en attribuer le tort aux autres ministres, se servant alors des considérations qu'il

---

1. Voir à la fin du volume la note VIII.

avait repoussées, et auxquelles, le plus souvent, il avait négligé de répondre.

D'un côté, un grand nom, l'héritage d'une haute faveur, un zèle pour la cause royale éprouvé par les plus grands périls, des airs de bonne compagnie, une figure prévenante, de la confiance dans une sorte de prédestination, une disposition à suivre une idée avec ardeur jusqu'à ce qu'il rencontrât un obstacle qu'il n'avait pas prévu, et à l'abandonner à la moindre difficulté; de l'autre, une tête vide d'idées naturelles et acquises, un manque absolu d'instruction, une conversation sans fond et sans attraits, une complète nullité de talent de tribune, une incapacité qui se révélait dans toutes les circonstances, une imperturbable assurance à faire, et (ce qui est pire chez un ministre) à dire des sottises; on ne sait quoi de niais et d'incertain qui se mêlait à une sorte d'expression de finesse dans ses traits, voilà tout ce qui peut expliquer sa fortune politique et ses revers [1].

---

1. Il n'y a plus de polémique à faire pour ou contre le prince de Polignac; chacun a porté son jugement sur lui. On ne saurait s'étonner que celui de M. d'Haussez soit particulièrement acrimonieux, mais il devient injuste lorsqu'il refuse au prince toute instruction et toute capacité. On peut consulter aux archives des affaires étrangères, aujourd'hui ouvertes, un rapport qui n'avait pas échappé à l'attention sagace du prince Napoléon. Ce rapport fut présenté au roi après une mission d'observations donnée en 1814 à M. de Polignac pour rendre compte de la situation des choses en Italie et de la politique à y suivre dans l'intérêt de la France combiné avec celui de l'équilibre européen et du maintien de la paix. On y verra que le but poursuivi en Italie par la France depuis plus de trois siècles y est parfaitement compris, les choses à faire pour l'atteindre dans ces con-

Ce n'était pas à l'aide de moyens ordinaires qu'un tel homme se proposait de gouverner. S'il n'avait dû en rencontrer, il se serait créé des difficultés pour se donner le mérite de les surmonter ; mais il était servi à souhait, et sous ce rapport, on aurait pu croire qu'il n'avait rien à désirer. Il n'en fut pas ainsi : il appela au Conseil l'homme le plus irritant, le plus intraitable de France.

M. de La Bourdonnaye apparaissait avec toute l'impopularité qui s'attachait à son nom, toute la haine que lui portait le parti ennemi, toute la désaffection personnelle que lui avaient vouée ses amis politiques mêmes, et de plus avec une absence d'aptitude aux affaires, de faculté de concevoir, de force de volonté, que personne ne lui soupçonnait. Peu connu dans le monde, où l'on ne le voyait que rarement, et où il se renfermait dans une affectation de réticence et de discrétion, on ne pouvait le juger que par des

---

ditions nous sont indiquées avec une sagesse clairvoyante, on pourrait dire prophétique, car il y prophétisait le retour de l'île d'Elbe. La liaison des questions, spécialement de celles de Rome et de Naples, y est traitée finement et hardiment. On s'étonne de trouver dans tout ce rapport une largeur d'esprit inattendue chez le prince de Polignac. Pour disputer à l'Autriche la prépotence en Italie, objectif constant et légitime de la politique française, il conseillait d'y prendre l'initiative de l'introduction du gouvernement représentatif dans les États assez solidement constitués pour le supporter nommément en Piémont dans le royaume de Sardaigne, où la dynastie était nationale et avait jeté de profondes racines dans les autres provinces. — M. de Polignac était impropre à la politique intérieure, il l'a trop fatalement démontré ; mais ceux qui ont étudié sa diplomatie sont forcés de reconnaître qu'elle lui fait honneur. Nous aurons à y revenir à propos de l'affaire d'Alger, où il ne commit pas rien que des fautes.

discours de tribune, très bien faits, mais très faciles à faire, puisqu'ils n'avaient jamais pour objet que la censure des actes d'autrui, ou l'exposé de quelques systèmes qui embarrassaient fort peu leur auteur, certain qu'il était de n'avoir jamais à s'occuper de leur exécution. Cette censure était abondante, mais on doit convenir que la matière ne manquait pas. Elle était âcre et produisait de l'effet, parce que le public tient toujours compte des attaques dirigées contre le pouvoir, et prend aisément pour du courage et de l'indépendance ce qui n'est le plus souvent qu'un calcul d'intérêt ou d'amour-propre et un moyen de parvenir. Cependant, elle n'a jamais écarté de M. de La Bourdonnaye l'animadversion de tous les partis, constamment unanimes dans le sentiment de haine qu'il leur inspirait. Une figure chagrine, un air de dureté qu'il excelle à lui donner, des yeux perçants, insolemment fixés sur les interlocuteurs et recouverts de sourcils sans cesse froncés, une bouche habituellement contractée par un rire plus méchant que malin, tout cela est peu propre à faire goûter une conversation saccadée, distraite, dédaigneuse, et qui ne s'anime que lorsqu'elle prend un caractère désobligeant et fâcheux. En un mot, il avait cette présomption irréfléchie, cette audace résultant de l'ignorance du danger, cette répulsion pour toute idée qui ne venait pas de lui, cette maladresse d'exécution inséparable de la folie des conceptions, qui sont le propre des hommes médiocres appelés aux grandes affaires et dont la mission providentielle semble être de conduire à leur perte les États, les souverains et leurs trônes. Toutes ces belles qualités étaient complétées par une confiance béate dans une intervention céleste qui ne devait jamais lui faire faute.

Tel est M. de La Bourdonnaye dans un salon, tel il s'est montré dans le Conseil, avec cette différence cependant que, disposés peut-être à le juger avec peu d'indulgence, ses collègues, bientôt familiarisés avec son air d'arrogance et son ton dominateur, n'ont trouvé en lui que l'incapacité la plus complète en affaires et un manque absolu d'idées d'administration et de gouvernement. Ils étaient persuadés qu'il arrivait avec des vues, un plan, un système; ils s'attendaient au moins à lui trouver de l'énergie, et il ne savait même pas s'élever jusqu'à la violence. Jamais, dans le Conseil, il n'ouvrait un avis, ne présentait un projet; mais, fidèle à ses habitudes et à son genre de talent, il ne manquait pas de faire la critique de ses collègues.

M. de Courvoisier [1], à qui les Sceaux avaient été confiés, apportait à cette haute fonction toutes les qualités qui, dans les temps ordinaires, eussent suffi pour lui mériter la plus brillante réputation. A un

1. Jean-Joseph de Courvoisier, né à Besançon en 1775, émigra en 1792, servit dans l'armée de Condé. A sa rentrée en France il embrassa la carrière de la magistrature, et fut nommé procureur général près la Cour de Lyon en 1818. Député de Beaune il représenta cet arrondissement de 1816 à 1823. Ministre de la Justice le 8 août 1829 il se retira le 19 mai 1830. Mort à Lyon le 10 septembre 1835.

beau talent de tribune, il joignait la plus rare candeur politique. Dévoué à la cause royale, singulièrement attaché à la personne du roi, pour qui il professait une sorte de culte, sûr dans ses rapports avec ses collègues, il ne parlait et n'agissait que sous l'inspiration d'une conscience essentiellement religieuse. Personne ne résumait une question avec plus de netteté, de précision et d'impartialité. Personne ne possédait un égal genre de dignité qui convient aux grandes fonctions qu'il remplissait ; ses traits réguliers, sa figure sereine, sa grande taille s'arrangeaient merveilleusement avec la simarre, qui jamais n'a été mieux portée que par lui.

Venait ensuite, dans l'ordre des préséances, le comte de Bourmont [1], que le prince de Polignac avait appelé au ministère de la guerre, comme M. de la Bourdonnaye l'avait été à celui de l'intérieur, pour faire parade de son courage et de sa supériorité, en multipliant les difficultés afin d'avoir le plaisir de les combattre.

---

1. Louis-Auguste-Victor de Ghaisnes, comte de Bourmont, né en 1773 au château de Bourmont en Anjou. Servit valeureusement la cause royale à l'armée des princes, à l'armée de Condé et dans les rangs des Vendéens. Ce fut lui qui s'empara du Mans. En 1800 il déposa les armes. Après l'explosion de la machine infernale, il fut injustement incarcéré à Besançon, s'échappa et se rendit en Portugal. L'armée française s'y trouvait dans une position critique. Bourmont offrit ses services à Junot duc d'Abrantès. Celui-ci, reconnaissant, fit rendre à la liberté Bourmont arrêté à son retour en France et le fit entrer au service. Bourmont se fit remarquer à Naples, en Allemagne, en Russie, et dans la campagne de France défendit héroïquement Nogent. Général de brigade en 1813, en 1814 il fut nommé général de

A défaut de talents brillants, M. de Bourmont apportait au moins une habileté qui pouvait les remplacer, parce qu'elle s'appliquait à tout. Sa petite taille, son ton cauteleux, son air fin et même rusé, ses manières insinuantes, une sorte d'hésitation dans ses démarches, l'absence apparente de toute prétention de dominer, quelque chose de caressant dans les manières, cette attitude qui semble dire : « Quoi que vous disiez, je serai de votre avis », lui donnent accès partout, aussi bien dans les affaires qu'auprès des hommes. Sa conversation est traînante et embarrassée : il paraît péniblement chercher ses idées ; les mots ne se présentent qu'avec difficulté pour les exprimer, et l'on est tout étonné de se voir ramené à son opinion après une série de phrases souvent fatigantes. Mais ces manières hésitantes couvrent un grand fond de volonté. Cette élocution pénible lui donne les moyens d'éviter un mot impropre, une phrase qui le compromettraient. Jamais une idée ne jaillit brusquement de sa tête. Si elle se présente, elle est soumise à un examen réfléchi ; et ce n'est qu'après avoir été élaborée qu'elle est produite. Le caractère de M. de Bourmont n'est pas

---

division. Au début des Cent Jours, il accepta le commandement d'une division dans le corps du général Gérard, son ami, mais trois jours avant Waterlo, quitta son corps d'armée et rejoignit Louis XVIII à Gand. En 1823, il contribua au succès de la guerre d'Espagne et fut créé pair de France. En 1830 il dirigea la glorieuse expédition d'Alger où il perdit un fils. Il venait d'être fait maréchal de France quand éclata la révolution de Juillet. En 1832 il seconda la duchesse de Berry en Vendée. En 1833 il fut appelé en Portugal par dom Miguel. Revenu en France en 1840, il mourut au château de Bourmont en 1846.

tellement rigide qu'il ne se prête avec une sorte de complaisance aux capitulations réclamées par les circonstances. Passé assez brusquement des camps vendéens aux armées républicaines; emprisonné, fugitif, rentré en grâce, accueilli par Napoléon; rangé un des premiers sous la bannière royale en 1814; chef d'état-major du maréchal Ney[1] pendant les Cent Jours; bientôt après aux pieds du roi à Gand, on le vit porter la plus brillante valeur sur le champ de bataille, et dans toute sa carrière politique un esprit de conduite que les événements les plus contraires, les circonstances les plus opposées n'ont jamais dérangé.

Dans son ministère, il s'est montré administrateur habile; au Conseil, homme de beaucoup de prudence, ou plutôt de beaucoup de finesse; aussi en était-il avec raison un des membres les plus influents.

Il faut bien que je parle de moi, et je crois être en mesure de le faire avec une grande impartialité et en connaissance de cause, grâce à l'habitude que j'ai de me juger sans prévention favorable, ni défavorable.

Engagé, très jeune encore, dans les affaires politiques, je me suis préparé une réputation qui m'a

1. Lisez: du général Gérard. La confusion s'est produite dans l'esprit de M. d'Haussez parce que M. de Bourmont, commandant la division militaire de Besançon en 1815, se trouvait avec les troupes de sa division auprès du maréchal Ney à Lons-le-Saulnier, lorsque l'héroïque maréchal eut le transport au cerveau qui lui coûta la vie. On se rapelle son mot aux Quatre Bras : « Vous voyez bien ces boulets? je voudrais qu'ils m'entrassent tous dans le ventre ».

aidé à parcourir rapidement la carrière dans laquelle le hasard, plus que les combinaisons réfléchies, m'avait lancé. L'opinion publique s'est, je ne sais pourquoi, toujours plus occupée de moi que d'une foule d'autres qui ont tenu des positions à peu près semblables à la mienne et qui me valaient. Des manières polies et affectueuses, le désir d'obliger, l'habitude du monde, me donnèrent des prôneurs et des détracteurs. Les premiers l'emportèrent, mais heureusement sans réduire les seconds au silence, en sorte que l'on ne cessa pas de s'occuper de moi. Membre de la Chambre des députés en 1815, j'attirai l'attention par quelques discours où je m'établis en opposition avec l'extrême droite ; et, s'il faut le dire, par quelques écrits, quelques chansons, quelques plaisanteries politiques, que l'esprit de parti accueillit avec une sorte d'engouement et fit valoir beaucoup plus qu'ils ne méritaient.

Bientôt, des succès dans l'administration de quatre départements qui me furent successivement confiés me classèrent assez haut parmi les préfets mes collègues. Au moment où la monarchie s'écroulait, un de ses plus lourds débris roula jusqu'à moi. Cet accident ne saurait être attribué à une combinaison : il n'y en avait plus de possible alors. J'étais rapproché du désastre, il devait m'atteindre. Une place devint vacante dans le ministère le 8 août, elle me fut offerte. La composition de ce ministère ne m'agréait pas. Je ne crus pas cependant devoir refuser d'en faire partie; mais je fis valoir, pour m'en dispenser, mon impuissance bien réelle pour l'improvisation, et la difficulté même que j'éprouverais à donner dans le Conseil du développement à mes idées. On ne s'arrêta pas à ces considérations, toutes fondées qu'elles fussent. On prit chez moi le talent d'administrer pour celui de gouverner; mes succès dans des préfectures pour des garanties des succès qui m'attendaient dans un ministère; et la persistance bien connue de ma volonté pour un gage de la fixité de mes opinions. On espérait, d'ailleurs, que mes nombreux rapports avec des hommes de tous les partis, que la modération et, en même temps, le positif de mes opinions, que l'influence que je devais à mes formes et à mon caractère personnel, beaucoup plus qu'à mes talents, seraient utilement employés; et, malgré mes observations, on persista à m'appeler au Conseil. Je n'y fus ni sans crédit ni sans utilité. J'y aurais rendu plus de services, si la crainte de voir le roi entraîné par les dispositions favorables qu'il manifestait pour moi n'eût engagé le prince de Polignac à écarter avec soin la confiance auguste qui tendait à venir me chercher. D'un autre côté, je n'ai rien fait pour favoriser cette disposition bienveillante du roi, car je ne me sentais pas le genre de talent que je jugeais indispensable pour soutenir le rôle élevé que j'eusse été appelé à jouer. Je me suis donc renfermé dans les attributions de mon ministère, dont la direction ne tarda pas à me devenir aussi familière que celle de mes préfectures.

L'expédition d'Alger, l'un des grands événements de l'époque, conçue, préparée et exécutée par mes soins, en cinq mois, prouva que je n'étais pas sans quelque aptitude pour les fonctions qui m'étaient confiées, et classera, j'ose l'espérer, mon nom parmi ceux des ministres dont la Marine conservera le souvenir. Les sauveurs d'États sont très rares : les bons administrateurs le sont moins, sans que cependant le nombre en soit grand. Je sais tout ce qui me manque pour être rangé parmi les premiers ; je sais, de plus, qu'il n'est pas en moi de l'acquérir. Mais je crois, sans trop de complaisance, pouvoir être compté parmi les seconds.

Au Conseil, je me bornais à émettre avec indépendance, mais très succinctement, mon opinion sur les affaires. Je ne la développais que lorsque le roi m'ordonnait de le faire. Dans ces occasions, qui se sont répétées assez souvent, je préparai des mémoires que le roi daigna examiner et discuter avec moi dans des entretiens particuliers, soigneusement cachés à mes collègues et surtout au prince de Polignac.

La tête de M. de Chabrol[1] était, sans contredit, la mieux organisée pour les affaires, la mieux meublée de lois, de dates, de précédents, celle dont il sortait le plus de choses d'une utilité commune. Mais, pour des idées vastes et énergiques, des plans étendus, de la décision surtout, il ne fallait pas en chercher. Il semblait ne s'être

1. Voir à la fin du volume la note IX.

mposé d'autre tâche que celle de tourner, de
·etourner les affaires dans tous les sens, de les exa-
niner sous tous leurs aspects, d'en présenter conscien-
·ieusement les avantages et les inconvénients ; et
:ette tâche, il la remplissait mieux que qui que ce
ût : mais le don de prendre un parti lui était abso-
ument refusé. Ses opinions se formulaient comme
les avis, jamais comme des résolutions arrêtées ;
amais il ne proposait une décision, jamais même il
ie semblait en avoir pris une pour son propre
:ompte. C'était, cependant, un des hommes les plus
ıtiles comme des mieux informés qui, depuis long-
·emps, eussent paru dans les Conseils. Le roi avait
:n lui la confiance la plus entière et la plus méritée ;
l lui accordait même une affection sincère. Le mi-
ıistre la justifiait par la franchise avec laquelle il
imettait ses opinions, sans que, toutefois, il négligeât
ıne constante attention à ménager sa faveur, quoi-
ɪu'il affectât un dégoût du pouvoir dont personne
ɪ'était dupe.

A l'égard de ses collègues, il se montrait plus poli
qu'obligeant, plus réservé que discret : « Je l'aime-
·ais de tout mon cœur, disait l'un de nous, si, au
.ieu de me présenter deux objets glacés qui restent
:ans mouvement, il voulait seulement me serrer la
nain. » Il était dans tous ses rapports comme dans
:et acte banal, dont se plaignait notre collègue, froid,
mesuré, impassible. Ce n'en était pas moins un bon
ministre, et ce sera toujours un homme très honorable.

Venait enfin M. de Montbel[1], homme de conscience et de dévouement s'il en fut jamais, d'une droiture, d'une franchise, d'une probité admirables, et faisant valoir ces précieuses qualités par un jugement sain et un esprit cultivé, une grande intelligence des affaires, et une élocution qui ne suffisait pas pour lui faire une réputation d'orateur, mais dont la bienveillance qu'il inspirait généralement eût fait que l'on s'en serait contenté.

Des manières simples, des formes rondes, beaucoup de finesse et de tact cependant, des mœurs sévères semblaient en avoir fait l'homme par excellence pour le ministère des Affaires ecclésiastiques qui lui avait été donné tout d'abord, où il avait eu succès, et qui lui plaisait. A la retraite de M. de la Bourdonnaye, on l'appela, contre son gré, à l'Intérieur ; il y parut plus occupé des détails que des vues générales auxquelles on ne lui a pas donné le temps de s'appliquer. Son dévouement et la plus complète abnégation de soi-même purent seuls le déterminer à se laisser traîner au ministère des Finances dont il ne tarda pas cependant à apprendre la langue, et où son sens exquis, ses connaissances et la confiance universelle dont il était en possession, lui auraient assuré des succès.

1. Montbel (Guillaume-Isidore, comte de) né en 1787, mort en 1861. Fut ministre de l'instruction publique, puis des cultes en 1826. Succéda à M. de la Bourdonnaye au ministère de l'Intérieur en 1830. Signa les ordonnances. Il s'échappa après 1830 et se retira en Autriche où il mourut. Il a laissé divers ouvrages : *le Duc de Reichstadt; Dernière Epoque de l'histoire de Charles X ; le Comte de Marne.*

Telle était la composition première du ministère du 8 août, produit, non d'une combinaison raisonnée, mais du caprice, du hasard, et de l'*Almanach royal*, qui, je le répète, a exercé la principale influence dans cette affaire.

Il fallait donner du mouvement à cet assemblage de pièces qui semblaient n'avoir pas été disposées pour composer une même machine. On les ajusta tant bien que mal, et l'on se mit à l'œuvre. M. de Chabrol avait seul assisté à des Conseils, seul, il en connaissait les usages et la forme des délibérations : il nous les indiqua. M. Courvoisier fut, en sa qualité de garde des Sceaux, investi d'une sorte de présidence, et l'on entama les affaires. D'abord chacun voulut parler des siennes, et lorsque l'on tenait la parole, on en usait largement. Plusieurs Conseils se passèrent ainsi à entendre l'exposé d'un plan diplomatique, qui ne tendait à rien moins qu'à un remaniement de la carte de l'Europe, sans guerre, sans lésion d'aucun intérêt, sans aucune discussion même qu'une sorte de conversation indispensable pour s'entendre. M. de Bourmont promettait une réorganisation de l'armée, de laquelle il devait résulter réduction dans le personnel des officiers, accroissement dans celui des soldats, amélioration dans le régime, et cependant économie notable et satisfaction générale. Peut-être eût-il tenu parole, s'il eût eu le temps d'agir.

M. de Chabrol nous entretenait très verbeusement de ses plans de finances, de la situation des fonds, de tous les détails de son ministère; il ne nous faisait pas grâce d'un chiffre.

M. de la Bourdonnaye[1] exprimait son mécontentement de l'espèce d'usurpation de parole exercée par ses collègues; il demandait à être entendu à son tour, réclamait une séance entière, il la lui fallait longue et prochaine. On convint de lui en accorder une extraordinaire qui fut immédiatement fixée.

Ce jour impatiemment attendu arrive. Chacun de nous se rend au Conseil sans portefeuille, convaincu que l'on était que la séance suffirait à peine au travail de M. de la Bourdonnaye; il entre avec un porte-

1. M. de la Bourdonnaye, qui fit toujours de détestable politique, à notre gré, n'était pas aussi impropre aux affaires que le représente ici M. d'Haussez. Tout au moins avait-il un mérite que M. d'Haussez appréciait, car c'était un des siens : il ne souffrait pas que les affaires traînassent. Lorsqu'ils entrèrent ensemble au ministère, ils y trouvèrent une affaire litigeuse entre leurs départements. Elle traînait depuis des années. M. de la Bourdonnaye en prit connaissance, appela son chef de cabinet, lui indiqua la solution qui lui paraissait convenable et lui dit : « Allez voir le ministre de la Marine, et ne revenez pas sans avoir tout réglé. Vous connaissez mes intentions, je vous donne carte blanche. »
Le chef de cabinet arriva au ministère de la Marine quand déjà le ministre avait le pied à l'étrier pour sa promenade quotidienne. « Monsieur, lui dit le ministre, vous arrivez trop tard. L'affaire dont vous voulez m'entretenir est interminable; revenez demain, plus matin. — Monseigneur, si votre Excellence veut bien m'accorder une demi-heure, je m'engage à terminer l'affaire aujourd'hui. — Une demi-heure, pas plus, vous vous y engagez? — Oui monseigneur. — Eh bien, montons!
Au bout d'une demi-heure d'horloge, l'affaire était terminée, réglée. « Vous avez tenu parole, dit M. d'Haussez. Que puis-je faire pour vous en témoigner ma satisfaction? — Monseigneur, en me l'exprimant, vous m'avez suffisamment récompensé. » — M. d'Haussez et le chef de cabinet se sont retrouvés après 1830 à Genève, moins aisément d'accord, mais avec même cordialité.

feuille énorme d'où il tire gravement un unique dossier. On s'attendait au développement de ce système sur la direction à donner au gouvernement auquel nous nous obstinions à croire. On abrège les conversations qui, d'ordinaire, précédaient l'entrée en délibération ; on prend place et l'on se dispose à écouter. « Messieurs, dit M. de la Bourdonnaye, je serai un peu long, mais il s'agit d'une affaire importante, dont je vous aurais entretenus plus tôt, si vous aviez voulu m'accorder quelques moments. Je profite enfin de ceux que vous me consacrez et je commence :

« Les capucins de Marseille....

» — Qu'est-ce à dire, les capucins de Marseille ? C'est des capucins que vous voulez nous entretenir ?.. C'est pour eux que vous nous réunissez ? — Sans doute, ils en valent bien la peine ! — Allons donc ! c'est une plaisanterie ! »

Et chacun de se lever, de prendre son chapeau et de retourner chez soi, laissant à notre collègue déconcerté le soin de ranger dans son portefeuille ses rapports sur ses malencontreux capucins, qui, depuis, étaient devenus parmi nous une sorte de locution proverbiale pour indiquer le peu d'importance d'une affaire.

Il fallait cependant en venir à l'examen de la question capitale, de cette question de gouvernement qui semblait être la cause et la condition spéciale de la formation du ministère. Personne ne s'en était occupé, excepté moi, qui, préparé depuis longtemps par mes réflexions sur ce sujet important, l'avais traité à fond. J'arrivai au Conseil, avec un mémoire fort développé sur la situation de la France et sur le parti qu'il me paraissait convenable de prendre.

On arrêta qu'avant d'être discuté dans le Conseil, mon mémoire serait soumis au roi, qui serait prié de faire connaître son opinion sur l'ensemble du système. Dès le lendemain j'étais à Saint-Cloud. Le roi entendit la lecture du mémoire, me fit de nombreuses questions et des observations qui annonçaient autant de rectitude que d'élévation dans les idées. Il m'autorisa à informer mes collègues que le projet lui paraissait renfermer des vues utiles et qu'il désirait qu'il fût examiné. Chacun déclara qu'il avait aussi des vues, des plans, et qu'il était prêt à les développer. Bientôt il ne fut plus question de cet objet important que lorsque le roi en parlait ; ce qui arrivait assez souvent, car avec raison, il en était fort préoccupé. Le prince de Polignac ne manquait jamais de lui répondre « qu'ainsi que Sa Majesté en avait exprimé l'intention, on agissait provisoirement, suivant les vues présentées par moi, sauf quelques modifications nécessitées par les circonstances, et que, dès qu'il en aurait le temps, le Conseil arrêterait d'une manière définitive les bases d'un système général ». Cette réponse, dont il ne prenait jamais la peine de changer le sens ni les expressions, se reproduisait toutes les fois que le roi la provoquait. Elle était même tellement prévue que nous nous regardions en souriant dès que la question était faite.

On s'attendait dans le public à de nombreux changements dans le personnel des diverses administrations, parce que l'on se persuadait, avec quelque raison peut-être, que c'était la principale mission du nouveau ministère ; il n'en fut à peu près rien.

M. de la Bourdonnaye crut avoir beaucoup fait parce qu'il remplaça le petit nombre d'hommes capables qui dirigeaient ses bureaux, par des hommes étrangers aux affaires et qui, en peu de jours, aggravèrent le désordre, justement reproché à ce ministère. Parmi les préfets, on ne fit de changements que ce qu'il en fallait pour prouver combien le ministre connaissait peu le caractère et l'aptitude des hommes qu'il employait. Il choisit avec un tact merveilleux toutes les incapacités dont les précédents ministères avaient débarrassé l'administration, parce qu'il prit pour des motifs de préférence les folies et les exagérations qu'on leur avait reprochées. Quoique peu nombreux, ces changements fournirent des prétextes spécieux aux déclamations de la malveillance, donnèrent une idée défavorable des intentions et des talents du ministre, et entretinrent chez les fonctionnaires un état d'inquiétude perpétuelle sur le maintien de leur position : inconvénient immense et qu'un gouvernement sage ne saurait éviter avec trop de soin, parce qu'il entraîne toujours un découragement et une désaffection qui, des dépositaires de l'autorité, ne manquent jamais de se communiquer aux masses.

La place importante de préfet de police était vacante par la retraite de M. de Belleyme, que le roi, qui lui accordait de la confiance, avait pressé vainement de continuer ses fonctions. Dirigé par le principe qu'il avait adopté de calculer par la haine qu'on leur portait le mérite des hommes qu'il voulait employer, M. de la Bourdonnaye jugea avec raison que sous ce rapport personne ne réunissait plus de titres que M. Mangin[1].

Chargé, en qualité de procureur général, près la

1. Jean-Henri-Claude Mangin, né à Metz le 7 mars 1786, avait, dès l'âge de seize ans, été inscrit au tableau des avocats. Il débuta au barreau en même temps que M. de Serre à qui le liait une grande amitié et qui, le 22 février 1821, le nomma procureur général près la cour de Poitiers. Là, il eut à poursuivre le général Berton accusé d'une conspiration. Comme Marchangy dans son célèbre réquisitoire contre les sociétés secrètes, il montra une énergie qui lui valut les menaces des carbonari et la haine du parti libéral. Il ne craignit pas de dévoiler des complots auxquels La Fayette prit une part constante. A cette occasion, Royer-Collard dit au général républicain : « Vous avez été indignement calomnié par M. Mangin. — Outragé, répondit le général, mais calomnié, non. — En ce cas vous avez été impuni », répliqua Royer-Collard.

Appelé à occuper un siège à la Cour de cassation, Mangin fut nommé le 1er août 1829, préfet de police. Plusieurs historiens, Vaulabelle (t. VIII, p. 177), Lamartine, *Histoire de la Restauration* (l. 43, p. 14) ont dit que Mangin fut prévenu des ordonnances. M. de Guernon-Ranville l'accuse d'avoir affiché une dangereuse sécurité. « En quittant le baron de Vitrolles, dit-il, j'ai cherché Mangin et l'ai questionné longuement sur les dispositions de Paris. Toutes ses réponses ont été rassurantes, et il a fini par me dire : « Je me doute du motif qui
» excite vos sollicitudes, mais tout ce que je puis vous dire, c'est que,
» quoi que vous fassiez, Paris ne bougera pas. Marchez hardiment, je
» réponds de Paris, sur ma tête, j'en réponds. » (*Journal d'un ministre*, p. 174.)

D'un autre côté, Mangin a toujours formellement nié, et même quand il était près de la mort, avoir appris la résolution du coup d'État

Cour royale de Poitiers, des poursuites dirigées contre le général Berton et ses complices, il apporta dans cette grave affaire un zèle qui prit le caractère de la violence et de la partialité la moins déguisée, habitude familière souvent reprochée aux magistrats du parquet de France. S'il eut aux yeux des libé-

autrement que par les ordonnances. (Boullée, *Biographies contemporaines*, t. II, p. 93.)

On lit dans le *Procès des ministres de Charles X* (Paris, Lequien fils, quai des Augustins, 8, in-8°) plusieurs dépositions qui concordent avec cette assertion. Un des témoins, M. Rives, dit que le 26 juillet il vit les ordonnances dans le *Moniteur*, et que s'étant rendu chez M. Mangin il le trouva dans un état d'exaltation assez extraordinaire. « Je lui en demandai la cause, ajoute-t-il, il me répondit : — Vous n'avez donc pas lu le *Moniteur*? A cela je répliquai que je venais de le lire. — Je n'ai pas été plus que vous averti de cette mesure, me dit-il (p. 337). » Suivant la *Biographie universelle* (t. XXVI, p. 261), Mangin se plaignit au président du Conseil de n'avoir pas été prévenu des ordonnances et exposa le danger de la situation. « Mais vous m'aviez répondu de la tranquillité de Paris, s'écria le ministre. — Oui, pour des temps ordinaires, mais non dans le cas d'un coup d'État. » Ceci expliquerait dans une certaine mesure, ces assertions contradictoires. Mangin aurait été prévenu que l'on préparait des mesures violentes, mais n'aurait pas connu les ordonnances avant leur apparition au *Moniteur*. On verra plus loin que d'Haussez reproche à Mangin d'avoir subitement disparu ; mais la mise en état de siège ne lui laissait plus ni intérêt, ni responsabilité. M. Billot, dans sa déposition lors du procès des ministres, dit : « Nous parlâmes de la qualité de commandant général de Paris, conférée au duc de Raguse. Je puis même me rappeler ses expressions (de Mangin) à cet égard. Il me dit, le mardi d'assez bonne heure : « Maintenant, la gendarmerie de Paris n'est plus » sous mes ordres ; je n'ai plus de responsabilité dans les mesures qui » viennent d'être prises. La gendarmerie est réunie aux autres troupes, » sous les ordres du duc de Raguse. Les événements ultérieurs ne me » regardent plus. » (*Procès des ministres*, p. 339.)

Après la révolution de Juillet, M. Mangin se retira en Belgique. Il put revenir en France en 1834, et mourut à Paris, le 4 février 1835. Il ne laissait aucune fortune; une souscription, en tête de laquelle s'inscrivit la Cour de cassation, vint en aide à sa nombreuse et si honorable famille.

raux le tort d'avoir employé des procédés durs, inconvenants, à l'égard des accusés, il se donna, aux yeux des royalistes, celui d'avoir ainsi fait surgir des reproches fondés qui nuisaient à leur cause. Sa conduite fit juger au gouvernement que les fonctions du ministère public ne pouvaient rester confiées à un homme d'un caractère aussi emporté, et on l'envoya à la Cour de cassation chercher une obscurité à laquelle l'âpreté de son zèle, plus que ses talents, l'avait momentanément arraché. On dit qu'il y fit preuve de connaissances, qu'il sut s'y rendre utile ; on aurait dû l'y laisser. Mais son genre de célébrité le recommandait trop auprès de M. de la Bourdonnaye, pour qu'il respectât sa nouvelle position. Aussi, *sans l'avoir jamais vu,* sans même avoir pris sur son compte des informations, qui, tout insuffisantes qu'elles soient en semblable matière, peuvent cependant diriger l'opinion, le ministre de l'intérieur le proposa au roi et le fit choisir comme préfet de police...

Le roi, qui aime à rencontrer chez ceux qui l'approchent les formes qui le distinguent lui-même si éminemment, n'a jamais pu s'acccutumer aux formes bourgeoises de M. Mangin ; mais on lui répétait si souvent que c'était l'homme par excellence pour les fonctions qui lui étaient confiées; que lui seul en France était capable de comprimer les ennemis du trône ; que cette âpreté dont on lui faisait un crime était une qualité, parce qu'elle en imposait aux perturbateurs, gens, comme on sait, faciles à effrayer; que des airs de cour n'étaient pas nécessaires auprès de la classe avec laquelle le chef de la police avait des rapports; tous ces beaux propos, dis-je, firent si bien leur effet, qu'aux yeux du roi, comme à ceux de quelques-uns de ses ministres, M. Mangin passa pour l'homme le plus habile qui eût jamais dirigé la police; que la plus entière confiance lui fut accordée et que, comme il n'apprenait rien qui pût causer de l'inquiétude, on en concluait que rien d'inquiétant n'existait. Ce fut sur ces belles données que l'on marcha jusqu'à la catastrophe qui anéantit la monarchie, malgré les fréquentes observations de quelques membres du Conseil, malgré l'évidence des faits.

Soit conviction de la nécessité de renouveler le personnel de la police, soit envie de justifier par des actes de sévérité la confiance dont il était investi, M. Mangin ne ménagea pas les destitutions. Libéraux, royalistes, gens de bien, ou mal famés, tous étaient atteints sans être avertis, sans qu'il leur fût donné de se défendre, à la première accusation dont ils étaient l'objet. Aussi les dénonciations ne manquèrent pas. Elles tombaient principalement sur le petit nombre d'hommes dévoués que renfermait cette branche d'administration; ils furent remplacés par des gens, ou inhabiles, ou mal intentionnés. Tout fut bouleversé. Les rapports devinrent incomplets, minutieux et si ridicules, si invraisemblables, que le ministre de l'Intérieur n'osait les produire au Conseil, qui bientôt ne reçut plus que ceux que la police militaire faisait parvenir par l'intermédiaire du ministre de la Guerre. Encore étaient-ils dédaignés et se taisaient-ils sur un point important, les dispositions de l'armée.

Si, en apparence, le gouvernement était entre les mains des ministres, en réalité il était dans celles du roi, qui, non seulement dirigeait la marche générale des affaires, mais entrait même dans les détails. M. le Dauphin s'était réservé la direction du personnel de la guerre et ne souffrait pas la moindre atteinte à une prérogative qu'il exerçait sans contrôle, sans même tolérer une observation ni une demande. Le caractère de ces deux princes donnait à leur intervention dans les affaires une autorité devant laquelle tout, dans le ministère, était contraint de plier.

Accoutumés à juger le roi par ses manières si pleines de politesse et de grâce, par cet air de bonté qui accompagne tout ce qu'il dit et fait, par l'apparente légèreté de ses goûts, les personnes qui ne le voyaient pas dans l'intimité, celles surtout qui n'ont pas traité les affaires avec lui, ne peuvent se persuader qu'il y portât de l'attention et de la ténacité; et c'est cependant un fait bien réel. Que cette ténacité ne vînt pas de son propre fond ; qu'elle résultât d'une influence étrangère, cela se peut : je ne suis pas éloigné de le penser; mais enfin elle existait et produisait son effet. Du reste, elle revêtait constamment les formes les plus propres à la dissimuler. Jamais dans le Conseil, jamais dans le secret même de son cabinet, le roi ne se montrait moins gracieux, moins poli qu'en public. C'était toujours cette même bonté, cette recherche d'obligeance qui commandaient l'affection et le dévouement. S'il disait son opinion avec franchise, bien rarement il la présentait comme une résolution arrêtée ; il provoquait la discussion, et jamais ne s'offensait de l'opposition, lors même qu'elle se présentait sous des formes un peu prononcées : il résumait bien la plupart des questions, et, avec une sorte de supériorité, celles qui tenaient à la diplomatie. Son premier aperçu était toujours juste ; mais, par une défiance outrée de lui-même qui allait jusqu'à lui faire prendre pour de la flatterie l'assentiment donné à son opinion, il était disposé à l'abandonner. On pourrait, en outre, lui reprocher de n'avoir pas su se défendre des impressions produites par les personnes en position de lui inspirer une volonté, sur laquelle les observations de ses ministres n'avaient plus de prise.

Dans le Conseil, comme en public, il parlait avec chaleur, avec un remarquable à-propos, mais sans correction. Jamais il ne préparait ce qu'il voulait dire ; aussi quelquefois un mot imprudent lui fit contracter envers l'opinion des engagements difficiles à remplir. Tels sont ces mots : « Plus de conscription ! » « Plus de droits réunis ! » prononcés en 1814, à son entrée en France ; « Plus de hallebardes! » « Plus de censure! » à son entrée à Paris en 1814.

Ses habitudes personnelles, ses goûts étaient simples et toujours en harmonie avec l'intérêt et la marche des affaires. Jamais ses exercices de religion, ses chasses, dont on a fait tant de bruit[1], ne lui ont fait manquer un Conseil, n'en ont même changé l'heure ou abrégé la durée. Jamais roi ne comprit avec plus d'exactitude les devoirs de la royauté et, comme roi, ne fut plus affectionné à ses peuples. Ce dernier sentiment se manifestait dans toutes les occasions et de manière que l'on ne pût douter de sa sincérité. Un projet utile, un acte de bienfaisance fixaient toujours l'attention.

Dans ses rapports avec ses ministres, il montrait la plus admirable égalité d'humeur; et l'affection plus spéciale qu'il accordait à quelques-uns d'entre eux ne se manifestait que rarement en présence de leurs collègues. Le prince de Polignac occupait sans contredit le premier rang dans sa confiance. Il était très bien disposé pour M. de Chabrol, qu'il avait avantageusement connu en 1816, à Lyon. La facilité avec laquelle ce ministre traitait les affaires, sa manière de les présenter à l'intelligence du roi, le lui faisaient aimer.

J'étais aussi fort distingué par lui, et j'aurais obtenu une grande part dans sa confiance, si, d'un côté, le prince de Polignac n'avait combattu avec

[1]. Le roi chassait deux fois par semaine, et sept ou huit heures suffisaient à l'aller, au retour et à la chasse.

persévérance ces intentions bienveillantes du roi et si, de l'autre, je ne m'y étais en quelque sorte refusé, dans la crainte de ne pas me trouver à la hauteur du rôle que j'aurais été appelé à jouer. Tant de responsabilité m'effrayait; nos autres collègues, également bien traités en public, n'étaient jamais consultés en particulier.

On a affecté de donner à tous les actes du roi un vernis de dévotion outrée. On ne le présente à l'opinion publique qu'entouré de prêtres, docile au joug qu'ils lui auraient imposé, et ne voyant, n'agissant que par eux et pour eux. La plus insigne mauvaise foi peut seule avoir fait adopter cette croyance à la plus inepte crédulité. Les exercices de religion du roi n'allaient jamais au delà de ceux que l'étiquette, qui se mêle de tout à la cour, lui imposait, comme elle les avait imposés à ses prédécesseurs. C'était encore elle qui plaçait autour de lui quelques ecclésiastiques, qui, mêlés avec le service, le prenaient à la sortie de ses appartements, le conduisaient à la chapelle et le ramenaient. Puis la porte se refermait devant eux, comme devant tous ceux qui avaient composé son cortège. L'étiquette n'entrant en rien dans le choix de son confesseur, le roi avait donné pour cet office sa confiance à l'abbé Jacquart, prêtre simple, étranger à la politique comme à la cour, et dont je ne saurais pas le nom, si je n'avais fait d'assez longues recherches pour le connaître et le révéler à ces gens si enclins à la critique, si ardents à fouiller dans la conscience des princes, pour y trouver des sujets de reproche que leurs actes ne fournissent pas. Jamais on ne voyait un ecclésiastique entrer dans le cabinet de Charles X, ni être admis aux soirées de madame la Dauphine auxquelles il assistait. Jamais la religion, ni rien qui s'y rattachât, ne faisait le sujet de ses conversations. Si l'on veut se convaincre que la piété du roi se bornait à ce qui le concernait personnellement et que son zèle religieux, loin d'envahir la direction de l'État, ne s'étendait pas même à celle de son intérieur, que l'on examine ses actes, que l'on porte ses regards sur son entourage. Il a signé les ordonnances du 8 juin 1828[1]; et MM. de *** et de *** faisaient partie de ses conseils, ou possédaient des charges qui les plaçaient dans sa confiance et dans son intimité. Certes, ces messieurs ne pouvaient passer pour des dévots.

Jamais l'affection du roi pour les hommes qu'il honorait le plus de sa bienveillance ne l'a entraîné dans les prodigalités qui, sous le règne précédent, avaient obéré la liste civile. On pourra même dire qu'il n'était pas généreux, et lui reprocher ce genre de parcimonie, particulier aux personnes qui ne savent pas dépenser avec ordre. Certaines parties de ses dépenses exigeaient des sommes fort considérables; et la justice veut que l'on place en première ligne les secours qu'il distribuait aux indigents; mais vainement un militaire, un administrateur

---

1. Contre les jésuites.

auraient attendu de lui un de ces actes de munificence que motivent un service important rendu, une circonstance entraînant un accroissement de représentation, et pour lesquels la royauté devrait toujours avoir une réserve. Cette parcimonie s'étendait à tout ce qui avait le caractère d'une récompense. Rien n'était plus difficile que d'obtenir du roi les moyens de payer les services les moins discutables. Les propositions de ce genre rencontraient en outre, chez M. le Dauphin, une opposition qui plaisait beaucoup au roi. Souvent les considérations les plus puissantes étaient écartées par la volonté irréfléchie du prince, qui n'aurait pas voulu que les fonctions civiles participassent à ce genre de distinction, qu'il prétendait devoir appartenir exclusivement à l'ordre militaire, et que même il n'accordait qu'avec une extrême réserve à l'armée.

Cette disposition aurait pu attirer sur le roi et sur son fils le reproche de ne pas suffisamment apprécier les services qu'on leur rendait; et ce reproche ne paraîtrait pas sans fondement, si l'on considérait la manière dont étaient distribuées les faveurs de la couronne. Le roi, qui avait par-dessus tout le mérite d'un grand à-propos dans toutes ses démarches, en manquait lorsqu'il s'agissait de récompenser. Jamais ses faveurs spontanées ne s'étendaient au delà du cercle très étroit qui l'entourait immédiatement, on pourrait dire de sa domesticité de cour; presque toujours, ainsi que sa confiance, on les a vues devenir le prix de l'opposition la moins déguisée, tandis que de zélés serviteurs voyaient les récompenses fuir devant leur dévouement. En cela, Charles X se montrait ingrat, et de cette ingratitude double qui consiste à donner à ses ennemis ce que l'on refuse à ses amis.

On trouvera, avec raison, que la manière d'être du roi à l'égard de ses ministres n'était pas en harmonie avec la position du chef d'un État constitutionnel. Cette position, ni lui ni sa famille ne la comprenaient et ne voulaient la comprendre. On laissait peser sur les ministres la responsabilité d'actes exclusivement émanés de la volonté royale, ou tellement influencés par elle qu'ils lui devenaient propres; et les ministres, arrêtés par une sorte de point d'honneur ou par le respect, n'osaient en décliner la responsabilité. C'est ce que l'on avait observé dans plusieurs circonstances d'un faible intérêt, mais qui se manifesta plus clairement encore dans la catastrophe qui a précipité la chute de la monarchie.

Je ne sais ce que M. le Dauphin se fût montré sur le trône; mais, s'il est permis de le juger d'après sa manière d'être comme héritier présomptif de la couronne, je doute qu'il eût fait un roi commode pour ses conseillers, agréable au peuple, éclairé sur les intérêts de l'État. Des moyens peu étendus, une brusquerie de caprice, un défaut absolu de formes et même de tenue et de maintien; une indifférence qui s'étendait à tout, aux choses comme aux personnes, même à ce qui semblait devoir le toucher de plus près; un besoin de se montrer désobligeant qui prenait les formes mesquines de la taquinerie; une sorte d'asservissement à de minutieuses pratiques de dévotion; une préférence exclusive pour les affaires militaires, dont il ne s'occupait cependant que pour quelques revues qu'il passait, et pour la nomination, non le choix, des officiers, qu'il prenait presque exclusivement par rang d'ancienneté, ne promettaient pas à la France le roi qu'il lui aurait fallu pour cicatriser les plaies mal fermées de la Révolution. On ne saurait dire dans quelle ligne il se serait placé, car on l'avait vu successivement se prononcer avec une égale chaleur pour les opinions de l'extrême droite, pendant les premières années de la Restauration; mécontenter ensuite les royalistes par l'accueil qu'il faisait aux idées et aux hommes de la Révolution, et revenir, dans ces dernières années, au système d'un royalisme exclusif, sans toutefois faire l'application de ses principes politiques aux hommes dont il s'entourait, et qu'il prenait à peu près selon que le hasard ou son caprice les lui présentait. Ce que son caractère offrait de plus inquiétant pour l'avenir, c'est qu'entraîné par des idées qu'il ne prenait jamais la peine de soumettre à la réflexion, il ne donnait prise à quelque influence que ce fût, pas même à celle de madame la Dauphine, dont la volonté soutenue aurait imprimé une marche constante à sa conduite.

A l'armée de Condé, dans son expédition d'Espagne, M. le Dauphin s'était acquis une réputation de bravoure que sa conduite dans les événements de Juillet a grandement compromise. Je ne pense pas que, dans cette occasion, ce soit la hardiesse de cœur qui lui ait manqué, mais bien celle de l'esprit : sa résolution prise sur le fond des événements, il n'eût pas balancé à faire le sacrifice de sa vie. Les moyens de prendre cette résolution n'étaient pas en lui ; il eût fallu, pour les lui donner, une circonstance qui maîtrisât son indécision habituelle, laquelle, par compensation, se changeait en entêtement, lorsque, non sans beaucoup de peine, il était parvenu à la surmonter. Cette circonstance ne s'est pas présentée ; il faut le déplorer, et pour la cause, et pour le prince.

Comme son père, M. le Dauphin montrait une disposition très marquée à une excessive parcimonie, mais pour une toute autre cause. N'ayant aucun besoin, ne dépensant presque rien pour lui, il ne songeait pas que les autres pussent aller au delà de leurs facultés, ni qu'ils fussent jamais dans la nécessité de recourir à ses bienfaits. On assure cependant que les personnes qui l'approchaient ne lui faisaient pas connaître en vain la gêne de leur position, et que, dans ces occasions, il agissait avec beaucoup de générosité. Partout il faisait distribuer des secours abondants aux pauvres.

Le Dauphin était l'objet d'une désaffection générale, qui allait même jusqu'à l'aversion[1]. Il le devait à l'absence complète de ce que les masses aiment à

---

1. Voir à la fin du volume la note X.

trouver dans un prince : de la noblesse dans la démarche, et, à défaut d'étendue dans l'esprit, quelque chose d'imposant dans la personne. Pour elles, la royauté est un spectacle, elles l'apprécient en raison de l'éclat dont elle s'entoure. Le Dauphin subissait donc les conséquences de sa tournure mesquine, de ses manières brusques à force de timidité, de son caractère à la fois faible et taquin, de l'à-propos qu'il possédait au suprême degré de faire preuve de désobligeance à l'égard des personnes, de niaiserie pour les choses.

Au moral comme au physique, madame la Dauphine possède plusieurs des qualités essentielles à qui doit régner. Destinés à être vus de loin, il faut aux princes de grands traits, des figures à effet, des caractères tranchés. Peu importe que ceux qui les approchent trouvent les proportions trop fortes si elles s'harmonisent aux yeux des peuples, spectateurs toujours éloignés. Ces conditions étaient réunies chez madame la Dauphine. Si elles n'ont pas produit l'effet que l'on devait en attendre, il faut s'en prendre à la force des circonstances et à la défaveur dont on s'efforçait de frapper tout ce qui aurait pu relever la royauté.

Rarement des événements plus terribles que ceux qui ont marqué la carrière de cette princesse ont atteint une personne dans sa position, et jamais ces événements ne l'ont surprise désarmée contre leurs coups. Du 10 août 1792 jusqu'au 29 juillet 1830, depuis la Tour du Temple jusqu'à Cherbourg, quelle série de malheurs ! et de ces malheurs contre lesquels l'âme la plus forte pouvait seule trouver des ressources et du courage ! et toujours quelle constance ! quelle dignité ! quelle noblesse ! Quelle place assez élevée dans l'admiration de ses contemporains comme dans l'histoire lui pourrait être assignée, si, s'attachant à diminuer le mérite de ses vertus et de ses qualités, la faction qui avait intérêt à les présenter sous un jour désavantageux n'eût affecté de leur donner l'apparence de leur revers, en déguisant sa fermeté en obstination, son énergie en violence, son courage en désespoir, la dignité de son maintien en dédain, et l'inévitable souvenir de ses souffrances en haine du peuple français ?

La bienfaisance de madame la Dauphine dépasse toute l'idée qu'on pourrait s'en former. Outre les sommes qu'elle distribuait dans les lieux qu'elle parcourait, elle tenait des secours en réserve pour toutes les infortunes devant lesquelles sa fierté naturelle ne manquait jamais de s'abaisser, et à qui un accès facile était toujours assuré auprès d'elle.

Dans ce siècle où la calomnie est certaine du succès dès qu'elle s'exerce contre les grands, les coups qu'elle portait à madame la Dauphine ne pouvaient manquer de l'atteindre : ils l'ont renversée, mais sans lui faire rien perdre de cette noble fierté dont ses traits et son caractère sont également empreints.

On lui a attribué, sur la direction des affaires, une influence qu'elle n'a jamais eue et qu'elle n'a jamais recherchée, — j'en suis certain, lorsque je considère la nature de ses rapports avec le ministère dont j'ai fait partie. Détournée par des préventions dirigées avec indignité et dont elle ne s'est jamais bien défendue, son affection ne se portait pas vers moi. Aussi n'est-ce pas par la froideur qu'elle me témoignait que je juge sa position à l'égard de mes collègues ; mais c'est par ce que j'ai observé, par ce que mes collègues m'ont bien souvent dit, que je me suis convaincu que madame la Dauphine n'avait pas le désir de s'immiscer dans la conduite des affaires. Je me suis également convaincu qu'elle blâmait la marche qu'on leur faisait suivre, et qu'elle leur en eût donné une plus positive et moins incertaine si elle en eût eu le pouvoir.

Les dispositions de Madame, duchesse de Berry, étaient toutes différentes. L'ardeur, l'impatience de son caractère s'étendaient jusqu'aux choses du gouvernement. Son opinion sur la marche des affaires et sur ceux qui la dirigeaient était exprimée avec une franchise qui souvent ressemblait à la malignité, et plus souvent encore à l'indiscrétion. Comme on n'était bien venu auprès d'elle qu'en blâmant, l'éloge n'existait guère dans les habitudes de sa cour, refuge ouvert à tous ceux dont les idées exaltées n'auraient pas trouvé accès ailleurs, et où l'on ne pouvait obtenir de distinction qu'en se montrant plus exagéré que les autres. C'est de ce point que partait la seule influence qui, en dehors de celle du ministre dirigeant, agissait sur l'esprit du roi, toujours disposé à se laisser surprendre par l'énergie des autres et toujours accessible à ce genre de flatterie qui consistait à lui supposer plus de caractère qu'il n'en avait effectivement.

A l'égard de madame la duchesse du Berry comme de madame la Dauphine, la faction ennemie fut obligée d'employer toutes ses ressources pour la discréditer dans l'opinion. Cette princesse avait des goûts, des manières qui la rendaient populaire. Elle aimait les arts, recherchait et protégeait les artistes, voyageait beaucoup, allait partout, visitait tout, laissant sa dignité et son train à l'entrée des lieux qu'elle parcourait. Elle poussait jusqu'à la prodigalité la bienfaisance, cette vertu dominante de la famille royale. Sans appeler la pruderie à son secours, elle sut mettre sa réputation à l'abri des soupçons. Dans l'impossibilité où la malveillance se trouva d'accréditer des calomnies, elle fit taire l'éloge, et les qualités de cette princesse ne furent appréciées que par le cercle qui l'entourait.

Et ce cercle, qui le composait? Des gens pris dans ce que l'on appelait la cour, mélange bizarre d'hommes de toutes les classes, de toutes les époques de toutes les cours, depuis le Directoire jusqu'à Charles X. Accoutumés à des changements, les provoquant sans savoir pourquoi, dans l'espoir vague d'y gagner quelque chose; frondant même aux oreilles du roi, qui ne savait pas leur imposer silence; ennemis nés de tous les dépositaires du pouvoir, mendiant des faveurs afin de les obtenir, ou de trouver dans un refus un prétexte de haine et de déclamation. Plusieurs fois, pour enlever des voix à l'opposition, Louis XVIII prenait dans sa voiture et promenait pendant des après-midi entières des pairs à qui il eût été plus simple de donner le choix entre leur vote et leur disgrâce. Charles X n'eut plus même cette ressource. On refusait de l'accompagner dans ses chasses, sous le prétexte que l'on avait à voter contre ses ministres. Le roi le souffrait, en riait même ; il ne changeait rien à l'accueil réservé à ces étranges courtisans. Les princesses se montraient moins indulgentes ; mais on était arrivé au point de ne pas redouter une disgrâce dont le résultat se fût borné à une bouderie de courte durée.

Cette disposition des habitués de la cour agissait plus qu'on ne le pensait sur l'esprit des grands salons de Paris, dans lesquels l'opposition s'était particulièrement établie. C'était par l'entourage du roi que l'on connaissait ses actes, ses paroles, les secrets qu'il laissait trop souvent échapper, et les projets et les démarches des ministres. Afin de mieux se défendre d'appartenir au ministère, ces hommes donnaient à leurs rapports un caractère de malignité qui les rendait plus perfides. Enfin, assez aveugles pour ne pas voir que leur nullité en affaires les rendait inutiles partout ailleurs que dans les emplois que leur réservait une étiquette peu exigeante en fait de mérite, ils travaillaient avec la plus folle ardeur à renverser un ordre de choses, source unique et de leur fortune et de leur importance.

Ces courtisans, au reste, ne contrariaient pas essentiellement les opérations du ministère, autour duquel ils s'agitaient sans, dans aucune circonstance, entraver sa marche. Si le roi était sans influence sur eux, ils n'en exerçaient aucune sur lui.

Le plus sérieux écueil du gouvernement était cette désaffection générale qui s'attachait à la maison de Bourbon, désaffection dont il est impossible de trouver la cause. Jamais dynastie n'eut durée plus étendue, et dans cette longue série de rois, on en compte bien peu de mauvais, beaucoup de bons, quelques-uns de très distingués. La France lui est redevable d'un grand accroissement de territoire. Sous son sceptre paternel, les libertés publiques ont trouvé une protection d'abord, et enfin les garanties les plus positives. Renversée par la Révolution, son éloignement fut le signal de tous les genres de calamités. Rappelée, elle renoua entre la France et les nations européennes les relations politiques et commerciales, et porta la prospérité publique à un degré qu'elle n'avait jamais atteint[1]. L'accueil de nos princes était doux, on pourrait dire engageant. Leur bienfaisance s'étendait à tous les malheurs. Leurs mœurs pourraient être données en exemple à toutes les familles. Enfin, nos libertés n'avaient plus de

1. Voir les notes complémentaires, note XI.

limites. Une faction s'en fit pourtant un prétexte pour réclamer. Toutes les prétentions, toutes les ambitions se réunirent et parvinrent à créer un sentiment d'irritation dont ne pouvaient se rendre compte la plupart de ceux qui le partageaient. Pour quelques-uns, c'était non de la haine, mais un malaise, un besoin irréfléchi de changement ; c'était tout ce qu'en faisait la position de chaque individu, hormis de l'affection qui ne se trouvait que comme une exception, dans le cœur d'un petit nombre de sujets fidèles.

La haine que l'on portait à la religion et au clergé, a été entretenue et exploitée avec un succès que l'on ne saurait concevoir, lorsque l'on examine la situation de ce corps autrefois si puissant, maintenant si déprimé, si dépourvu de richesses et d'influence. Les dispositions religieuses du roi et de sa famille ; la présence, toute d'étiquette, à la cour, de quelques ecclésiastiques ; la prépondérance usurpée pendant quelque temps par des hommes qui cachaient leurs vues ambitieuses sous des dehors de piété, fournirent des prétextes aux craintes que l'on voulait généraliser. Ces craintes purent, à une certaine époque, ne pas être sans fondements ; mais ne devait-on pas tenir compte au roi de la complète abnégation qu'il fit de ceux de ses principes religieux qui avaient usurpé quelque chose sur le gouvernement, dès qu'il en eut reconnu l'inconvénient ? Et cette protection qu'on lui reproche tant d'avoir accordée à ce que l'on appelait la Congrégation, n'eût-elle pas dû, si elle avait existé, être rachetée, aux yeux mêmes des gens les plus prévenus, par ces ordonnances sur les jésuites qui firent aux exigences d'un parti, des concessions réprouvées par la justice et que la loi n'autorisait pas?

On voulait exciter toutes les passions contre la royauté; l'existence du clergé était un moyen : on l'exploita, et contre la monarchie, et contre les ministères, à qui l'on a successivement reproché, comme partialité, tout ce qui n'était pas rigueur à l'égard de ce corps.

CHAPITRE IV

Les séances du Conseil. — Projet de réforme militaire du comte de Bourmont. — Préliminaires de l'expédition d'Alger. — Menées de M. de Polignac pour en faire charger le pacha d'Égypte Méhémet-Ali. — Affaires de Grèce. — L'expédition française en Morée. — Les candidats au trône de Grèce. — Marchandages du prince Léopold. — M. de Polignac nommé président du Conseil. — Démission de M. de la Bourdonnaye. — M. de Guernon-Ranville à l'intérieur. — Le roi refuse d'acheter les quelques voix nécessaires pour assurer une majorité royaliste.

J'ai cru devoir indiquer d'une manière précise les ressources et les inconvénients que le ministère rencontrait dans sa composition et, si je puis m'exprimer ainsi, dans l'espèce d'atmosphère au milieu de laquelle il devait agir. Je vais exposer la manière dont il procédait. Ces renseignements permettront de mieux apprécier la marche qu'il a suivie.

Dans les spécialités, les affaires étaient bien conduites et promptement expédiées. Le Conseil s'assemblait quatre fois par semaine. Le mardi et le samedi, la réunion, qui commençait à quatre heures très précises et se prolongeait jusqu'à onze heures, quelquefois minuit, avait lieu chez chaque ministre alternativement. Le travail était interrompu par un dîner qui durait une heure. Les affaires importantes de chaque département, celles qui se rattachaient à la politique intérieure et extérieure, étaient mises en délibération. La discussion avait un caractère d'extrême politesse et même de bienveillance. Rarement elle atteignait de grands développements. Elle prenait, en général, la forme d'une conversation soutenue, dans laquelle MM. de Bourmont, de Peyronnet [1], de Chabrol surtout usurpaient une bonne part du temps que leurs collègues eussent pu réclamer.

Le mercredi et le dimanche, le Conseil se réunissait chez le roi, qui le présidait. M. le Dauphin y assistait. Chaque ministre apportait les affaires qu'il avait à soumettre à Sa Majesté, et lui présentait les ordonnances qui devaient être revêtues de sa signature. Puis on traitait les questions qui n'avaient pu trouver place dans les rapports. Le roi se mêlait à la discussion avec bon sens, connaissance des affaires, et surtout grand soin à éviter de l'entraver en donnant à son opinion le caractère d'une volonté arrêtée.

Quelquefois, des questions très futiles occupaient la grave assemblée. Ainsi la formule d'une lettre autographe que le roi devait adresser à un autre

1. M. de Peyronnet n'entra que plus tard au Conseil, au mois de mai 1830 (voir au chapitre XII).

souverain, la manière de la plier ou de la cacheter, ne manquaient jamais de devenir des points de délibération, souvent même de discussions très vives et très opiniâtres, entre M. le Dauphin, qui attachait une immense importance à ces minuties, et le ministre des Affaires étrangères.

L'aspect du Conseil avait son côté amusant. Chacun des membres qui le composaient avait une habitude, ou une sorte de tic, qui lui était particulière, et qui se développait pendant les moments où l'attention n'était pas absolument commandée. Le roi découpait du papier en des formes bizarres, et emportait soigneusement son travail à la fin de la séance. M. le Dauphin feuilletait un almanach militaire, sur lequel il annotait au crayon les mutations dont, en l'abordant, le ministre de la Guerre lui remettait la liste. Du reste, il prenait peu de part aux discussions, et ne les interrompait guère que pour y placer des réflexions courtes, justifiant trop souvent la phrase dont il les faisait précéder : « Je vais peut-être dire une bêtise; mais vous n'y ferez pas attention. »

MM. de Polignac et de Montbel couvraient de dessins à la plume les cahiers placés devant eux. M. de Chabrol passait son temps à percer des bâtons de cire avec un poinçon, non sans dommage pour ses doigts, toutes les fois que, cédant à la force qu'il employait à ce travail, dont il paraissait s'occuper le plus sérieusement du monde, la cire se rompait et laissait l'instrument arriver à l'improviste dans sa main. S'il arrivait que quelqu'un s'endormît, le roi en riait, défendait qu'on éveillât le dormeur; ou, s'il voulait l'interrompre, lui faisait passer sa tabatière.

Le Conseil durait rarement moins de trois heures. Jamais je ne l'ai vu ajourner. C'était pour le roi un devoir de premier ordre, qui passait avant tout, et auquel il subordonnait les autres actes de sa vie.

Malheureux dans les mouvements qu'il voulait opérer dans l'administration, trop complètement incapable dans la direction des affaires de son département, M. de la Bourdonnaye eut au moins la sagesse de ne tenter aucune innovation.

Il n'en était pas ainsi du ministre de la Guerre qui, confiant dans son habileté, voulut la faire servir à se conquérir une popularité qui lui était refusée. Une ordonnance sur les retraites, prélude des développements d'un système, vaste et bien combiné, lui attira en effet les éloges de la plupart des journaux et réduisit, pour quelques jours, au silence ceux qui l'attaquaient habituellement avec le plus de violence. L'armée parut satisfaite; mais le but que le comte de Bourmont s'était proposé, la demande de retraite de la part d'un nombre d'officiers assez considérable pour pouvoir réduire les cadres, et retrouver ainsi, en économies sur la solde de l'armée, le moyen de couvrir l'excédent de dépenses que devait entraîner l'accroissement du nombre et du traitement des officiers admis à la retraite, ce but ne fut pas atteint.

Le ministre de la guerre étendit ses soins, avec beaucoup d'intelligence et de succès, sur diverses branches de son administration, et son ministère prit une excellente direction. Les affaires courantes ne l'occupaient pas tellement, qu'il ne songeât à exécuter cette entreprise sur Alger, solennellement annoncée dans les discours d'ouverture des deux précédentes sessions et ajournée sans que l'on pût trop savoir pourquoi. Il fit donc ses dispositions; et lorsqu'il fut assuré que son département serait prêt, il proposa au Conseil de donner enfin suite à des menaces sorties de la bouche même du roi.

De mon côté, j'avais apporté beaucoup de soin et d'attention à l'examen de cette question, et j'avais consulté tout ce qui avait été écrit à ce sujet dans mon ministère. Je m'étais surtout arrêté à un rapport très détaillé fait par une commission composée de plusieurs officiers généraux de la guerre et de la marine, et à un autre rapport du conseil de l'Amirauté; il résultait de ce rapport que, pour le transport de vingt-deux mille hommes d'infanterie, de deux mille deux cents chevaux du train d'artillerie et des munitions de guerre et de bouche, et en outre pour la coopération de la marine à l'attaque de la place, il fallait une soixantaine de bâtiments de commerce jaugeant douze mille tonneaux, et en outre six vaisseaux de ligne, quinze frégates et une trentaine d'autres bâtiments de guerre. On évaluait à huit mois le temps nécessaire pour les préparatifs de l'expédition, et l'on considérait le mois de mai comme le plus opportun pour son départ.

Dès les premiers jours d'octobre, j'appelai l'attention du Conseil sur cette importante question, que je désirais faire décider afin d'avoir le temps de prendre mes dispositions. Quelques réunions se passèrent sans qu'il me fût possible d'obtenir qu'on s'en occupât. J'en parlai devant le roi. Là, je trouvai une forte opposition de la part de M. le Dauphin qui, peu satisfait des résultats de l'expédition de Morée, n'en prévoyant pas de plus avantageux dans celle d'Alger, et envisageant de grandes dépenses en hommes et en argent, déclara qu'il n'y donnerait jamais son assentiment, engagement qu'il a tenu. Le roi, suivant sa coutume, prit en riant l'opposition de son fils, et adopta la proposition qu'avança le prince de Polignac d'entamer des négociations avec la Porte, dans le but de l'amener à contraindre le dey d'Alger, son feudataire, à faire au roi la réparation qu'il était en droit d'exiger.

Je fis observer que ce moyen entrainerait des lenteurs incompatibles avec les dispositions que les ministères de la Guerre et de la Marine (ce dernier surtout) auraient à prendre ; que ces négociations dureraient plusieurs mois, et que la saison convenable pour entreprendre l'expédition s'écoulerait sans amener de résultats ; que cependant la France continuerait un blocus dont la dépense annuelle s'élevait à sept millions, sans que, depuis trois années, les dispositions du dey se fussent modifiées ; tandis qu'avec le double au plus de la dépense déjà faite, on aurait obtenu la conquête d'Alger et de ses dépendances, et trouvé, soit dans la possession de ce pays, soit même dans une occupation momentanée, la compensation d'une grande partie de ces sacrifices, lors même, et ainsi que je le pensais, que cet immense trésor, que l'on disait exister, ne se trouverait pas. Le prince de Polignac employa la formule qui lui était habituelle, lorsqu'il voulait mettre fin à une discussion : « Le roi a prononcé ; d'ailleurs nous en parlerons entre nous » ; et tout fut terminé au Conseil. Entre nous, il n'en fut plus question.

On se mit donc en disposition de transmettre des instructions au général Guilleminot[1], ambassadeur du roi à Constantinople. Un grand mois s'écoula avant leur envoi, et, sur ces entrefaites, M. Drovetti, consul général de France à Alexandrie, arriva. Dès qu'il entendit parler des projets du ministre des Affaires étrangères, il proposa un autre plan dont il me donna connaissance, malgré la recommandation que le prince de Polignac lui avait faite de me le cacher. Ce plan consistait à charger de l'expédition contre Alger le pacha d'Égypte, qui recevrait, à titre d'avances,

---

1. Guilleminot (Charles-Armand), né en 1774, mort en 1840. Engagé volontaire. Aide de camp de Moreau, en 1798. Général et baron de l'Empire en 1808 ; en 1813, général de division. Grand-officier de la Légion d'honneur et chevalier de Saint-Louis en 1814. Commissaire du Roi pour la fixation des frontières de l'Est. Directeur général du dépôt de la guerre en 1818. Fit comme major général la campagne d'Espagne en 1823. Louis XVIII lui donna la pairie et le fit grand-croix de la Légion d'honneur. Envoyé comme ambassadeur à Constantinople, il conserva ce poste jusqu'en 1831.

une somme de vingt-huit millions, remboursable en dix années et, comme don absolu, quatre vaisseaux de ligne.

Le prince de Polignac proposa ce beau projet comme le résultat de ses profondes méditations ; mais, ce qu'il ne dit pas, c'est que les bases de la convention étaient arrêtées entre M. Drovetti et lui. Un semblable traité me parut tellement en opposition avec les intérêts et la dignité de la France, que je crus devoir le combattre avec la plus grande énergie. Je terminai en déclarant au roi que je me refusais à l'exécution de la clause honteuse relative à la cession des quatre vaisseaux et que je suppliais Sa Majesté d'accepter ma démission, si cette cession était consentie. M. le comte de Bourmont me soutint avec chaleur, et nous obtînmes l'ajournement de la décision.

M. Drovetti, qui, pour des raisons faciles à deviner, attachait un grand prix à la conclusion du traité, vint chez moi, m'envoya le marquis de Livron, général français au service du pacha d'Égypte, et employa tout pour vaincre ma résistance : il ne put y parvenir. Plus heureux auprès du prince de Polignac, toujours pressé d'agir, lorsqu'il était question de tripotages diplomatiques, auxquels il avait la prétention de s'entendre à miracle, il en obtint l'envoi d'un officier chargé d'un projet de traité. On m'engagea à donner, par le télégraphe, l'ordre de tenir à Toulon un bâtiment prêt à transporter le négociateur. L'ordre fut effectivement donné, mais dans des termes tels qu'il ne fut pas compris et que le bâtiment ne se trouva pas prêt au moment fixé pour le départ. Cet incident, auquel je n'étais pas étranger, donna au comte de Bourmont et à moi le temps et les moyens de ramener la délibération du Conseil et l'attention du roi sur cette affaire, et de démontrer que, en eût-il la volonté, Méhémet-Ali ne pourrait jamais exécuter le traité; qu'il n'avait pas plus de quinze mille hommes de troupes régulières et de vingt mille Arabes; qu'il ne serait pas assez fou pour les éloigner de l'Égypte qu'il exposerait, soit à des troubles intérieurs, soit à une invasion de la Porte; qu'en supposant qu'il ne fût pas arrêté par cette considération, il le serait certainement par l'impossibilité de faire en temps convenable, avec des moyens aussi insuffisants, une expédition pour laquelle il nous resterait à peine le temps nécessaire; qu'ainsi nous nous placions dans l'alternative ou de le voir prendre notre argent, sans remplir les engagements qu'il aurait contractés, ou de perdre un temps précieux et d'être forcés d'ajourner encore l'expédition.

J'avais, dans un entretien particulier, préparé le roi à goûter ce raisonnement. A la grande surprise du prince de Polignac, il l'accueillit avec beaucoup de faveur; et, sans se laisser influencer par les observations de son favori, il ordonna d'arrêter le cours de la négociation... Ce fut aisé : le négociateur attendait à Toulon des moyens de départ que je n'avais eu garde de lui fournir.

MM. Drovetti et de Livron ne voulurent pas renoncer entièrement à leur idée. Sur leurs instances, le prince de Polignac proposa et obtint, malgré l'opposition unanime de ses collègues, l'autorisation de faire offrir au pacha (qu'à toute force il voulait faire intervenir dans cette affaire) une somme de dix millions pour convoyer par terre une armée suffisante pour s'emparer d'Alger, dont la possession lui serait garantie. La France s'engageait à fournir une flotte suffisante pour protéger par mer l'opération, un parc de siège avec les hommes et les munitions nécessaires pour le service, et des officiers du génie pour diriger l'attaque. Cette fois, le secret avait été bien gardé, et je n'avais pu agir auprès du roi. Le projet de traité était prêt : le prince de Polignac le tira de son portefeuille, le lut à voix basse au roi, qui demanda pour la forme s'il avait été soumis au Conseil, et le signa sur une réponse affirmative, et sans paraître entendre nos réclamations. Le soir même, un nouveau négociateur était sur la route de Toulon.

Tandis que cette affaire se traitait, le prince de Polignac s'occupait avec une égale ardeur de celle de la Grèce. A l'époque dont je parle, ce pays, rendu libre par l'intervention de la France, attendait du concours des volontés des trois puissances qui s'étaient déclarées ses protectrices la désignation d'un souverain. L'administration du comte Capo d'Istria, président du nouvel État, offrait toute la simplicité, l'économie et l'habileté désirables, mais elle avait un caractère de provisoire qui nuisait à son succès, et les institutions définitives dont le pays éprouvait si péniblement le besoin ne pouvaient émaner que d'un pouvoir positif.

Sous le titre de conférence, on avait formé à Londres une espèce de congrès composé seulement des ambassadeurs de France et de Russie, et du ministre des affaires étrangères d'Angleterre. C'était là que se traitaient les affaires d'Orient.

Comme chaque ministre n'avait que des pouvoirs assez limités que la mobilité des événements rendait souvent insuffisants, il en résultait à chaque instant la nécessité de demander de nouvelles instructions aux cabinets de Paris et de Saint-Pétersbourg, et de là des retards prolongés, très préjudiciables à la Grèce. Cet État n'était pas représenté à la conférence. Complètement étranger à la discussion de ses intérêts, il était dans la position d'un pays conquis dont le vainqueur dispose suivant son caprice ou sa convenance.

M. Eynard, l'un des citoyens les plus honorables de Genève, qui avait embrassé avec chaleur la cause grecque, remplissait, à la vérité, jusqu'à un certain point, les fonctions de chargé d'affaires de Grèce à Paris et à Londres; mais il n'était pas reconnu en cette qualité, et l'effet qu'obtenait son intervention était dû uniquement à la considération inspirée par l'ardeur et la bonne foi de son zèle, son caractère personnel et ses talents diplomatiques. C'était donc à force de persévérance et seulement par la persuasion qu'il pouvait espérer réussir : il agissait en conséquence. La difficulté de sa mission se trouvait surtout dans l'incertitude des dispositions des trois puissances. Aucune d'elles n'avait un plan déterminé. L'Angleterre même, ordinairement si précise dans ses vues, n'était fixée sur aucun point ; il en était de même de la Russie. Quant à la France, elle avait été entraînée par un engouement en faveur des Grecs, qu'à dessein on avait rendu national. Le gouvernement avait voulu résister, mais il avait été contraint de céder à ce qui semblait être le vœu général, quoiqu'il vît bien l'immense préjudice que causerait à notre commerce de la Méditerrannée la constitution en corps d'État d'une contrée dont toutes les côtes sont une série de ports, dont tous les habitants sont marins excellents, et dont la navigation est comparativement la plus économique de toutes celles de l'Europe. Il jugeait en outre que, pour maintenir son indépendance à l'égard de la Turquie, le nouvel État serait dans la nécessité de recourir à une protection étrangère; et que la Russie, par la confraternité de sa religion et sa tendance à pousser ses frontières vers la Méditerranée; l'Angleterre, par sa prépondérance maritime, seraient toujours préférées à la France; laquelle, dans l'hypothèse contraire, serait dans la nécessité de se préparer à grands frais, et non sans exciter des craintes ou au moins sans donner lieu à des explications, toutes les fois qu'elle voudrait aller au secours de son nouvel allié.

Ces considérations, toutes-puissantes qu'elles fussent, durent céder à cette volonté qu'une faction habile avait su créer à la nation, afin d'entretenir chez elle des idées de liberté, en les portant sur l'affranchissement d'un peuple voisin.

On fit un armement assez considérable. Un corps de quinze mille hommes débarqua sans obstacles à Navarin, prit, après des simulacres de sièges, trois ou quatre places où les Turcs tenaient garnison, et occupa les principaux points du nouvel État[1]. Du reste, pas de gloire, point d'avantages commerciaux, nul accroissement d'influence; seulement un bâton de maréchal pour le général Maison, commandant de l'expédition, et un caprice national satisfait. Les fantaisies des peuples coûtent plus que celles des rois : celle-ci entraîna une dépense de trente millions, dont pas une de ces susceptibilités de tribune, que ne manquait pas d'exciter le salaire trop élevé d'un curé de village, ne s'avisa de déplorer la perte.

En Europe, on ne savait encore ni quelle forme de gouvernement on donnerait à la Grèce, ni quel titre prendrait le souverain qui y serait envoyé, ni quel serait ce souverain. Ces trois points étaient cependant d'une assez grande importance pour nécessiter de promptes et positives décisions. On s'en occupa donc, et, après bien des lenteurs et des échanges de notes, il fut convenu que la Grèce serait érigée en principauté, et que son souverain ne

---

1. Expédition de Morée, août-octobre 1828.

pourrait être pris dans les familles des trois puissances qui s'étaient arrogé le droit d'intervention. En attendant qu'elles se fussent accordées sur la désignation du souverain, le gouvernement devait rester entre les mains du comte Capo d'Istria. On s'engageait à lui payer un subside, sans lequel il lui était impossible de s'opposer au retour du désordre, d'où il n'avait tiré cette malheureuse contrée qu'à l'aide des ressources pécuniaires que lui avaient fournies les dons volontaires des philhellènes de l'Europe, et les avances fort considérables faites par M. Eynard.

Cette clause essentielle du traité ne reçut d'exécution que de la part de la France et de la Russie; l'Angleterre qui, en effet, n'avait pas contracté d'engagement précis à cet égard, ayant refusé l'acquittement des sommes qu'elle aurait dû payer.

Chaque puissance proposait un candidat à la couronne de la Grèce et repoussait les deux autres. La France insistait beaucoup sur la désignation du prince Othon, second fils du roi de Bavière. La jeunesse de ce prince lui semblait un titre à sa préférence, car elle permettait d'espérer qu'élevé en Grèce, il en prendrait la langue, les habitudes, l'esprit national, et s'identifierait avec son peuple. Elle faisait considérer en outre que l'on n'aurait rien à craindre des influences de sa famille, ou du gouvernement de son pays natal, en raison de l'éloignement et, bien plus encore, de l'impossibilité des communications directes entre deux pays dont l'un n'a pas de littoral, et l'autre est presque entièrement entouré par la mer.

L'Angleterre, appuyée par la Prusse qui, bien qu'en dehors de la conférence, ne restait pas totalement étrangère aux sujets qui s'y traitaient, proposait avec chaleur le prince Frédéric d'Orange, que recommandaient son âge, son expérience, et une fortune personnelle qui lui permettait de prendre immédiatement les rênes du nouvel État, sans lui être à charge.

La Russie semblait n'avoir aucune idée arrêtée sur le choix du souverain; mais il n'en était pas de même en ce qui concernait les principes sur lesquels le choix serait basé. Ainsi, elle ne voulait pas d'un prince catholique, prétextant que la différence de religion serait un obstacle à la fusion complète de ses sentiments avec ceux de la nation, mais, en réalité, parce qu'elle redoutait l'influence des États catholiques voisins de la Méditerranée. Ce prétexte la porta à refuser le prince Jean de Saxe, que la France avait présenté, après le rejet du prince de Bavière par l'Angleterre.

A son tour, la France repoussait le prince Frédéric d'Orange, sans exprimer clairement les motifs de son refus; elle obéissait en cela à la double considération des rapports de famille, d'intérêts et d'habitudes existant entre l'Angleterre et les Pays-Bas, et de la direction, toute libérale, que suivait le gouvernement de ces États.

Le prince Paul de Wurtemberg se mettait de lui-même sur les rangs. Il faisait valoir son indépendance, son expérience, et des talents qu'on ne lui contestait pas. Il était luthérien ; si, sous ce rapport, il devait convenir à la Russie, la France aurait pu, pour l'écarter, s'approprier le prétexte de la différence de religion que cette puissance opposait au choix d'un prince catholique ; mais afin de se rendre agréable à la Grèce, il laissait entrevoir sa disposition à en embrasser la religion. Les trois puissances s'accordèrent cependant pour le repousser, à cause de l'ardeur de ses opinions libérales, des engagements que, par sa conduite politique, il devait avoir pris avec la faction révolutionnaire, et aussi de sa conduite privée et de son caractère qui le rendaient peu recommandable.

Des familles régnantes, on passa à ce qu'on nomme, en Allemagne, familles princières. Mais cette classe présentait un des inconvénients que l'on voulait éviter, de placer sur le trône un souverain dont le manque absolu de fortune personnelle viendrait accroître les charges d'un État trop pauvre déjà pour subvenir à ses besoins. Il fut contraint d'accueillir les propositions que faisait faire indirectement le prince Léopold de Saxe-Cobourg, gendre du roi d'Angleterre, malgré la clause très expresse du traité préliminaire qui excluait les parents des trois souverains. On prétendit, et dans l'embarras où l'on était, on chercha à se persuader que le prince de Cobourg, étant veuf, devait être considéré comme n'appartenant plus au roi d'Angleterre, et comme hors de sa dépendance depuis que le Parlement lui avait assuré une dotation de soixante mille livres sterling. Cette dotation, de plus, levait un des principaux obstacles, puisqu'elle permettait au prince de ne pas demander de subvention à ses nouveaux sujets.

Une considération puissante tenait en suspens l'assentiment de la France : c'était la crainte assez fondée de paraître, en accédant à ce choix, obéir à la pression de l'Angleterre ; mais cette considération était combattue par ce que l'on savait des dispositions défavorables de la nation anglaise, et surtout de Georges IV, à l'égard de ce prince.

Les difficultés véritables ou feintes que le gouvernement anglais fit surgir pour contrarier les vues du prince contribuèrent à lui donner en France une sorte de popularité ; et, quand le choix fut proclamé, l'opposition ne s'en fit pas une arme contre le ministère.

Afin de mettre un terme à notre incertitude, le prince Léopold vint en France : il eut des conférences avec plusieurs d'entre nous, et ne s'adressa au roi qu'après s'être assuré de nos dispositions ; il déclara à Charles X que c'était de lui seul qu'il voulait tenir la couronne de Grèce ; que personne n'en douterait s'il prenait l'initiative pour le proposer aux deux autres souverains ; que pour lui, il agirait toujours de manière à prouver sa reconnaissance, et qu'il ferait tout pour appartenir au roi par d'autres liens que ceux qu'il venait de contracter. Le roi céda, et le duc de Laval, son ambassadeur à Londres, eut ordre de proposer le prince Léopold à la conférence, qui, après quelques hésitations, finit par l'agréer.

Dès que cette détermination fut connue, le prince écrivit au roi pour confirmer les promesses qu'il lui avait faites ; il se mit en même temps en rapport avec M. Eynard. La correspondance, tout entière de sa main, affirmait de louables intentions, et le désir de trouver les moyens de les réaliser. Dans un second voyage qu'il fit en France, son langage changea : il demanda qu'un subside de vingt millions lui fût accordé par les trois puissances. On lui en offrit douze dont, après de nombreux pourparlers, il parut se contenter ; il exprima ensuite au roi le désir d'obtenir la main de l'une des princesses, filles du duc d'Orléans. Le roi répondit qu'il verrait ce mariage avec plaisir, mais il refusa son intervention, afin d'écarter jusqu'à l'idée d'une contrainte en dehors de son caractère et de ses habitudes. Le duc d'Orléans, à qui le prince s'adressa, refusa, et ce projet de mariage n'eut pas de suite.

De retour en Angleterre, le prince transmit à la conférence une note dans laquelle il exposait que, mieux informé de la situation de la Grèce qu'il ne l'était le jour où il acceptait la souveraineté, il reconnaissait l'impossibilité de la placer dans une position supportable avec la somme de douze millions qui lui avait été accordée ; il fixait à soixante millions celle qu'il prétendait être indispensable. Afin de conclure une affaire qui compliquait leur situation respective et celle même de l'Europe entière, les trois puissances consentirent à accorder trente-six millions, payables en trois années. Le prince déclara qu'il se contentait de cette somme, et l'on croyait tout terminé lorsque, sans avoir fait pressentir sa résolution, il écrivit à la conférence qu'il ne voulait plus d'une souveraineté qui ne lui offrait pas les moyens de faire le bonheur des peuples qu'il était appelé à gouverner. Il répéta cette déclaration au roi dans une lettre qui resta sans réponse, et il ne fut plus question de cette négociation qui avait occupé pendant trois mois la diplomatie des trois principales puissances de l'Europe.

Afin de donner une idée de la manière dont les affaires se traitaient, et pour ne pas interrompre la suite des dispositions qui ont précédé l'expédition d'Alger et les négociations relatives à la Grèce, j'ai anticipé de plusieurs mois sur les événements qui s'y rattachaient. Je reviens à ceux qui intéressaient les autres ministères.

Aucune affaire importante n'avait appelé notre attention. Les choses suivaient leur marche ordinaire, le ministre de l'Intérieur lui-même voyait l'impatience publique se fatiguer dans l'attente inutile de ce mouvement qu'il avait promis d'imprimer au gouvernement. Il ne se dissimulait pas la contrariété qu'il en éprouvait; mais, comme il ne trouvait pas dans son propre fonds les moyens d'agir, et que ses collègues ne les lui indiquaient pas, il était contraint de laisser aux choses leur direction ordinaire. Le déplaisir qu'il en ressentait était évident et il ne cherchait qu'une occasion qui lui permît de reculer avec honneur devant le sentiment de sa propre nullité. Le hasard la lui présenta : il la saisit avec empressement.

Le 8 novembre, à un Conseil qui se tenait chez le prince de Polignac, les affaires que nous avions à traiter furent promptement épuisées, et l'on entama quelques conversations avant le dîner. Un de nous raconta un entretien qu'il avait eu avec un personnage important sur un objet d'intérêt général qu'il n'avait pu traiter convenablement, n'ayant et ne pouvant se procurer les documents nécessaires. Chacun cita des faits analogues. J'en tirai la conséquence qu'un certain ordre d'affaires sortant des spécialités des différents ministères ne pouvait être traité que par un ministre revêtu d'un pouvoir plus étendu, en un mot par un président du Conseil, et j'exprimai le vœu que le roi fût supplié de pourvoir à ce que je considérais comme une nécessité. La question était entamée ; M. de Courvoisier, qui nous présidait, proposa de la traiter et m'invita à développer l'opinion que j'avais émise d'une manière très succincte. Je ne pensais pas qu'il y eût beaucoup de chose à dire sur un sujet que nous devions avoir étudié tous ; fidèle à mes habitudes, j'énonçai mon opinion en peu de mots.

M. de Chabrol, qui parla après moi, se borna à

dire qu'une telle proposition ne devait pas être discutée : qu'elle se résolvait d'elle-même, l'institution d'un président du Conseil étant une conséquence forcée de notre système de gouvernement.

M. de Polignac déclara que, n'étant pas préparé à cette discussion, il n'avait pu se former une opinion. On devinait son motif, on lui tint compte de sa réserve.

Le comte de Bourmont crut devoir développer très longuement son assentiment à la proposition. Lorsqu'il eut terminé son discours, M. de la Bourdonnaye, dont le tour de parler était venu, semblait ne pas s'en apercevoir. M. de Courvoisier l'ayant invité à faire connaître son avis : « Je ne puis, répondit-il avec une émotion visible, prendre la parole, attendu que je ne fais plus partie du Conseil. — Et depuis quand ? et pourquoi ? reprit le garde des Sceaux, après un mouvement de surprise partagée par tout le Conseil. — Depuis que la proposition de donner un président au Conseil a été faite, et parce qu'elle l'a été. M. de Polignac sait que, lorsque je suis entré au ministère, j'ai mis à mon acceptation la condition formelle et absolue que le Conseil n'aurait d'autre président que le roi. On déroge aux engagements contractés : je suis dégagé, et je me retire. — J'ignorais, repris-je, les conditions dont vous parlez. Je suis fâché de ne les avoir pas connues, non parce qu'elles auraient changé une opinion basée sur des motifs trop nombreux et trop positifs pour être modifiée ; mais parce que j'aurais donné à ma proposition une forme qui eût écarté de votre pensée l'idée que j'en faisais un moyen de vous écarter du Conseil. — Je vous donne ma parole, dit-il, que je n'ai pas cette idée. Je regrette seulement que M. le prince de Polignac n'ait pas pris la précaution, ou ne se soit pas cru dans l'obligation d'informer nos collègues de la condition que j'avais mise à mon acceptation. — Mais, dit M. de Courvoisier, rien n'est encore résolu, et la tournure que la discussion a prise ne me permet pas de douter que les membres du Conseil n'en voient l'ajournement avec plaisir. — Ne l'ajournez pas, répliqua M. de la Bourdonnaye, ma résolution est prise : elle est irrévocable. Dès que la question a été agitée, elle a eu sur moi l'effet d'une détermination fixe. En voilà assez de dit sur ce chapitre. Si vous ne continuez pas la discussion, je croirai que ma présence vous gêne, et je me retirerai sur-le-champ. »

M. de Courvoisier invita M. de Montbel à parler. Mais, plus contrarié qu'aucun de nous par ce qui venait de se passer, inquiet des conséquences que devait avoir la retraite de l'homme qui semblait le mieux personnifier le ministère, l'orateur parla longuement sans conclure, et traîna la discussion jusqu'au moment où l'on vint annoncer que le dîner était servi. M. de la Bourdonnaye fit très bonne contenance, soutint assez gaiement une conversation qui, sans ses efforts, eût tombé à chaque instant, et ne se retira qu'avec nous.

Dès le lendemain, le roi, informé de tout ce qui

s'était passé au Conseil, le fit appeler et le pressa, mais assez faiblement, de renoncer à sa résolution. Il y persista et déclara qu'elle était immuable, dans des termes tellement positifs que le roi dut cesser ses instances. Sa Majesté lui dit qu'afin de lui donner une preuve de ses regrets et de la continuation de sa confiance, elle lui conférait le titre de ministre d'État. « Votre Majesté daignera, sans doute, accompagner cette faveur d'une pension semblable à celle qu'elle a accordée à la plupart des ministres qui ont fait partie de son Conseil ? — Ah! dit le roi avec mécontentement, je n'étais pas préparé à cette demande. Je l'examinerai. » Le roi nous consulta et nous fûmes unanimes sur la convenance de profiter de l'occasion que M. de La Bourdonnaye lui-même faisait naître d'en finir avec cette réputation d'indépendance et de désintéressement qu'il s'était faite, en lui accordant une pension de douze mille francs pour deux mois de présence au ministère, bien qu'il n'eût rien à réclamer comme compensation d'emplois lucratifs auxquels il lui aurait fallu renoncer.

Huit jours après, le roi le fit entrer dans la Chambre des pairs, devenue depuis quelques années une espèce de cimetière où l'on enterrait, pour qu'il n'en fût plus question, les nullités en faveur et les supériorités que l'on redoutait. Le prince de Polignac fut en même temps promu à la présidence du Conseil.

Il s'agissait de pourvoir à la place vacante. La condition la plus essentielle, chez le remplaçant de M. de la Bourdonnaye, devait être le talent oratoire, qu'à l'exception de M. de Courvoisier, aucun des ministres ne possédait, même à degré médiocre.

L'habituel conseiller du prince de Polignac dans ces sortes d'occurrences, l'*Almanach royal*, fut consulté. On l'ouvrit à l'article des Cours royales, dans l'espoir de trouver quelque procureur, quelque magistrat qui remplît la condition indispensable. On s'arrêta à M. de Guernon-Ranville. Nul de nous ne le connaissait personnellement, mais il passait pour joindre à un royalisme très prononcé une grande facilité d'élocution. On en parla au roi, qui se rappela l'impression favorable que lui avait laissée une audience accordée à ce magistrat. Le choix de M. de Ranville fut donc arrêté: mais on ne pouvait l'appeler au ministère de l'Intérieur, à la direction duquel la nature de ses fonctions et de ses études ne l'avait pas préparé. L'opinion publique, qui ne se trompe guère sur les convenances, me désignait: le prince de Polignac ne négligea pas cette occasion de la contrecarrer ; il m'écarta en faisant considérer au roi qu'en raison de la modération de mes principes politiques, la brusque transition de M. de la Bourdonnaye à moi serait considérée comme l'aveu d'un changement de système; que la pensée qui avait présidé à la formation du ministère paraîtrait abandonnée; et qu'enfin je n'avais pas le talent de tribune indispensable pour ce ministère, talent plus obligatoire que jamais aux approches d'une session où l'on aurait à présenter des projets de lois qui seraient violemment controversés. De toutes ces raisons, la dernière était la seule bonne. Seule, elle m'engageait à me refuser aux instances de mes amis, à celles surtout des fonctionnaires de l'ordre administratif qui me pressaient de solliciter un poste que l'on n'eût pu me refuser si j'avais fait valoir les titres acquis pour l'obtenir. M. de Montbel y fut appelé, sans avoir fait des démarches pour y parvenir, mais non sans regretter celui qu'il quittait et où il pouvait se promettre des succès.

M. de Ranville[1], qui le remplaçait à l'Instruction publique, s'était acquis à Grenoble, où il remplissait les fonctions de procureur général, la réputation d'un homme de talent, de volonté et de dévouement, réputation qu'il a justifiée sous tous les rapports ; mais il en apportait aussi des manières tranchées, une disposition à censurer tout ce qui n'était pas dans ses habitudes, — notamment les usages de la Cour, qui n'y étaient nullement pratiqués, — et un ton positif qui ne prévenait pas en sa faveur. Au Conseil, même

---

1. Le comte de Guernon-Ranville qui, avait reçu au baptême les singuliers prénoms de Martial-Cosme-Annibal-Perpetue-Magloire, naquit à Caen en 1787 et embrassa la carrière du barreau. Il suivit Louis XVIII à Gand, fut nommé en 1822 avocat général à la Cour de Colmar. En 1825, procureur général près la Cour de Limoges, puis près la Cour de Grenoble et près celle de Lyon. En 1829, il fut nommé ministre de l'Instruction publique et des Affaires ecclésiastiques. Condamné à une détention perpétuelle, il fut amnistié en 1836. Il mourut en 1866. En 1814, Guernon-Ranville publia des *Recherches sur le jury*, dans lesquelles il se montra partisan très libéral de cette institution. En 1877 M. Julien Travers a publié à Caen le *Journal d'un ministre*, œuvre posthume du comte de Guernon-Ranville.

devant le roi, il employait dans la discussion des formes inusitées que le bon ton n'eût pas toujours avouées. On fut quelque temps sans s'accoutumer à lui; mais enfin, on en vint sur son compte à une opinion très avantageuse qu'il était digne d'inspirer, lorsqu'on eut reconnu que la brusquerie de ses manières était de la franchise, son assurance à dire son avis, de la conscience; et ses principes politiques, un dévouement bien réel. En un mot, on ne tarda pas à le considérer comme une excellente acquisition pour le Conseil, et ses collègues lui accordèrent une estime et une affection qu'il justifia par ses talents et son caractère.

La prochaine réunion des Chambres occupait le roi et le ministère. Le travail qui devait leur être soumis était préparé, mais la crainte inspirée par les dispositions qu'on leur supposait portait à retarder leur convocation. On ne faisait rien, soit pour se les concilier, soit pour les dominer : on ne se décidait ni à des concessions, ni à une lutte ouverte; on n'entamait aucune négociation avec les députés influents. Peu d'efforts cependant semblaient nécessaires pour détacher de l'opposition le petit nombre de voix desquelles dépendait la majorité. Quelques places, quelque argent, eussent suffi.

Il eût été difficile de donner des places à des hommes de la gauche, sans indisposer ceux de la droite, qui s'en montraient fort avides, et sans renoncer au système sur lequel reposait la composition du ministère. Pour de l'argent, les ministres ne pouvaient en trouver dans leurs budgets, en présence des Chambres, qui leur demandaient compte du dernier centime dépensé. La liste civile offrait donc seule une ressource efficace dans ce besoin pressant; mais le roi la tenait complètement en dehors de l'action de ses ministres, et, s'il eût été disposé à admettre quelques observations, M. le Dauphin les eût repoussées avec ce ton tranchant et absolu qu'il trouvait commode de prendre lorsqu'une discussion l'embarrassait. Nous l'avions souvent éprouvé sur ce sujet, et une dernière tentative que nous fîmes nous fit perdre tout espoir de réussir. C'était donc avec une impopularité que nous ne pouvions nous dissimuler; avec la nécessité de présenter des projets de lois que la majorité des Chambres devait repousser; avec une insuffisance de talent de tribune, que nous devions aborder cette redoutable session. Nous en retardions l'ouverture, comme si ces délais eussent dû rendre nos adversaires plus traitables. On conviendra que l'on aurait hésité à moins.

CHAPITRE V

Abandon des négociations avec l'Égypte. — Opposition de l'Angleterre à l'expédition d'Alger. — Conversation de M. d'Haussez avec l'ambassadeur d'Angleterre, lord Stuart de Rothsay. — Nécessité de hâter les préparatifs. — Hésitation et défiance des bureaux de la marine vaincues par la volonté arrêtée du ministre. — M. d'Haussez et le baron Taylor obtiennent du pacha d'Égypte la cession de deux obélisques de Louqsor. — Dispositions prises pour les amener en France. — Réunion des Chambres. — Projets financiers proposés. — Rédaction du discours du Trône. — La phrase provocatrice. — Réponse de la Chambre. — Le tarif des consciences. — Réception de l'adresse par le roi. — Ordonnance de dissolution.

La négociation entamée avec le pacha d'Égypte pour l'entraîner dans notre querelle avec le dey d'Alger n'avait heureusement pas produit ce que le ministre des Affaires étrangères s'était promis. Le bon sens de ce prince lui fit reconnaître l'impossibilité de faire ce qu'on lui demandait, et sa bonne foi l'engagea à ne pas accepter les dix millions que, dans son empressement irréfléchi, M. de Polignac avait déjà envoyés à Toulon. M. Drovetti et le marquis de Livron furent désavoués, et nous nous trouvâmes au point de départ, avec une perte de quatre mois, temps bien précieux dans cette circonstance. Nous nous attendions à de l'embarras chez le ministre des Affaires étrangères, lorsqu'il s'agirait d'annoncer au roi l'issue d'une négociation pour laquelle il avait épuisé toute la finesse de son esprit, toute l'étendue de sa diplomatie. Il n'en fut pas ainsi. « Sire, dit-il, en prenant sa place, j'ai reçu des nouvelles d'Égypte. — Eh bien! sont-elles bonnes? — Excellentes, Sire. — Le pacha accepte? — Au contraire, il refuse. — Comment?... Et vous êtes content? — Sans doute, Sire. Je dois même avouer à Votre Majesté, dussent mes collègues en être mécontents (il nous regardait en cherchant à donner à sa figure un air de malice), que j'ai fait ce que j'ai pu pour arriver à ce résultat. Votre Majesté peut se rappeler que j'avais combattu le projet de traiter avec Méhémet, et que c'est contre mon gré qu'elle a fait prévaloir l'opinion contraire. — Je ne me souviens pas de cela. — J'ai donc cru pouvoir me permettre de charger le négociateur que j'avais envoyé à Alexandrie de ne pas presser le pacha, et de profiter du premier prétexte qui se présenterait pour rompre la négociation. C'est ce qu'il a fait avec une adresse, un à-propos dont je me souviendrai lorsque j'aurai une mission délicate à faire remplir. »

Nous nous disposions tous à prendre la parole pour rendre à qui de droit la responsabilité que l'on voulait faire peser sur nous, lorsque M. le Dauphin, s'en emparant avec une impatience mal dissimulée par l'air riant qu'il affectait : « Ah çà! monsieur le ministre des Affaires étrangères, dit-il, je vous arrête là! Que vous ayez le mérite d'avoir fait manquer la négociation, je n'en doute pas, puisque vous le dites; mais que vos collègues aient eu le tort de l'avoir fait entamer, je le nie. Tous s'y sont opposés, notamment Bourmont et d'Haussez. Quant à mon opinion personnelle, il vous souvient du ton que j'ai pris pour l'exprimer. C'est tout au plus, j'en suis sûr, si le roi a entendu la lecture de ce que vous lui avez fait signer. L'affaire est marquée, vous en êtes content ; en ce cas il n'y a plus de divergence, car personne n'en voulait. »

La discussion n'alla pas plus loin, on convint seulement de s'occuper sans délai des mesures à prendre pour en finir avec Alger.

Restait à traiter la partie diplomatique de la question. M. de Polignac dit qu'il en répondait. Je ne sais trop comment il s'y prit, mais de ce côté les embarras furent légers. J'ai quelques raisons de croire qu'il s'en est tiré par des promesses verbales assez vagues pour que chacun crût y trouver ce qu'il voudrait y voir, sans que par la suite, personne ne pût s'en faire un titre positif[1]. Ce qui me

---

[1]. L'Angleterre voyait avec inquiétude et jalousie les dispositions que la France faisait pour s'emparer d'Alger. Lord Stuart, son ambassadeur, avait, à diverses reprises, eu des conférences sur cet objet avec le prince de Polignac, et n'en avait obtenu que des réponses évasives et un engagement vague de traiter de l'avenir de la conquête, lorsque cette conquête serait faite. Il espérait sans doute tirer de moi un meilleur parti, et plusieurs fois il chercha à entamer la question, quoique

confirma dans cette opinion, c'est que lord Stuart, qui ne reculait pas devant un mensonge, et que l'on a surpris souvent dénaturant auprès de sa cour les résultats des rapports qu'il avait eus avec le ministère français ou les ambassadeurs des autres puissances, s'est toujours plaint de n'avoir pu obtenir

je lui disse que le côté diplomatique de cette affaire n'étant pas dans mes attributions, je ne pouvais ni ne voulais m'en occuper. Un jour qu'il m'avait pressé fortement et sans plus de succès que de coutume, il ajouta que ses questions n'avaient pour objet que la confirmation de ce qu'il savait, qu'il avait découvert que nous ne songions pas sérieusement à l'expédition et que nos préparatifs ne tendaient qu'à faire peur au dey, « à l'amener à composition ». « Ce serait peine perdue, lui répondis-je ; dans son insouciance turque, le dey ignore peut-être que nous nous proposons de l'attaquer, et, s'il le fait, il s'en remet à Dieu du soin de le défendre. Au reste, je puis vous déclarer, parce que nous n'en faisons pas mystère, que c'est très sérieusement que nous faisons des préparatifs. Le roi veut que l'expédition se fasse, et elle se fera. — Vous croyez donc que l'on ne s'y opposera pas ?... — Sans doute, qui l'oserait ? — Qui ?... nous les premiers. — Milord, lui dis-je, avec une émotion qui approchait fort de la colère, je n'ai jamais souffert que, même vis-à-vis de moi, simple individu, on prît un ton de menace ; je ne souffrirai pas davantage qu'on se le permette à l'égard du gouvernement dont je suis membre. Je vous ai déjà dit que je ne voulais pas traiter l'affaire diplomatiquement ; vous en trouverez la preuve dans les termes que je vais employer : la France se... moque de l'Angleterre (je substitue le *moque* à un terme beaucoup plus énergique, de trop mauvais ton pour être écrit). Elle fera dans cette circonstance ce qu'elle voudra, sans souffrir de contrôle ni d'opposition. Nous ne sommes plus au temps où vous dictiez des lois à l'Europe. Votre influence était basée sur vos trésors, vos vaisseaux et une habitude de domination. Tout cela est usé. Vous ne compromettrez pas ce qui vous reste de cette influence, en allant au delà de la menace. Si vous voulez le faire, je vais vous en donner les moyens. Notre flotte, déjà réunie à Toulon, sera prête à mettre à la voile dans les derniers jours de mai. Elle s'arrêtera pour se rallier aux îles Baléares. Elle opérera son débarquement à l'ouest d'Alger. Vous voilà informé de sa marche ; vous pouvez la rencontrer, si la fantaisie vous en prend. Mais vous ne le ferez pas. Vous n'accepterez du président du Conseil un engagement positif au sujet d'Alger [1].

Le mois de janvier était à moitié écoulé. Seul dans mon département, je croyais pouvoir faire dans les trois mois qui restaient jusqu'à l'époque favorable pour le départ de l'expédition, les immenses préparatifs auxquels j'avais à pourvoir. Le conseil d'amirauté, les amiraux dont l'opinion

---

pas le défi que je vous porte, parce que vous n'êtes pas en état de le faire. Ce langage, je n'ai pas besoin de vous le dire, n'a rien de diplomatique. C'est une conversation entre lord Stuart et le baron d'Haussez, et non une conférence entre l'ambassadeur de l'Angleterre et le ministre de la marine de France. Je vous prie cependant de réfléchir sur le fond, que le ministre des Affaires étrangères pourrait vous traduire en d'autres termes, sans rien changer au sens. »

Lord Stuart ne me parla plus de cette affaire. (Note de M. d'Haussez).

1. M. d'Haussez a deux motifs très légitimes de critiquer la conduite de M. de Polignac dans les négociations qui précédèrent l'expédition d'Alger. Les négociations avec Méhémet-Ali, si elles avaient abouti, n'eussent pas obtenu l'approbation de ceux dont l'épiderme français est sensible. Le roi de France ne charge personne de venger ses injures. Elles firent perdre un temps précieux et auraient pu, sans l'énergie du ministre de la Marine, compromettre le succès de l'expédition. Mais dans ses négociations avec la Porte, suzeraine du dey d'Alger, et avec les Cabinets européens, M. de Polignac n'eut qu'un tort vis-à-vis de M. d'Hausszez, tort réel, celui de les lui cacher. Elles furent conduites très habilement, de manière à réserver au roi la liberté de ses résolutions lorsque la conquête d'Alger aurait été un fait accompli et en même temps de prévenir l'intervention de l'Angleterre avant le fait accompli. M. d'Haussez parla au représentant de l'Angleterre en marin, la main sur la poignée de l'épée; mais que serait-il advenu si une flotte anglaise, armée en guerre, se fût trouvée au rendez-vous dans la baie de Sidi-Ferruch et y avait devancé notre flotte, composée en majorité de vaisseaux armés en flûte, et encombrés de soldats? — Nos petits soldats et nos loups de mer auraient pris la flotte anglaise à l'abordage! Nos hussards n'en avaient-ils pas pris une, trente-six ans auparavant? Très bien parlé! — Et qui se serait frotté les mains? Le dey d'Alger.

devait avoir le plus de poids, s'accordaient à regarder comme impossible que l'on fût prêt. La plupart d'entre eux considéraient même l'entreprise comme tellement difficile, qu'en admettant (ce qu'ils niaient de la manière la plus positive) que les dispositions pussent être complétées avant la fin du mois de mai, il resterait, dans les circonstances qui se rattachaient au débarquement, assez d'obstacles à vaincre pour engager à renoncer à l'expédition. Cette opinion fut établie et développée dans plusieurs réunions, composées d'officiers généraux de la guerre et de la marine et auxquelles les ministres assistèrent.

L'unanimité de cette opinion chez les marins, la similitude des motifs sur lesquels chacun d'eux se basait, me les faisaient au contraire considérer comme le résultat d'une cabale, ou d'une de ces préventions qui souvent aveuglent les corps. Trop étranger aux connaissances théoriques de la marine pour pouvoir discuter sur les spécialités, dont on se faisait des armes pour me combattre, j'opposais un fait à tous les raisonnements de mes adversaires. C'est qu'aussi loin que remonte l'histoire, depuis nous jusqu'aux Romains, aucune des nombreuses expéditions tentées sur les côtes d'Afrique n'a manqué par le fait du débarquement. J'en concluais qu'il était impossible qu'au XIXe siècle, avec les perfectionnements que la marine avait obtenus, avec ses immenses ressources en personnel et en matériel, la France ne fît pas ce que les Romains, l'Europe du moyen âge, les Espagnols, les Français et les

Anglais en Égypte avaient fait avec succès. Cette opinion fut confirmée par les renseignements que me fournirent MM. Gay de Taradel et Dupetit-Thouars[1], capitaines de frégates, excellents officiers[2] que j'avais fait appeler du blocus d'Alger où ils étaient employés depuis deux ans, et qui me citaient des faits si positifs et si favorables à ma manière de voir, que ma résolution fut immédiatement prise.

On discuta la question en présence des ministres, dans une conférence à laquelle assistaient plusieurs officiers généraux de l'armée de terre, les membres du conseil d'amirauté et les amiraux qui se trouvaient à Paris.

Les deux officiers que je viens de citer soutinrent leur opinion avec fermeté et de manière à la faire prévaloir. L'amiral Roussin[3], chargé de la combattre, termina son discours en disant que je ne trouverais pas un officier général qui voulût assumer la responsabilité de l'expédition. « Monsieur, lui dis-je, j'avais compté sur vous pour la commander : voici

---

1. Abel Dupetit-Thouars, né en 1793, mort en 1864. Vice-amiral, acquiesça à l'expédition d'Alger. Se rallia à Louis-Philippe; établit en 1842 le protectorat de la France aux îles Marquises et à Taïti.

2. *Excellents* n'est pas de trop. Dupetit-Thouars est un nom qui, de règle, s'inscrit à la poupe d'un navire de la flotte française, et Taradel mériterait le même honneur, par sa conduite pendant le blocus d'Alger. S'adresser à de tels hommes, et se décider sur leur avis est le fait d'un grand ministre.

3. Albin-Reine Roussin, né à Dijon en 1781, mort en 1854. Engagé comme mousse en 1793, capitaine de frégate en 1810, contre-amiral en 1822, pair de France et baron en 1832, ambassadeur à Constantinople de 1832 à 1839, amiral en 1840 et ministre de la marine en 1843, le mauvais état de sa santé le força à se retirer.

un projet d'ordonnance qui vous conférait le grade de vice-amiral ; en voici un autre qui vous conférait le commandement. Comme je ne veux présenter au choix du roi qu'un amiral qui ait confiance dans le succès, j'en chercherai un autre. » Et je déchirai les deux ordonnances. « Je doute, reprit-il, que vous en trouviez. — S'il ne s'en présente pas parmi les amiraux, j'en trouverai parmi les officiers d'un grade inférieur. L'expédition ne manquera pas faute d'un officier qui veuille la commander [1]. »

Cette manière de me prononcer fit taire les opposants.

Désormais, la question de temps seule m'arrêtait. Dans les mémoires rédigés sur cette question importante, on regardait un espace de huit mois comme nécessaire pour compléter les préparatifs maritimes. Cependant, le directeur des ports reconnaissait que six mois seraient suffisants. Or, il me semblait qu'en tirant du temps actuel tout le parti qu'il serait possible d'en obtenir : en supprimant les jours fériés et en ajoutant les nuits aux jours (ce qu'il serait facile de faire en ne se laissant pas arrêter par des considérations de dépenses), on pourrait produire dans trois mois la somme de travail pour laquelle on en demandait six. Ce raisonnement prévalut, et dès ce moment, ma résolution fut prise.

1. L'amiral Roussin est une des gloires de la marine française, mais, comme l'amiral Duperré, il ne connaissait pas Alger ni ses côtes, et pour lui planait encore, sur le repaire de Barberousse, l'ombre du désastre de Charles-Quint à laquelle se confiait Hussein-Dey.

On était alors aux premiers jours de février. A chaque Conseil, le roi exprimait son impatience d'être en mesure de s'arrêter à un parti. Le ministre de la Guerre lui disait que son département était prêt, mais que tout était tenu en suspens par la Marine, à laquelle, le ministre excepté, il supposait, non sans quelque vraisemblance, les dispositions les moins favorables à l'expédition. Le 8 février, le roi renouvela sa question et le comte de Bourmont sa réponse. Dès qu'il cessa de parler, je dis au roi que le besoin de bien constater les moyens dont je pourrais disposer m'avait forcé de lui faire attendre mon rapport; que l'examen approfondi auquel j'avais dû me livrer était terminé, et que le résultat en était tel que je n'hésitais pas à contracter l'engagement de fournir, pour le 15 mai, la totalité des bâtiments de guerre et de transport qui m'étaient demandés, et d'y joindre les moyens de débarquement propres à rendre plus certain le succès de l'expédition et sur lesquels on n'avait pas compté. Si l'étonnement du roi et du Conseil fut grand, celui du comte de Bourmont le fut davantage encore ; il ne comptait plus sur la coopération de la marine, et il avait ralenti et presque entièrement interrompu ses préparatifs ; il n'en fit pas moins bonne contenance, et dit que l'armée ne se ferait pas attendre. « Je ne veux pas vous surprendre, lui dis-je ; j'ai porté jusqu'au 15 mai le délai que j'ai demandé, parce que j'ai voulu laisser une part aux événements de mer. S'ils ne me contrarient pas, je serai prêt le 1er.

« — Nous vous donnons jusqu'au 1ᵉʳ juin, me dit M. le Dauphin. — Monseigneur me permettra de ne pas accepter. — Vous en êtes le maître; mais vous auriez tort de refuser. »

Dès le lendemain, le roi avait approuvé les rapports que le ministre de la Guerre et moi lui avions présentés, et, dans chaque département, on se mit au travail avec une activité, un zèle, une harmonie qui ne se sont pas un instant démentis. Mes ordres furent transmis le 12 février. Les réponses que je reçus des ports me firent entrevoir la possibilité de porter l'armement beaucoup au delà de mes prévisions, quant au nombre et à la force des bâtiments, sans les dépasser relativement à la dépense qui avait été évaluée d'une manière fort large (environ dix-huit millions). L'occasion était belle de donner à l'Europe une idée avantageuse de la force maritime de la France; je ne la négligeai pas. A cette considération, déjà très puissante, s'en joignait une autre qui ne me permettait pas d'hésiter. Je ne doutais pas que, dans son désir d'entraîner le gouvernement à faire l'expédition, le ministre de la Guerre avait sans doute dissimulé l'étendue des forces en hommes et en approvisionnements qu'il comptait employer, et qu'au moment de l'embarquement, l'effectif sur lequel on avait calculé les moyens de transports serait dépassé de beaucoup si, comme je le prévoyais, ce ministre lui-même avait le commandement en chef.

Cette présomption fut justifiée par l'événement; on avait indiqué comme devant être embarqués:

22 000 hommes, 2 200 chevaux et un matériel évalué en poids ou en encombrement, à 30 000 tonneaux. Il sortit des ports de Marseille et de Toulon 35 000 hommes, 4 000 chevaux et des transports jaugeant 70 000 tonneaux.

Dès que l'on sut dans le public que l'expédition d'Alger était résolue, il ne manqua pas de fous et d'aventuriers qui formaient des projets et présentaient des moyens pour la faire réussir. Après MM. de Livron et Drovetti, qui voulaient en confier le soin à une armée égyptienne, laquelle n'aurait eu à traverser que quelques centaines de lieues de désert, venaient M. Margat, l'aéronaute, qui offrait de faire pleuvoir sur la ville des matières incendiaires ; puis un capitaine de vaisseau, M. Duplessis-Parseau, qui ne demandait qu'une vieille carcasse de navire dont il se proposait de faire un brûlot auquel lui-même aurait mis le feu au milieu de la darse[1] ; le fameux

1. Le commandant Duplessis-Parseau commandait en 1827 *la Provence* lorsque s'engagea la bataille de Navarin, mais il n'y assista point parce que son vaisseau ayant souffert dans un abordage et perdu son grand mât, avait été laissé à Modon pour se réparer. Modon est assez près de Nadomie pour que le bruit d'une canonnade y arrive. Dès qu'il entendit celui de Navarin, le commandant leva l'ancre. Il arriva comme un boiteux avec sa béquille, trop tard pour prendre sa part dans le feu et tempêta comme un païen. C'était un Breton de la vieille roche, brave comme son épée, mais pas très marin ; ce en quoi il n'était guère Breton. Il ne connaissait Alger que pour l'avoir aperçu de loin lorsque, en février 1828, il y amena la *Provence* pour remplacer l'*Amphitrite*, montée par l'amiral Collet qui tenait la croisière depuis sept mois. L'échange des navires se fit au large après un coup de vent qui les avait fort éloignés des côtes. L'extravagante proposition du brave commandant peint l'homme qui eût été fort capable de l'exécuter, avec la certitude d'y rester, sans autre résultat.

lord Cochrane[1] qui, à la vérité, annonçait des vues plus intéressées, et enfin Sir Sidney Smith[2]. Ce dernier arriva un matin chez moi, suivi de deux portefaix qui déposèrent dans mon cabinet un énorme panier d'où il tira je ne sais combien de petits bateaux, de petites charrettes et de petits bœufs. Pour faire cette intéressante collection, il avait dû épuiser toutes les boutiques de tous les marchands de bimbeloterie de Paris. Il rangea tout cela sur une table et m'apprit que ce n'était rien moins qu'un plan de débarquement sur la côte d'Afrique. Dire tout ce que ce plan renfermait d'absurde me serait impossible, quoique j'aie dû assister à une seconde expli-

---

1. Lord Cochrane était le Garibaldi de l'époque, aventurier au service de tous les peuples en révolution. En 1827, il commandait la marine des Hellènes. Son nom répandait la terreur, il passait pour l'amiral *enchanté*. Cette réputation s'évanouit à la suite d'une expédition qu'il dirigea contre Alexandrie avec toutes les forces de mer des Hellènes, une frégate, trois corvettes et vingt-trois brûlots. Cette expédition aboutit seulement à l'incendie d'une corvette égyptienne au prix de deux brûlots grecs. Depuis lors, il ne fut plus question de lord Cochrane. Il aurait obtenu le même succès s'il s'était présenté devant le port d'Alger ; mais, vraisemblablement, il s'en serait tenu au second million et aurait renoncé à gagner le troisième.

Il demandait le plus sérieusement du monde un million au moment de la conclusion du traité, un second lorsqu'il indiquerait le procédé qu'il comptait employer, un troisième après le succès. Ce moyen était tout simplement l'emploi de brûlots que l'amiral prétendait être certain de pouvoir introduire dans le port.

2. William-Sidney Smith, né en 1764. En 1795, fait prisonnier, il subit au Temple une captivité de deux ans. S'étant échappé, il défendit Saint-Jean-d'Acre contre Bonaparte; contre-amiral en 1805, il protégea la Sicile contre les Français. Lors de l'invasion du Portugal en 1807, il fit partir dom Juan VI pour le Brésil. Nommé amiral en 1821, il mourut à Paris en 1840.

cation que le roi eut la patience d'écouter jusqu'au bout. J'exprimai à l'orateur le regret de m'être arrêté à un autre système dont l'exécution était trop avancée pour qu'il me fût possible de l'abandonner, mais ma politesse ne put faire trouver grâce à mon refus. L'amiral anglais jeta avec colère ses vaisseaux, ses chevaux et ses canons dans le panier qui avait servi à leur transport, et, de ce jour, il rompit les relations très actives qu'il avait avec moi.

Une expédition d'un tout autre genre que l'expédition d'Alger, et qui, en offrant aussi d'assez grandes difficultés, n'était pas sans gloire, m'occupait en même temps. Elle dut solliciter d'autant plus mes soins personnels qu'elle n'avait pas l'assentiment des marins et des administrateurs qui m'entouraient, et qu'elle était même regardée par eux comme impossible. Là aussi, il me fallut une volonté forte et puissante, à laquelle, j'espère, la France sera redevable de deux des plus beaux monuments que l'antiquité ait légués au sol égyptien.

Méhémet-Ali avait donné à la France et à l'Angleterre les deux obélisques connus sous le nom d'Aiguilles de Cléopâtre. Mais l'une et l'autre de ces puissances, découragées par l'apparente impossibilité du transport, ne s'étaient pas même mises en mesure de le tenter. Pressé par le baron Taylor [1] de réclamer

1. Séverin-Justin, baron Taylor, né en 1789, mort en 1879, débuta dans la carrière des armes, démissionna ayant déjà le grade de chef d'escadron. Dès lors se livra à son goût pour les arts et les lettres; fut, en 1824, nommé commissaire royal près de la Comédie Française,

celui de ces monuments qui appartenait à la France, éclairé par cet ardent ami des arts sur les moyens et les chances de succès de cette importante entreprise, je résolus de ne pas la différer, et, prenant dans les avis que je demandais à tous les hommes du métier, à tous les voyageurs venant d'Égypte que je voyais, ce que je jugeais le plus convenable, je me décidai à faire exécuter le transport par une grande gabare. *Le Dromadaire*, bâtiment de huit cents tonneaux, me parut d'autant mieux convenir à cette opération que son état de vétusté, rendant sa démolition très prochaine, le dommage que causerait son appropriation à ce genre de service n'entraînerait aucune perte pour la marine. Des ordres furent donnés pour l'envoi à Alexandrie de ce bâtiment, qui partit de Toulon au mois de juin, emportant les appareils nécessaires pour le chargement du magnifique monolithe dont le poids est évalué à quatre cents tonneaux.

Dès que l'on sut dans le monde savant que je songeais à enrichir la France d'un monument que Rome seule possède en Europe, on m'engagea à tenter d'obtenir deux obélisques beaucoup plus précieux, et par la richesse de leurs sculptures, et par leur état de conservation, que ceux d'Alexandrie, mais aussi d'un transport plus difficile, en raison de

remplit plusieurs missions artistiques, s'employa avec succès à l'acquisition de l'obélisque de Luxor; auteur de plusieurs ouvrages; créa les Sociétés de secours mutuels pour les artistes, peintres, sculpteurs, les gens de lettres, les industriels. Fut sénateur sous le second Empire.

leur situation à Luxor (à cinquante lieues au-dessus du Caire). Divers moyens me furent proposés, mais tous avaient le double inconvénient d'une énorme dépense et de peu de garanties de succès. Le baron Rolland, inspecteur général du génie maritime, proposa de faire construire à Toulon un bâtiment dont le tirant d'eau, calculé sur la profondeur des plus basses eaux du Nil et de la Seine, permettrait de le faire naviguer sur ces fleuves, en même temps qu'il pourrait faire le trajet d'Alexandrie au Havre. Des ordres furent expédiés, et le *Luxor* (c'est le nom que je donnai à ce bâtiment, dont la forme se rapproche de celle des galiotes hollandaises), fut construit sur les chantiers de Toulon, dans le même temps où toute l'attention de l'administration semblait être réclamée par les préparatifs de l'expédition d'Alger.

J'avais en même temps fait entamer auprès du pacha, par l'entremise du consul général de France en Égypte, et de M. de Cerizy, ingénieur de la marine, employé par Méhémet-Ali, une négociation pour la cession des monuments. Le succès ne se fit pas attendre, et, lorsque tout fut prêt pour le départ du bâtiment, je chargeai le baron Taylor de se rendre auprès du pacha, avec des présents dont le choix et la valeur devaient le confirmer dans les intentions favorables qu'il avait manifestées. Lorsque je quittai le ministère, le baron Taylor m'avait informé de l'heureux résultat de sa mission, quant à ce qui concernait le pacha; il partait pour Luxor afin de tout disposer pour l'enlèvement des deux obélisques, devenus la propriété de la France.

Il ne m'a pas été donné de voir s'accomplir, sous mon ministère, cette entreprise d'un si haut intérêt pour les sciences, et l'on ignorera peut-être toujours que sa conception est mon ouvrage, et que tous les moyens d'exécution ont été préparés et mis en œuvre par moi. Je commettrais, à l'égard du baron Taylor, l'injustice à laquelle je n'échapperai probablement pas pour mon propre compte, si je ne déclarais que c'est à lui que je suis redevable de la pensée première de cette expédition; que ses conseils, rendus plus précieux par la connaissance qu'il avait des localités, m'ont puissamment aidé, et qu'enfin son nom doit être en éternelle recommandation aux yeux des amis des arts, en France et en Europe, puisque c'est à son concours personnel, au dévouement qui l'a porté à braver les fatigues et les dangers d'un nouveau voyage, que l'on doit attribuer le succès de l'entreprise. Compris, jusqu'à présent, dans la défaveur qui s'attachait aux actes du ministère dont je faisais partie, on n'a pas plus parlé de lui que de moi. Les journaux ne se seraient même pas occupés de notre tentative, si les uns n'y avaient vu une occasion de blâme, et les autres, le sujet de quelques misérables plaisanteries. Si j'ai toujours fait pour moi abnégation la plus complète de la part de mérite que je pouvais revendiquer dans ce que j'ai fait pour l'intérêt général, je dois me montrer plus exigeant pour celle qui revient aux hommes qui m'ont aidé de leur concours. Puisse le baron Taylor jouir du fruit de ses talents et de son zèle dans une circonstance où, je le répète, il a déployé toute l'ardeur et la persévérance que peut seul donner le dévouement aux arts et à la patrie.

En s'écoulant, le temps amenait l'époque où les Chambres devaient être convoquées. Ce qu'on savait de leurs intentions hostiles (l'opposition avait un parti très fort dans la Chambre des pairs) faisait prévoir le refus ou la mutilation du budget. On sentait le besoin de se réserver les moyens de dissoudre la Chambre des députés, d'en réunir une nouvelle, et d'en obtenir, avant la fin de l'année, les ressources que la précédente aurait refusées. On devait même agir dans l'hypothèse très probable d'une résistance plus vive encore de la part de la nouvelle Chambre, et de la nécessité où l'on se trouverait de recourir à des mesures extraordinaires. Il fut donc décidé que les Chambres seraient convoquées pour le 3 mars, et l'on prépara le plan de la campagne législative qui devait décider du sort de la monarchie.

On résolut de se borner à la présentation du budget, et à celle de deux lois, l'une sur la réduction de l'intérêt du capital cinq pour cent, l'autre sur l'amortissement et sur l'emploi des fonds que le système proposé laisserait sans emploi. Le comte de Chabrol s'était occupé, avec beaucoup de soin et de talent, de cet objet important, auquel le Conseil accorda la plus grande attention. Le projet consistait à donner aux porteurs de rentes cinq pour cent l'alternative de recevoir le remboursement immédiat du capital nominal de leur rente, ou de consentir à la réduction de l'intérêt de cinq à quatre pour cent. Afin de rendre plus favorable la position de ceux qui prendraient ce dernier parti, on augmentait leur capital de l'intérêt d'une année de leur rente, dont l'intérêt se trouvait joint à la rente primitive, ou, en d'autres termes, on maintenait pendant cinq années l'intérêt à cinq pour cent. Les possesseurs de rentes ainsi réduites obtenaient, en outre, la garantie qu'aucune nouvelle réduction n'aurait lieu avant l'année 1845.

Aux quarante millions que cette opération aurait fait économiser, on proposait d'ajouter la totalité des sommes que rendrait disponibles une modification dans le système d'amortissement qui, désormais appliqué aux différents fonds dans la proportion de leur quotité, ne devait plus agir que sur ceux d'entre eux qui seraient au-dessous du pair. Cette dernière partie de nos ressources n'aurait été rendue disponible que par une loi spéciale votée à la session qui aurait suivi la clôture de chaque exercice.

Sur les quarante millions provenant de la réduction de la rente cinq pour cent, quinze millions étaient destinés à couvrir le déficit que devait entraîner la suppression vivement réclamée du droit de circulation sur les vins et les eaux-de-vie. Les vingt-cinq millions restants, auxquels on aurait réuni la portion non employée de la dotation de l'amortissement, devaient être répartis entre les ministères de la Guerre et de la Marine, et la direction générale des Ponts et Chaussées. Dix années auraient suffi pour compléter notre système de défense territoriale et maritime, et faire cesser le déplorable état de nos communications intérieures. Chaque ministre s'était occupé des projets qui se rattachaient à celui du ministre des Finances et devaient en être le complément. Quelques autres lois relatives à des intérêts spéciaux étaient destinées seulement à utiliser les moments des Chambres pendant la durée de l'examen préparatoire de la loi des finances. Les grandes questions, telles que l'organisation communale et départementale, les modifications à opérer dans le système électoral, la répression des abus de la presse, n'avaient même pas été examinées dans le Conseil : faute grave qui n'aurait pas permis de profiter de la bonne volonté des Chambres, si, ce qui à la vérité était peu probable, elles en avaient montré.

Le discours du Trône occupa plusieurs séances du Conseil. Des projets différents avaient été présentés par le prince de Polignac. Il nous avait fait entendre que, déjà agréés par le roi, quant à la pensée générale, il ne s'agissait plus que de les examiner sous le rapport de la forme. Ces discours n'étaient évidemment pas de lui; mais, désireux de leur imprimer son cachet en les corrigeant, il avait introduit des phrases tellement incorrectes que la propriété semblait devoir lui en être incontestablement acquise. Le premier soin fut de les traduire en français, afin de les rendre compréhensibles; le second, d'en détacher les phrases qui eussent été malsonnantes aux oreilles des pairs et des députés. Tout allait assez bien, quant aux idées banales, à ces mots de remplissage qui composent aux trois quarts ce genre de discours; il fallait en venir à l'expression de la pensée du roi. Cette expression devait être forte, positive, énergique, car il était convenu que l'énergie était pour le ministère une condition d'existence, comme elle en avait été une de sa création. En un mot, on voulait une menace. Ce n'était pas chose facile à obtenir de MM. de Courvoisier et de Chabrol. Le roi s'en mêla. Il s'y prit de telle sorte envers le garde des Sceaux, chargé de broder sur le canevas informe fourni par le président du Conseil, qu'il le détermina à insérer cette phrase [1] qui a servi de prétexte à la réponse insolente de la Chambre des députés, et de point de départ à une scission entre le gouvernement et la nation.

On n'a pas manqué de reprocher au ministère l'attitude qu'il avait fait prendre au roi. On aurait voulu qu'il se montrât disposé aux concessions, caressant, suppliant même. Ce rôle ne pouvait lui convenir, usé qu'il était par le ministère précédent, qui n'avait rien obtenu en échange des sacrifices immenses, irréparables, arrachés à sa pusillanimité,

---

1. Voir plus bas, page 177, note 2, le texte de cette phrase.

ou même proposés par elle. Aux yeux de tous les hommes sensés, le gouvernement devait annoncer la résolution qu'il avait prise de se placer au-dessus des exigences dont on prétendait le fatiguer; mais peut-être la forme de menace adoptée pour atteindre ce but avait-elle à la fois de l'inconvenance et des inconvénients. Je conserve à cet égard l'opinion que j'exprimai dans le Conseil, sans qu'il m'ait été possible de la faire prévaloir.

Les députés arrivaient à Paris. Leurs propos, leur contenance à l'égard des ministres, ne nous laissaient aucun doute sur la direction qui serait donnée à la session. Ceux de la droite étaient favorablement disposés; mais les plus modérés, même parmi ceux de la gauche, ne firent pas aux ministres les visites d'usage, et déclarèrent l'intention où ils étaient de s'établir en opposition ouverte et de n'entendre à aucune composition. Il n'y avait donc rien à faire que de compter; le résultat de ce calcul ne présentait aucune chance de succès : la majorité était évidemment contre le ministère qui n'aurait eu, pour la ramener à lui, que des moyens dont l'usage lui était interdit.

Les journaux ajoutaient aux embarras qui compliquaient la marche du gouvernement. Dès le mois d'octobre 1829, ils avaient provoqué des associations ayant pour objet apparent le refus de l'impôt, dans l'hypothèse où il serait établi d'une manière illégale, mais pour but réel l'organisation de la faction ennemie et le dénombrement de ses membres. Leur malveillante investigation s'étendait jusqu'aux députés dont ils signalaient les démarches et les relations, dont ils publiaient les votes en appelant sur eux l'animadversion publique, et qu'ils recherchaient sans la moindre pudeur jusque dans leur conscience même. Un tel état de choses ne pouvait être combattu que par des mesures dont l'énergie fût proportionnée à sa violence. Il était donc peu probable que, quelle que fût l'attitude que l'on prendrait devant les Chambres, on pût obtenir leur concours; il devait s'ensuivre la nécessité d'en venir à leur égard à un parti décisif. Le ministère jugea qu'il manquerait au caractère que le roi avait voulu lui imprimer et que sa propre composition indiquait, s'il débutait dans ses rapports envers les Chambres par un acte qui pût être pris pour de la faiblesse. Cette considération prévalut dans la majorité du Conseil, et la phrase qui avait provoqué des observations de la part de quelques-uns de ses membres, cette phrase qui, peu de jours après, allait devenir la cause d'une rupture ouverte entre le trône et l'une des branches du pouvoir législatif, cette phrase fut adoptée ; et, purgé des locutions étranges, des fautes de français et même d'orthographe qu'il renfermait, le discours reçut l'agrément du roi. Les copies que nous avions faites afin de nous mieux rendre compte de son ensemble et de ses détails furent déchirées avec une puérile exactitude, tant on craignait que le public n'en eût connaissance avant qu'il fût prononcé.

A la messe du Saint-Esprit qui, selon la coutume, fut célébrée la veille de la séance royale, il ne se trouva qu'un très petit nombre de députés, tous de la droite. Les banquettes des pairs n'étaient pas beaucoup plus garnies. Dans le trajet qu'il parcourut, pour se rendre à la cathédrale, le roi fut accueilli avec beaucoup de froideur.

Le lendemain[1], jour de l'ouverture, les places destinées aux membres de l'une et l'autre Chambre étaient presque toutes occupées. Jamais on n'avait remarqué moins d'absents. Les tribunes étaient également remplies, et la curiosité avait attiré une foule considérable, jusque dans les avenues du Louvre.

Le roi lut le discours avec assurance ; le ton élevé qu'il prit en arrivant à la phrase décisive[2], et l'affectation qu'il mit à appuyer sur les mots les plus saillants, indiquèrent de sa part une volonté comprise de tout le monde. A peine avait-il quitté son trône, que des colloques s'établirent entre les pairs et les députés. Comme de part et d'autre, on ne s'adressait

---

1. Le 2 mars 1830.

2. Voici cette phrase ; les mots soulignés sont ceux sur lesquels le roi appuya en les prononçant : « Pairs de France, députés des départements, *je ne doute pas de votre concours* pour opérer le bien que je veux faire. Vous repousserez avec mépris les perfides insinuations que la malveillance cherche à propager. Si de coupables manœuvres suscitaient à mon gouvernement des obstacles que je ne peux prévoir ici, *que je ne veux pas prévoir,* je trouverais la force de les surmonter dans ma résolution de maintenir la paix publique, dans la juste confiance des Français, et dans l'amour qu'ils ont toujours montré pour leur roi. »

qu'aux hommes de son opinion, le blâme ou l'éloge se prodiguaient sans distinction.

La Chambre des pairs ne fit pas attendre sa réponse, mais cette réponse était de nature à ne l'engager dans aucun sens, et ne laissait rien préjuger des dispositions de la Chambre où chaque opinion croyait avoir la majorité.

La composition du bureau de la Chambre des députés ne tarda pas à faire à chaque opinion la part des voix sur lesquelles elle pouvait compter; et elle constata pour la gauche une majorité de quarante voix; majorité compacte, sur laquelle, par les raisons qui ont été déduites, le ministère ne pouvait exercer aucune action, et qu'il lui était impossible de déranger.

La discussion de l'Adresse vint bientôt confirmer un état de choses qui n'était déjà que trop bien apprécié. Elle fut âcre, et fit connaître le plan que la faction s'était tracé. Accorder au ministère toutes les lois d'utilité générale qu'il proposerait, mais les accorder seulement après avoir fait valoir le sacrifice que la Chambre faisait de son animadversion à l'intérêt public; retrancher du budget les dépenses appliquées à des services contre lesquels on avait excité les passions populaires, comme la solde des troupes suisses, et d'une partie de la garde royale, notamment des gardes du corps, le traitement du haut clergé et celui des hauts fonctionnaires; faire des réductions, sans s'occuper de l'effet qu'elles produiraient, sur les budgets spéciaux de chaque ministère; s'entourer en un mot de cette popularité que les masses ne refusent jamais à qui flatte leurs passions et attaque le pouvoir; tel était le plan de la faction. A ces conditions, elle accordait un budget devenu sans conséquence pour elle, comme sans utilité pour le gouvernement qui n'aurait pu en faire usage : et cependant, aux yeux du peuple que la presse n'eût pas manqué de prévenir en faveur de la Chambre, la conduite des députés eût été considérée comme le résultat de la plus noble indépendance, et leur opposition comme un acte sublime de courage. Chaque député, eût-il été comblé de faveurs, eût semblé un martyr de la cause nationale; et le ministère, forcé de se retirer devant la haine publique, n'eût laissé au roi qu'une ample part dans son discrédit, et la nécessité de prendre ses ministres parmi les hommes les plus ardents de l'opposition.

Ces considérations étaient fondées de tous points; aussi déterminèrent-elles le roi et son Conseil à dissoudre la Chambre. L'inconvenance de sa réponse au discours du trône[1] fournissait un prétexte suffisant. Cette résolution fut cependant vivement combattue par M. de Guernon-Ranville qui, assez fier du succès d'une improvisation dans laquelle il avait déployé

---

1. L'Adresse contenait la phrase suivante : « la Charte... consacre, comme un droit, l'intervention du pays dans la délibération des intérêts publics. Cette intervention... fait du concours permanent des vues politiques de votre gouvernement avec les vœux de votre peuple, la condition indispensable de la marche régulière des affaires publiques. Sire, notre loyauté, notre dévouement nous condamnent à vous dire que ce concours n'existe pas. »

beaucoup de courage et témoigné un réel talent, insista pour qu'au lieu de courir les chances dangereuses d'élections nouvelles, on tentât de tirer parti d'une Chambre où la majorité dépendait d'un retour à l'opinion royaliste d'une vingtaine de voix qui lui avaient longtemps appartenu.

Ces vingt voix et bon nombre d'autres auraient, selon toute apparence, pu être ramenées par des moyens plus positifs que ceux avoués par une délicatesse méticuleuse. Nous avions le tarif des consciences : il n'était pas élevé, chacune n'étant guère estimée que ce qu'elle valait. Sur les bancs de l'opposition, parmi ces hommes désintéressés qui, pour le seul avantage du peuple, se montraient si ardents contre la légitimité, il ne manquait pas de spéculateurs qui offraient de passer le marché. Si on les avait mis en présence, on aurait sans doute obtenu du rabais. Le roi et M. le Dauphin n'attendirent pas l'opinion du Conseil pour repousser la proposition. Eût-elle été acceptée, il aurait été difficile de trouver l'argent dont on aurait eu besoin. La liste civile seule aurait offert des ressources. Embarrassée par quelques millions de dettes, que l'on s'obstinait à faire disparaître par des économies au lieu d'arriver à ce but par un emprunt avec amortissement, elle ne laissait pas disponible une somme suffisante pour l'objet dont il s'agissait. Puis le roi la considérait comme étrangère aux affaires générales. On connaissait sa susceptibilité et celle de M. le Dauphin sur ces articles. C'était à qui n'aborderait pas la question.

Un jour cependant qu'une occasion favorable se présenta, je la saisis et j'exposai le plan. « Bien, me dit M. le Dauphin, c'est très moral. — C'est au moins très utile, Monseigneur. Je ne sais d'ailleurs si la morale ne s'accommoderait pas d'un procédé qui a pour objet d'éviter d'irréparables malheurs, en ramassant, pour les combattre, des armes que nos ennemis ne laisseront point par terre. Je suis moins arrêté par le cri de ma conscience que par le défaut d'argent. — Vous avez vos budgets. Vous, par exemple, que ne sacrifiez-vous un vaisseau de ligne ? — Et les Chambres, Monseigneur ? — Vous vous arrangerez avec elles comme vous pourrez. — Je ne vois qu'un fonds qui ne soit pas soumis à leur contrôle, et auquel on puisse donner la destination dont je parle, la liste civile... — La liste civile ! s'écria le prince avec fureur. La liste civile ! mon père et moi, nous ne souffrirons jamais que les ministres en disposent. Nous ne souffrirons pas même qu'ils en prononcent le nom ! Qu'a-t-elle à faire avec vos menées ? — Nos menées, Monseigneur, ont pour objet la conservation de la couronne. C'est les bien employer que de les appliquer à son salut : la couronne perdue, la liste civile le sera aussi. — Brisons là ! je vous répète que le roi et moi ne souffrirons jamais qu'un denier de la liste civile soit à la disposition d'aucun de vous. »

La liste civile fut respectée ; mais, deux mois après cette session, le roi était sur la route de Cherbourg.

MM. de Montbel et de Chabrol inclinaient à accepter l'opinion du ministre de l'Instruction publique ; mais le roi était depuis longtemps familiarisé avec l'idée de dissoudre une Chambre à laquelle il ne pouvait pardonner l'influence qu'elle avait prise sur le ministère précédent, et, par suite, sur des déterminations qu'il se reprochait ; il trancha donc la question et déclara qu'il ne pouvait maintenir une Chambre qui se déclarait en hostilité ouverte avec un ministère qui possédait toute sa confiance. On convint néanmoins qu'il recevrait la députation chargée de lui porter l'Adresse. La réponse qu'il y fit lui appartenait en entier, sauf un membre de phrase qui, à la vérité, lui donnait une grande énergie, et qu'un de nous proposa d'ajouter. Prononcée du haut du trône, d'une voix sonore et assurée et, si je puis m'exprimer ainsi, avec une grande propriété d'expression, cette réponse produisit un effet saisissant. Ce fut un spectacle à la fois imposant et curieux que cette pompe qui entourait le trône, ce cortège nombreux de hauts fonctionnaires que le roi avait à dessein appelés près de lui, et ce groupe de députés, étonnés de l'audace avec laquelle ils avaient insulté la majesté royale et inquiets des suites que devait avoir cette démarche importante.

En se retirant, M. Royer-Collard[1], s'entretenant avec ses collègues de ce que lui avait fait éprouver la réponse du roi dit : « C'est une chose vraiment

---

1. M. Royer-Collard, comme président de la Chambre, était en tête de la délégation qui avait porté l'Adresse au roi.

grande et imposante qu'un roi sur son trône. Je n'en ai jamais été autant frappé que je le suis aujourd'hui. »

L'ordonnance de dissolution, arrêtée dans le Conseil qui s'était tenu le matin, fut immédiatement signée : le lendemain, le prince de Polignac et le comte de Chabrol en donnèrent connaissance à la Chambre des pairs. M. de Montbel et moi fûmes chargés de la notifier à la Chambre des députés, où elle fut reçue sans étonnement, et sans murmures, mais non sans un vif mécontentement[1].

Je pressai mes collègues de s'occuper immédiatement des moyens, non de préparer des élections favorables, ce que les progrès faits dans l'opinion par la faction libérale rendaient impossible, mais de prendre des mesures pour empêcher ou réprimer les mouvements qu'elle ne manquerait pas d'exciter. Ces moyens consistaient à opposer des associations royalistes aux associations formées partout dans un sens contraire; à s'assurer de l'esprit des troupes, à remplacer les commandants militaires et les chefs d'administration dont l'énergie ou la fidélité laisserait des doutes; à renforcer les garnisons de Paris et des principales villes, de manière à ôter jusqu'à la pensée d'y soulever des troubles; enfin, à réunir

---

1. *Revue de Paris*, 1ᵉʳ mai 1894, p. 154. — L'ordonnance portée à la Chambre des députés par MM. d'Haussez et de Montbel, était celle de la prorogation rendue le 19 mars. L'ordonnance de dissolution est du 16 mai. Elle ne pouvait pas avoir été portée à la Chambre qui n'était plus assemblée. Il n'y a ici, nécessairement, qu'un *lapsus calami*.

à peu de distance de la capitale, sous le prétexte de les exercer à de grandes manœuvres, sous les yeux du roi et de M. le Dauphin, les troupes qui, chaque année, formaient les camps de Saint-Omer et de Lunéville. Ces mesures n'étant qu'un moyen de comprimer la faction, j'insistai pour que l'on s'occupât d'une législation sur la presse et les élections, législation que je jugeais ne pouvoir être établie dans le principe que par des ordonnances, mais qui devait être telle, cependant, que les Chambres n'eussent plus qu'à leur donner leur sanction, lorsque la bonne fortune de la couronne en aurait réuni qui lui fussent favorables.

Le Conseil approuva cette proposition. Le président dit qu'il fallait s'en occuper, mais que des affaires plus urgentes réclamaient ses soins, et, si l'on en parla, ce ne fut que pour la lui rappeler, et recevoir toujours une même réponse.

CHAPITRE VI

Fin des préparatifs de l'expédition d'Alger. — Commandement de la flotte. — Le vice-amiral Duperré. — Le comte de Bourmont quitte le ministère pour diriger l'expédition. — Réunion de la flotte dans la rade de Toulon, et de l'armée à Toulon et dans les environs. — Le Dauphin va les passer en revue. — Son voyage dans le Midi. — Les dernières acclamations royalistes.

L'affaire d'Alger servait de prétexte à ces délais, quoiqu'elle ne dût occuper et n'occupât en effet que les ministres de la Guerre et de la Marine, dont le zèle et la complète harmonie amenaient les résultats les plus satisfaisants. On avait, dès lors, la certitude que les préparatifs seraient terminés pour le 15 mai, époque indiquée comme la plus favorable pour le départ.

L'hésitation que j'avais rencontrée chez les personnages les plus marquants de la marine avait cessé dès que la résolution de faire l'expédition avait été prise. Tous montraient une égale ardeur à me seconder, et le télégraphe, sans cesse en mouvement, portait des ordres dont l'exécution n'éprouvait ni retards, ni mauvaise volonté. Dans les ports, où l'on avait augmenté le nombre et le salaire des ouvriers, la nuit même n'interrompait pas les travaux. Les arsenaux, dont les approvisionnements avaient été complétés depuis qu'il était question de cette guerre, furent en état de fournir la totalité des objets nécessaires, à l'exception d'une centaine de câbles-chaînes que je fis acheter en Angleterre. Telle fut l'activité des armements que, dès le 15 mars, un mois après l'envoi des ordres, les ports de l'Océan avaient fait partir près de la moitié des bâtiments qui leur étaient demandés, et qu'avant la fin du mois, il ne restait plus que deux vaisseaux de ligne et trois frégates à expédier de Brest et de Lorient; encore furent-ils en état de prendre la mer à temps pour arriver à Toulon avant le départ de la flotte, et y prendre le rang qui leur était assigné.

L'importance de l'expédition la plaçait nécessairement sous les ordres d'un vice-amiral. L'âge et les infirmités de la plupart des officiers de ce grade ne pouvaient laisser le choix incertain qu'entre MM. de Rigny, Duperré et Halgan.
Le premier devait à des circonstances heureuses un avancement qui l'avait rendu dans son corps l'objet d'une envie à laquelle il convenait de ne pas donner de nouveaux et justes prétextes, en le chargeant d'une expédition dont les résultats très probables auraient encore ajouté à sa rapide et prodigieuse fortune militaire. Le roi, d'ailleurs, lui gardait

rancune du refus qu'il avait fait du portefeuille de la Marine, et il se montrait peu favorablement disposé pour lui.

Le second [1] s'était fait une brillante réputation par sa campagne dans l'Inde, une des plus glorieuses dont s'honore la marine française. C'est un homme d'action, mais qui, lent à concevoir, ne puise sa décision et son énergie que dans les événements. Hors de là, il ne se montre qu'avec des manières communes, une affectation de brusquerie, une disposition à la contrariété, une hésitation dans les idées et une pesanteur de jugement qui donnent une opinion peu avantageuse de son caractère et de ses talents.

Quoique bon et brave officier, l'amiral Halgan devait son avancement à ses talents comme administrateur, plus qu'à ses services militaires.

Je crus devoir accorder la préférence à l'amiral Duperré, en raison de ce que, malgré les apparences, il valait réellement, et de l'assentiment que ce choix rencontrerait dans la marine. Je le proposai donc au

---

1. Victor-Guy Duperré, né à la Rochelle en 1775 ; après s'être signalé dans de nombreux combats contre les Anglais, fut en 1811 fait contre-amiral et baron. Lors de la guerre d'Espagne, en 1823, il bloqua et bombarda Cadix. Conduisant notre flotte en 1830, il contribua puissamment à la prise d'Alger. Il fut fait amiral, pair de France, et occupa plusieurs fois le ministère de la Marine. Il mourut en 1844. Suivant M. Boullée, « M. d'Haussez céda aux instances réitérées du général de Bourmont, en appelant au commandement de la flotte le vice-amiral Duperré, officier heureux et d'un mérite reconnu, mais d'une humeur impérieuse et tracassière. » (*Histoire de France pendant la dernière année de la Restauration*, tome I, page 129.)

roi, qui l'agréa, et je lui transmis, par le télégraphe, l'ordre de se rendre immédiatement à Paris. Là commencèrent à se manifester l'inconvenance et la singularité de ses formes. Sa réponse, qui se fit attendre huit jours, ne me fut apportée que par lui. Satisfait intérieurement de la distinction dont il était l'objet, il sembla n'obéir qu'à regret. Bientôt vinrent les indécisions, les doutes sur la possibilité d'être en mesure pour l'époque voulue. Ces doutes, exprimés sans ménagements, renouvelèrent l'opposition que j'avais fait cesser. Ils frappèrent même l'esprit de M. le Dauphin, qui, tout en désirant le succès, n'était pas fâché, dans le fond, qu'il rencontrât, dans l'exécution, des obstacles propres à justifier la constante improbation qu'il avait exprimée sur l'expédition. Tout ce qui approchait le prince lui parlait dans le même sens, et il ne manquait pas d'encourager ce genre assez étrange de flatterie, par le soin qu'il prenait de choisir, pour me faire part de ses doutes, le moment où il pouvait être entendu de plus de monde. Une telle manière d'agir surprenait tous ceux qui ne connaissaient pas la jalousie prononcée que lui inspirait contre la marine sa préférence pour l'armée de terre, et les dispositions peu favorables que lui donnaient à mon égard je ne sais quelles préventions dont je n'ai jamais pu découvrir la source, et la franchise avec laquelle je prenais contre lui la défense du département qui m'était confié.

L'accroissement d'embarras qui résultait pour moi

de ces contrariétés, loin de me décourager, ajoutait à mon zèle. Je commençai par me délivrer de l'auteur de ces incommodes caquetages, en donnant à l'amiral Duperré l'ordre de partir sans délai pour Toulon ; je ne me laissai pas arrêter par l'assurance qu'il me donnait que le départ de la flotte ne pouvait avoir lieu avant le 15 juin ; que le débarquement ne s'effectuerait que dans les premiers jours de juillet, et qu'il durerait un mois ; qu'ainsi sa présence à Toulon était inutile. J'insistai ; il partit. Les événements firent bonne et prompte justice de ses sinistres pronostics et des doutes de M. le Dauphin.

Le 28 avril, j'annonçai au roi que dix vaisseaux, vingt-trois frégates et soixante-dix bâtiments de guerre de moindre force étaient réunis dans le port de Toulon, et que l'on n'attendait plus que deux vaisseaux de ligne et deux frégates, dont on pourrait se passer si leur arrivée tardait trop ; que cinq cents bâtiments de transport, rendus nécessaires par les exigences sans cesse croissantes du département de la guerre, étaient également réunis dans les ports de Toulon et de Marseille ; que je venais, en outre, de faire construire soixante bateaux plats, destinés au débarquement des hommes, des chevaux et de l'artillerie de campagne ; que j'avais affrété cent cinquante bateaux servant au cabotage de la Méditerranée, que leur forme permettait d'affecter au débarquement, et que le personnel de cet immense armement était aux postes qui lui avaient été assignés; qu'ainsi j'avais rempli mes engagements, en devançant même l'époque de quinze jours. Ce fut ma seule réponse aux doutes qui s'étaient élevés, ma seule vengeance des contrariétés de tous genres que j'avais éprouvées. Ce fut aussi ma seule récompense.

Le comte de Bourmont avait, de son côté, imprimé une grande activité aux préparatifs qu'il faisait, et qui avaient reçu bien plus de développements, depuis qu'il avait acquis la certitude que le commandement de l'expédition lui serait confié.

Ce commandement était vivement sollicité par le duc de Raguse qui n'épargna ni démarches, ni prières pour l'obtenir. Il m'avait souvent entretenu de l'expédition et des moyens de la faire réussir; et je dois déclarer que ses vues me parurent fort justes et que je mis à profit toutes celles qui pouvaient s'appliquer à la marine. Je regarde comme un devoir d'ajouter que, sans les rendre moins pressantes, M. le duc de Raguse savait donner à ses démarches la dignité qui convenait à sa position.

M. le Dauphin, à qui il s'était adressé, l'avait renvoyé au roi qui semblait vouloir laisser à son fils la désignation du chef de l'expédition. Le prince s'en défendit longtemps, et finit par proposer trois officiers généraux, en déclarant au roi qu'il ne lui laisserait pas même soupçonner ses préférences, l'ordre dans lequel il les présentait étant l'ordre indiqué par le grade de l'ancienneté. C'étaient: le maréchal, duc de Raguse, le général Clausel [1] et le comte de Bourmont.

Nous n'aurions pas été surpris en apprenant que M. le Dauphin, qui affectait de mettre de côté les antécédents politiques, ait songé à confier un poste aussi important au général Clausel ; mais nous n'aurions pas cru qu'il portât l'oubli du passé, et l'on pourrait dire l'abnégation des convenances, au point de mettre en évidence un officier connu pour être un des antagonistes les plus prononcés de la monarchie, et dont la conduite à l'égard de madame la Dauphine avait été si révoltante. Notre étonnement fut remarqué du prince, qui déclara qu'il s'y attendait, mais qu'il n'en avait pas moins passé outre. Le roi nous dit en riant, avec cet à-propos qui lui est particulier : « Mon fils savait que j'étais là. »

Nous apprîmes le lendemain que le commandement était donné au comte de Bourmont. Tout en applaudissant à ce choix, nous regrettions cependant de nous voir privés des conseils et de la coopération du ministre de la Guerre dans des circonstances où il était aisé de prévoir qu'ils nous seraient bientôt utiles. Pendant son absence, le portefeuille de la

1. Bertrand Clausel, né en 1772, mort en 1842. Engagé volontaire en 1791, fut en 1799 nommé général de brigade et général de division en 1802. S'illustra dans plusieurs affaires. Sous la première restauration, il fut nommé inspecteur général de l'infanterie, se rallia en 1815 à Napoléon, qui lui donna le commandement de la 11e division militaire et força madame la duchesse d'Angoulême à quitter Bordeaux. Après les Cent Jours, il passa en Amérique. En 1820, une ordonnance royale l'amnistia. En 1831, il obtint le bâton de maréchal. Fut gouverneur général de l'Algérie en 1835.

Guerre devait être confié au président du Conseil, qui semblait avoir du temps et du talent pour tout.

La temporisation du prince de Polignac, en ce qui concernait les mesures réclamées par la situation grave où se trouvait la monarchie, donnait lieu dans le Conseil à de fréquentes observations. Le roi lui-même en témoignait de l'impatience ; mais toujours cette phrase : « Nous y songerons, Sire: nous pensons à tout, tout viendra à temps », mettait un terme à la discussion. Lorsqu'elle se reproduisait dans le Conseil, on y répondait par des vues bizarres, plus propres à effrayer qu'à rassurer ceux de nous qui insistaient sur la nécessité de ne pas se laisser surprendre par les événements. Plusieurs fois MM. de Chabrol et de Courvoisier avaient annoncé l'intention de sortir d'un ministère où leurs vues, partagées sur quelques points par plusieurs de leurs collègues, étaient en opposition avec celles du ministre dirigeant. Ils s'en expliquèrent très nettement dans un conseil tenu à la marine, à l'occasion du projet que l'on soupçonnait au prince de Polignac de donner un portefeuille à M. de Peyronnet.

Le caractère de l'ancien garde des Sceaux ne convenait pas plus aux membres du Conseil qu'à la magistrature qui l'avait repoussé, et à l'opinion que l'on avait, à tort ou à raison, excitée contre lui. M. de Montbel s'en expliqua avec autant de chaleur que MM. de Chabrol et de Courvoisier, et, sans partager la prévention dont le collègue qu'on voulait nous donner était l'objet, j'exprimai le peu de disposition que j'avais à rester dans un ministère dont il ferait partie. Le président s'arrêta en présence de la difficulté de recomposer tout un ministère. L'*Almanach royal* ne lui fournissait plus de noms tels qu'il les aurait voulus. Force lui fut de suspendre l'exécution de son projet ou d'accéder à la proposition, à la demande même, que nous faisions de rappeler M. de Villèle, moins impopulaire et plus réellement homme d'État que M. de Peyronnet.

Cela n'entrait pas dans les combinaisons du prince de Polignac, qui redoutait le retour d'un homme d'État dont la capacité ne tarderait pas à triompher des préventions suscitées contre lui dans l'opinion publique, et à lui rendre, dans l'esprit et l'affection du roi, la place qu'il y avait longtemps occupée. Il fut donc convenu que les choses resteraient dans l'état où elles se trouvaient ; et, en effet, pendant quelque temps, on ne parla plus de changements ; mais, à la réserve que le président apportait dans ses rapports avec le Conseil, à l'air embarrassé du roi à notre égard, nous jugions que le mouvement projeté n'était qu'ajourné.

La réunion de la flotte dans la rade de Toulon, celle de l'armée de terre, dans les environs de cette ville, d'Aix et de Marseille, annonçaient le départ très prochain de l'expédition. Il fut convenu que M. le Dauphin passerait en revue les deux armées ; qu'il s'arrêterait dans toutes les villes importantes qu'il traverserait ; que je le précéderais de quelques jours, afin d'étudier l'esprit des localités, et que je lui laisserais des notes destinées à le diriger. J'avais obtenu du roi l'autorisation de visiter les départements de l'Isère et du Gard que j'avais administrés et où m'appelait l'espoir de raviver l'opinion royaliste, non moins que le désir de revoir les nombreux amis que j'y avais laissés. Le voyage s'exécuta de tous points comme il avait été arrêté. Je précédais le prince et je lui laissais, dans tous les lieux où il devait s'arrêter, des renseignements sur l'esprit public et les moyens de se le concilier, sur les hommes influents et les démarches qu'il devait faire près d'eux. Ces précautions n'eurent qu'un faible succès : les royalistes furent à peu près les seuls qui vinrent saluer le prince. L'absence des libéraux affirmait que la résolution de se séparer du roi était prise d'une manière absolue, et que rien ne pouvait la faire changer. J'éprouvai les mêmes impressions dans l'Isère et dans le Gard. Les royalistes et le peuple, dont à cette époque l'esprit n'avait pas encore été travaillé, me reçurent avec une sorte d'enthousiasme. Les libéraux, sans égard pour l'impartialité qui, de leur aveu, avait caractérisé mon administration, et pour les services que j'avais rendus à ceux qui les avaient réclamés, m'évitaient avec l'affectation la plus significative.

M. le Dauphin arriva le 3 mai à Marseille ; il y fit son entrée à cheval, ayant à ses côtés le ministre de la Guerre et moi. Les marques les plus vives de l'enthousiasme et de l'affection lui furent prodiguées. Partout où il paraissait, c'était une affluence à laquelle les rues, les fenêtres, les toits même ne suffisaient pas, et des cris, des larmes de joie, des drapeaux que l'on agitait !... La population était littéralement dans un état d'ivresse et de folie... et deux mois après !... N'anticipons pas sur de funestes événements. Arrêtons-nous sur les dernières preuves d'attachement qui aient été données à la monarchie.

A son entrée à Marseille, je fis remarquer à M. le Dauphin l'énergie des acclamations dont il était l'objet: « Je le vois comme vous, me dit-il, mais je doute qu'il y ait beaucoup d'électeurs parmi ceux qui m'accueillent si bien ». Mot plein de sens et de vérité, et dont on put apprécier la justesse peu de jours après.

Le lendemain, le prince visita le lazaret nouvellement construit dans l'île de Pomègue, et à son retour il voulut monter sur un des bâtiments de l'expédition qui remplissaient le port. Les habitants montrèrent un empressement égal à celui de la veille. Les quais, les maisons, les ponts et jusqu'aux vergues des navires, tout était couvert d'une population animée de sentiments qui semblaient avoir conservé l'exaltation inspirée par les premiers moments de la Restauration.

Dans la nuit suivante, je partis pour Toulon, où je précédai le prince de quelques heures.

L'accueil qui l'attendait dans cette ville fut moins chaleureux que celui qu'il avait reçu des habitants de Marseille. On attribua, avec assez de raison, cette froideur du peuple au refus du Dauphin de faire son entrée à cheval. Les princes ne devraient jamais perdre de vue que le peuple est avide de spectacles, et que leur présence en étant un, il tient compte en bien ou en mal, du plus ou moins de pompe dont on l'entoure. C'est ce que je m'étais vainement efforcé de persuader à M. le Dauphin ; il put reconnaître l'exactitude d'une observation plus applicable encore à lui qu'à tout autre, aux acclamations que sa présence excita, lorsque, le surlendemain, il sortit à cheval pour se rendre sur le terrain où il devait passer la revue de la première division de l'armée d'expédition.

La revue de la flotte était fixée au 5 mai. A son entrée dans la rade, le prince fut frappé du magnifique aspect qu'elle présentait. Cent bâtiments de guerre, tous pavoisés et disposés dans un ordre admirable, entre lesquels circulaient des milliers de barques, occupaient le centre de cet immense tableau dont le cadre était formé par des collines couvertes d'une innombrable population. M. le Dauphin monta à bord de *la Provence*, vaisseau amiral. Il se rendit ensuite au polygone, où l'on fit exécuter un simulacre de débarquement qui lui donna une idée exacte des moyens que la marine comptait employer dans cette opération; il rentra dans la ville, visita les principaux établissements maritimes, et repartit le lendemain après avoir passé en revue, ou, pour mieux dire, après avoir vu défiler, sur un terrain incommode, la division commandée par le général

Berthezène. Là encore, il rencontra cet enthousiasme qui pouvait lui faire croire qu'en France tous les cœurs n'étaient pas fermés aux sentiments monarchiques. Malheureusement, il mettait une sorte d'affectation à ne faire aucun cas de ces démonstrations. On le savait, et l'on ne cherchait pas assez à les multiplier autour de lui ; il en résultait une extrême tiédeur dans les seuls rapports que le peuple puisse avoir avec ses souverains. A son retour à Lyon, cependant, la population lui donna encore des marques satisfaisantes de ses sentiments. Ce furent, hélas ! les dernières acclamations dont on salua les Bourbons !

Je me serais moins étendu sur des détails qui peuvent paraître étrangers au sujet que je traite, s'ils ne tiraient une singulière importance des événements postérieurs. Il est essentiel, en effet, de remarquer que les royalistes avaient conservé tout leur dévouement, et que les libéraux avaient senti le besoin de ne pas communiquer au peuple des impressions dont la manifestation indiscrète aurait pu donner l'éveil sur les projets qui allaient éclater. On était bien assuré de le trouver disposé à répondre sans y avoir été préparé, à l'appel de l'opposition.

Le peuple est toujours peuple. Seul, quoi qu'on en ait dit, il ne donne pas sa démission. Son instinct le pousse partout où il y a du désordre, parce que là seulement il peut satisfaire ses passions du moment, et croit trouver une chance d'améliorer son avenir.

En 1789 comme en 1830, un jour a suffi pour lui mettre les armes à la main ; on sait quel long et cruel usage il en fit à la première époque. Qui peut prévoir quand et comment il les déposera?

CHAPITRE VII

Remaniement du ministère. — Les nouveaux ministres : M. de Chanteleauze; M. de Peyronnet; le baron Capelle; le comte Beugnot. — Suite de l'expédition d'Alger. — Prise d'Alger. — Indifférence de la population à ce grand succès. — Élections hostiles au gouvernement.

J'avais précédé M. le Dauphin à Lyon. A l'empressement que je le vis mettre à ouvrir des dépêches de Paris, et à y répondre par le télégraphe, à quelques mots qu'il me dit, je jugeai qu'une affaire importante se tramait; il semblait impatient de me mettre dans sa confidence et, après dîner, il me donna à lire une lettre dans laquelle le roi le consultait sur le parti qu'il paraissait cependant avoir à peu près adopté, de remplacer deux de ses ministres par M. de Peyronnet et par un autre dont le choix n'était pas encore déterminé. « Monseigneur croit-il, lui demandai-je, que le roi n'ait à s'occuper que du choix de deux ministres ? — Sans doute. — Je prévois une troisième retraite. — Bah ! celle-ci n'aura pas lieu. Voulez-vous en savoir la raison ? C'est que l'expédition d'Alger n'est pas faite, et que celui qui l'a préparée ne voudra pas laisser à un autre la part qui doit lui en revenir. Ai-je deviné? — Votre Altesse a trouvé le seul motif qui pourrait contrarier ma résolution de me retirer en même temps que des collègues dont je partage, en grande partie, la manière de voir, et de ne me pas placer dans une position équivoque en siégeant avec un homme dont j'apprécie le dévouement plus que la sagesse de ses vues politiques. »

A mon retour à Paris, je reçus la confirmation de la nouvelle annoncée par le prince. MM. de Courvoisier et de Chabrol m'apprirent qu'on ne négligeait rien pour leur faire comprendre que leurs services n'étaient plus jugés utiles; que, de leur côté, ils s'étaient expliqués assez nettement pour que le roi n'hésitât pas plus longtemps à prendre un parti. Le mouvement ministériel ne pouvait donc tarder, on l'attendait sous peu de jours.

La considération que M. le Dauphin avait, avec beaucoup de raison, jugé devoir m'empêcher de suivre l'exemple de mes deux collègues, existait; mais elle n'était pas tellement puissante que je ne fusse disposé à en faire le sacrifice, si je reconnaissais que l'on eût amené le roi à désirer mon éloignement. Son accueil plus affectueux que de coutume, l'expression du prix qu'il mettait à la continuation de mes services, ne me laissèrent aucun doute sur son désir de me conserver, et je ne songeai plus à me retirer. Sous divers prétextes, on cessa d'assembler le Conseil, dans le but, sans doute, de faire connaître aux deux ministres dissidents que leur éloignement ne pouvait être différé davantage. Décidés à sortir du Conseil, ils voulaient cependant qu'on leur en donnât l'ordre. Le prince de Polignac leur fit enfin des ouvertures qui leur parurent suffisantes pour motiver l'offre de leur démission. Le roi la reçut avec les marques d'un regret sincère ; car il appréciait leurs lumières et leur dévouement, et leur rendait affection pour affection.

M. de Chabrol avait reçu, à sa première retraite du ministère, tout ce qu'il pouvait espérer. Par une exception d'autant plus honorable qu'elle était fort rare, la pension de M. de Courvoisier fut portée à vingt mille francs.

Le comte de Peyronnet rentrait au Conseil, mais la magistrature judiciaire avait montré trop d'éloignement à son égard pour que les Sceaux pussent lui être confiés de nouveau, il le sentit et il demanda le portefeuille de l'Intérieur. On était assez embarrassé d'en dépouiller M. de Montbel, qui y faisait bien et devait y faire beaucoup mieux lorsqu'il se serait familiarisé avec les affaires qu'il avait à traiter. On entra en négociation avec lui ; mais on le trouva d'autant moins disposé à transiger, qu'il voyait avec peine M. de Peyronnet rentrer au Conseil au préjudice de M. de Villèle, son compatriote et son ami, qu'il avait vainement tenté de faire rappeler ; il déclara donc qu'il cédait son portefeuille, mais sans vouloir en accepter un autre. L'éloquence de M. de Polignac ne put faire changer une résolution réfléchie, résultant de la fatigue des affaires et d'une trop juste prévision, autant que d'un sentiment de dignité et de mécontentement causé par l'étrange prétention de celui qui voulait lui succéder. Le roi intervint; M. de Montbel persista, et motiva sa conduite sur le tort qu'il se ferait en promenant de ministère en ministère une capacité qui, à force de s'appliquer à tout, serait considérée comme étant de nature à ne pouvoir être utilement employée à quoi que ce fût; il refusa donc très positivement. La retraite d'un homme aussi généralement estimé, d'un royaliste aussi éprouvé que M. de Montbel, allait ajouter encore à l'impopularité de M. de Peyronnet et au très fâcheux effet que l'on prévoyait de son retour aux affaires.

On voulut prévenir cet inconvénient, le roi insista de nouveau, et dans des termes si pressants auprès du ministre de l'Intérieur, qu'il le décida à passer au ministère des Finances, mais avec la condition qu'il lui serait permis de déclarer que c'était contre son gré, et uniquement pour obéir aux ordres du roi, qu'il se prêtait à cet arrangement.

Les amis de M. de Montbel furent tous convaincus de la sincérité de ses intentions, et lui tinrent grand compte de l'abnégation qu'il avait faite de son juste mécontentement et de son désir de profiter, pour s'éloigner des affaires, de l'occasion honorable qui s'était présentée.

On avait pensé à M. de Chanteleauze[1], député et récemment nommé premier président à la Cour royale de Grenoble, pour remplacer M. de Courvoisier ; il était d'une étoffe un peu légère pour en faire un garde des Sceaux, et M. de Ranville trouvait, avec assez de raison, que la simarre devait lui aller aussi bien qu'à ce magistrat, moins ancien que lui dans les hautes dignités judiciaires, sortant comme lui de la Cour royale de Grenoble, et n'ayant d'autre titre à une préférence que celui d'avoir siégé, sans un grand éclat, sur les bancs du centre droit de la Chambre des députés. On feignit de ne pas remarquer son mécontentement, et M. de Chanteleauze fut nommé. On vit arriver au Conseil un homme petit, chétif, malingre, sans dignité dans les manières, sans représentation, sans rien enfin qui suppléât le moins du monde à l'absence absolue d'une position politique. Le début du nouveau venu, soit dans les visites qu'il fit à ses collègues, soit au Conseil, ne prévint pas en sa faveur, il annonçait avec assurance des plans qui devaient

---

[1]. Chanteleauze (Jean-Claude-Balthazar-Victor de), né à Montbrison en 1787, mort en 1859.

Entra dans la magistrature. Substitut à Montbrison en 1811, devint en 1815 avocat général près la cour de Lyon, en 1826 procureur général à Douai, puis à Riom ; en 1829 premier président de la cour de Grenoble. Élu à la députation par le département de la Loire en 1828. Il n'accepta pas, en 1829, le portefeuille de l'instruction publique. Ministre de la justice en 1830, il signa les ordonnances. Arrêté près de Tours, condamné dans le procès des ministres à la prison perpétuelle. Une décision royale en date du 17 octobre 1836 l'autorisa à résider sur parole dans le département de la Loire.

arrêter les progrès du mal dont était atteinte la monarchie, faire rétrograder la révolution et rendre au roi la plénitude de son pouvoir. On est peu disposé à accorder confiance aux gens qui se présentent comme ayant plus de talent qu'on ne s'en reconnaît à soi-même. Nous accueillîmes donc assez froidement M. de Chanteleauze jusqu'au moment où, faisant le sacrifice de celles de ses prétentions qu'il avait exagérées, et développant des connaissances et un talent de parole jusqu'alors ignorés, on n'eut plus qu'à réprimer la chaleur souvent peu réfléchie d'un dévouement de province, toujours porté à l'extrême, faute de connaître la situation de l'opinion dans la capitale, et de peur de rester en deçà du but qu'il se propose d'atteindre. Chez M. de Chanteleauze, ce travers n'aurait pas duré. Malheureusement, tandis qu'il était dans toute sa force il est survenu des événements auxquels il semblait être un remède. On prit au sérieux ce que, dans des circonstances plus calmes, on aurait considéré comme de la folie, et de grands, d'irréparables malheurs s'en sont suivis.

Après avoir défait des ministres, on voulait faire aussi un ministère. On se rappela une proposition que j'avais faite et développée : celle de créer sous le titre « Travaux généraux » un ministère dont les attributions réuniraient la direction générale des Ponts et Chaussées, la direction des Beaux-Arts, l'Agriculture, les Haras et le Commerce. On obtenait ainsi un partage à peu près égal des travaux et du budget du ministère, beaucoup trop surchargé, de l'Intérieur. Une ordonnance royale créa donc ce ministère, mais, grâce à l'interprétation que M. de Peyronnet lui fit donner, la direction générale des Ponts et Chaussées composa seule le nouveau ministère auquel on appela le baron Capelle, une de ces nullités en crédit qui ont le secret de trouver place partout, quoique n'étant effectivement propres à rien.

M. Capelle[1] avait passé par plusieurs préfectures en Italie quand l'abbé de Montesquiou, lors de la Restauration, l'attacha en qualité de chef de division au ministère de l'Intérieur, où, constamment maintenu, il n'a pas cessé de faire prévaloir les idées les plus fausses en affaires, les jugements les plus bizarres sur les hommes. C'est à lui que l'on est en grande

---

1. Guillaume-Antoine-Benoit, baron Capelle, naquit le 9 septembre 1775 à Salles-Curan (Aveyron); il appartenait à une famille connue dans la magistrature. Partageant des illusions bien générales alors, il accueillit avec joie les débuts de la Révolution, et assista comme garde national à la fête de la Fédération. Lieutenant de grenadiers dans le deuxième bataillon des Pyrénées-Orientales en 1794, et accusé de fédéralisme, il fut destitué. Après le 18 brumaire, recommandé à Chaptal, ministre de l'intérieur, il fut nommé secrétaire général du département des Alpes-Maritimes, puis de celui de la Stura et enfin préfet du département de la Méditerranée à Livourne. Ce département touchait aux États de la princesse de Lucques, Elisa, sœur de Napoléon, très jalouse de ses droits. Capelle, trouva le moyen de se concilier la bienveillance de la princesse sans rien sacrifier de ses devoirs d'administrateur; mais l'Empereur trouva bon d'envoyer Capelle à la préfecture du Léman. « Accueilli d'abord avec quelque méfiance, on ne tarda pas à le reconnaître, dit Durosoir dans la *Biographie universelle*, comme un administrateur aussi habile que bienveillant. » En 1813, Genève se rendit aux alliés. La défense de cette ville appartenait seulement au général qui la commandait. On attribua à Capelle une responsabilité qu'il ne pouvait avoir. L'Empereur, faisant tomber sur lui son mécontentement, voulut qu'il fût mis en jugement, et, quoique reconnu innocent, bien contre le gré de Napoléon, il eut à subir

partie redevable des bévues du trop long ministère de M. de Corbières, du discrédit de l'administration, du découragement des administrateurs, et de tous les maux qui furent la suite de ce déplorable système. Spécialement chargé des élections, il y apportait une de ces confiances maladroites qui perdent si sûrement les affaires dans lesquelles elles interviennent. Le mauvais succès des élections de 1827, dont il avait garanti la réussite, fit enfin ouvrir les yeux sur son compte. On jugea qu'étant donnée la nécessité de l'employer, mieux valait circonscrire dans une préfecture le mal qu'il était destiné à faire. On l'envoya à Versailles, où le roi, dont il avait su, depuis long-

---

une captivité qui ne cessa qu'à la Restauration. Louis XVIII le nomma préfet de l'Ain. Au retour de l'île d'Elbe, il rejoignit, à Lons-le-Saulnier, Ney en marche alors contre son ancien maître. Le maréchal, ayant oublié ses serments, voulut peu après entraîner Capelle dans sa défection ; mais Capelle repoussa de pareilles propositions, rejoignit Louis XVIII à Gand, et fut admis au conseil du roi. A la seconde Restauration, il fut nommé préfet du Doubs et, en 1822, secrétaire général au ministère de la justice; puis, après avoir été secrétaire général de M. de Corbières jusqu'à la chute de son ministère, il fut appelé à la préfecture de Seine-et-Oise. En 1830 un nouveau département fut créé, celui des travaux publics; il fut confié à Capelle. Signataire des ordonnances, lors de la révolution de Juillet, il réussit à quitter la France. Il put y rentrer en 1836 et mourut à Montpellier en 1843. Le portrait que M. d'Haussez trace de son collègue n'est pas flatté. La courte note qui précède a pu en modifier quelques traits. Nous y ajouterons ces lignes empruntées à *la Biographie universelle* dont l'article semble fort impartial : « Capelle passait pour avoir souvent exercé une habile influence dans les collèges électoraux et, sans être orateur, savait exposer clairement à la tribune les affaires politiques. » Mais, M. d'Haussez l'a dit, il avait un esprit de contradiction prompt à se manifester, et l'autoritaire ministre de la marine n'aimait pas la contradiction, ce qui peut expliquer le peu de sympathie avec laquelle il parle de son collègue.

temps, gagner et conserver la confiance, le vit
arriver avec plaisir. Le prince de Polignac, qui laissait rarement échapper l'occasion de faire une sottise, appela M. Capelle au ministère des Travaux Publics, en se promettant bien de recourir, dans ses embarras, à une capacité universelle. Notre nouveau collègue apportait au Conseil une habitude de la parole plutôt qu'un talent de discussion, des idées fausses exprimées d'une manière commune et prolixe, un esprit de contradiction prompt à se manifester au moindre prétexte.

M. de Peyronnet[1] rentrait au Conseil avec cette confiance en lui-même, cette persuasion de l'effet que sa seule présence devait produire, cette attitude de matamore, ce caractère gascon appliqué au XIXe siècle, qui, plus que ses qualités et ses défauts, lui ont fait quelques prôneurs et tant d'ennemis. Bien fait, bien tourné, d'une figure agréable, il dut à ces avantages des succès de société, la certitude qu'il pouvait prétendre à tout, et que, par anticipation, il devait prendre les airs de la position à laquelle il voulait arriver.

Ainsi, simple avocat à Bordeaux, il faisait faire antichambre aux plaideurs qui venaient le consulter; président d'un tribunal de première instance, il affectait la dignité d'un chancelier, et, devenu ministre, il tranchait du grand seigneur. Tout cela était assaisonné d'une certaine pose de spadassin,

1. Voir la note XII à la fin du volume.

d'histoires de duels et de bonnes fortunes qui n'allaient pas trop avec la gravité de la simarre, et d'un tour d'esprit et de locutions qui rappelaient sans cesse l'avocat. Dans l'ensemble cependant, ce n'est pas un homme d'un mérite ordinaire : son style est assez énergique ; à la tribune, il a de la faconde et ne quitte jamais un air de dédain et de supériorité, qui impose jusqu'au moment où il offense, ce qui arrive vite et gravement.

Dans le Conseil, il montre moins de précision ; il procède par de longues phrases bien creuses, mais bien sonores, par des opinions mal arrêtées qui lui laissent la faculté de prendre dans les idées des autres ce qui lui convient, tout en en faisant la critique, et de s'en attribuer la propriété comme si elle ne pouvait pas lui être contestée. Personne ne connaît et n'exploite même mieux que lui la réserve que les gens bien élevés mettent toujours à réclamer la propriété des idées émises par eux, et dont les autres s'emparent. C'est un de ses principaux moyens de succès.

En arrivant au Conseil, il semblait devoir, comme Hector, traîner les dieux après lui. On eût pu croire que lui seul manquait pour entamer le combat et assurer la victoire. Il fallait le voir dans sa pose habituelle, étendu dans un fauteuil, le menton appuyé sur la main gauche, balançant une de ses jambes croisée sur l'autre. Parlait-on des élections : « Bah ! » et il hochait la tête. Indiquait-on la crainte de quelque perturbation dans l'État : « Ce ne sera rien. » Et sa jambe prenait un mouvement plus accéléré ; s'inquiétait-on des Chambres : « Ces Chambres ! » et il haussait les épaules. Quand cette série de sujets était épuisée, il changeait d'attitude, s'asseyait carrément, posait ses mains sur ses genoux, résumait la question, ayant le soin de ne rien dire de positif, terminait par un amphigouri prononcé d'un ton décisif, et se taisait. Enfin !

Et pourtant cette tête-là n'est pas absolument vide, car il y a de l'ordre, de la volonté, de la détermination, de la générosité; il y a aussi des connaissances acquises et du talent pour les servir. Malheureusement, on y eût cherché en vain la réflexion ; et l'absence complète de cette qualité, qui n'est remplacée que par une excessive vanité, a donné à toute la carrière politique de M. de Peyronnet un caractère aventureux qui a porté le plus grand préjudice à lui, aux hommes qui lui étaient associés, aux affaires dans lesquelles il est intervenu. Sa rentrée au ministère a donc contribué à amener la perte de la monarchie, parce qu'elle a fourni un prétexte spécieux aux déclamations dirigées contre le gouvernement, et donné, en quelque sorte, un corps aux reproches vagues qui lui étaient adressés. Elle a été considérée comme une expression de dédain pour l'opinion publique, comme une déclaration de guerre à la nation. On s'en est fait un moyen d'alarmes auprès d'une foule de gens restés neutres entre le gouvernement et ses adversaires, et qui ont cru seulement alors comprendre le sujet de leur querelle. Elle a merveilleusement servi les projets des ennemis du Roi ; projets depuis longtemps arrêtés, en voie complète d'exécution, mais dont le développement final était suspendu, faute d'une provocation que cette fatale mesure a amenée. Dès qu'elle a été connue, l'agression a pris une direction positive et ne s'est plus arrêtée. Sa violence ajoutait à sa force, par la confiance qu'elle donnait à ses partisans, par la fureur qu'elle portait dans les rangs libéraux, désormais grossis de tout ce qui jusque-là, avait flotté entre les deux partis.

Le côté faible de notre composition ministérielle, même depuis la modification qu'elle venait de subir, était l'éloquence de la tribune. On trouvait parmi nous de la capacité pour les affaires, de la volonté, de la détermination : mais il y manquait les moyens de défendre à la tribune des actes qui, par la nature des circonstances dont ils seraient le produit, auraient besoin d'être puissamment soutenus. Notre seconde ligne, les directeurs généraux n'offraient aucune ressource. Le petit nombre d'orateurs que renfermait le Conseil d'État, usés par l'emploi contradictoire que l'on avait fait de leur éloquence, ne nous aurait été d'aucune utilité. Le besoin de renforcer notre faiblesse se faisait donc sentir, il devenait impérieux à l'approche d'une session dont les résultats devaient être décisifs, quoique nous sussions bien que ce serait en dehors des Chambres que la question se trancherait.

On jeta les yeux sur M. Beugnot, à qui sa récente promotion à la pairie semblait avoir donné le courage d'exprimer le dévouement qu'il cachait au fond de son cœur pour la cause royaliste. On pensa qu'une place commode et honorable où y il aurait plus de phrases à faire et d'émoluments à toucher que d'occasions de se compromettre, conviendrait à son caractère. On lui conféra la présidence du bureau du Commerce, mais il n'eut pas le temps de donner un démenti aux espérances invraisemblables qu'on avait fondées sur son concours. Les événements le surprirent peu de jours après son installation. Long et flexible roseau fixé sur un sol monarchique, mais que le moindre orage inclinait vers l'anarchie, le despotisme, tout ce qui fait peur, il n'abandonna pas ses antécédents, se ploya pour laisser passer la tempête ; puis se releva avec précaution, regardant à gauche, à droite, et lorsqu'il crut le danger éloigné, reprit ses habitudes de causeries et de souplesse, se souciant peu de ce qui avait disparu, cherchant à deviner ce qui viendrait après ; tel enfin qu'il s'était montré jusque-là : homme d'esprit, de calcul et de peur [1].

Le ministère, ne rencontrant dans l'ordre légal tel qu'on l'avait créé, dans les lois qui n'étaient qu'un commencement de désorganisation, dans la jurisprudence des tribunaux, aucune ressource pour arrêter le mal, n'eut plus à s'occuper que des moyens de trouver en dehors de ces lois et, puisqu'on y était

---

1. Voir pages 9, 126 et 143 du tome I.

contraint, sans le concours des tribunaux, un remède dont l'énergie sauvât à la fois la monarchie et ceux-mêmes qui l'avaient compromise.

Tandis que cette question vitale appelait les méditations du ministère, l'expédition d'Alger se poursuivait avec succès.

Ainsi qu'on l'a vu plus haut, dès le 1er mai, la flotte, prête à appareiller, n'attendait plus que l'embarquement des troupes et de la portion du matériel dont l'arrivée avait éprouvé des retards. Tout avait été disposé avec un ordre tel, que rarement les objets étaient déposés sur les quais. Presque toujours ils passaient immédiatement des voitures de transport, sur les bâtiments destinés à les recevoir. Ces bâtiments rangés par divisions et indiqués par des flammes de couleurs différentes, portant des numéros que leur dimension permettait de reconnaître à de grandes distances, quittaient le port de Marseille dès qu'ils étaient chargés, et allaient prendre dans la rade de Toulon la place qu'ils devaient occuper dans l'ordre de marche et de débarquement.

Les troupes étaient presque toutes embarquées à bord des bâtiments de guerre. Chaque corps avait avec lui son artillerie de campagne et ses approvisionnements pour dix jours.

Les deux vaisseaux et les quatre frégates dont le départ des ports de l'Océan avait éprouvé un retard prévu arrivèrent sur la rade de Toulon le 11 mai.

Ils prirent sur-le-champ leurs chargements, et le 25, la première division mit à la voile. Les autres suivirent à douze heures de distance, et, en trois jours, la totalité des bâtiments était sortie. En se dirigeant vers la baie de Palma (île de Majorque), rendez-vous assigné à tous les bâtiments, l'armée rencontra l'amiral turc, Tahir-Pacha, qui, n'ayant pu pénétrer dans Alger, où il devait remplir une mission, avait demandé à être conduit en France. Dans l'entretien qu'il eut avec le comte de Bourmont et l'amiral Duperré, il exprima le regret de n'avoir pu pénétrer dans la place, où, disait-il, sa présence aurait suffi pour amener la soumission du Dey et faire obtenir à la France les réparations auxquelles le Grand Seigneur reconnaissait qu'elle avait droit. On présume qu'il avait ordre de faire couper la tête au Dey et de prendre possession de la place au nom de son maître, ce qui aurait compliqué la question et nous aurait commis avec la Porte et par suite, peut-être, avec les puissances maritimes de l'Europe. Informé du départ de Tahir-Pacha, j'avais donné au commandant du blocus l'ordre de s'opposer à l'entrée de cet amiral. L'exécution ponctuelle de cette mesure a écarté une des plus grandes difficultés que l'expédition pût rencontrer.

Arrivé sur la rade de Palma, l'amiral Duperré reprit cette habitude d'hésitation qui lui est familière, et retarda, sous divers prétextes, le départ de la flotte. On s'en inquiétait en France, et les journaux, les lettres particulières répandaient à l'envi les bruits les plus alarmants. J'en éprouvais moi-même une extrême impatience ; mais j'étais rassuré sur les effets de l'esprit contrariant de l'amiral par les pleins pouvoirs donnés à M. de Bourmont à la demande de M. le Dauphin, qui n'avait eu d'autre pensée que d'assurer à l'armée de terre la supériorité sur la marine, et avec mon assentiment, dans la vue de mettre entre les mains d'un homme ferme et habile les moyens de vaincre les caprices ou la mauvaise volonté de l'amiral[1]. Il avait été convenu, entre le comte de Bourmont et moi, qu'il ne ferait usage de ses pleins pouvoirs que dans le cas où il en reconnaîtrait la nécessité absolue ; mais je croyais

---

1. Les événements qui, peu après la prise d'Alger, ont bouleversé la France, donnent la plus haute importance à ce fait peu connu. — Le comte de Bourmont attribue une certaine hésitation que l'on a remarquée dans sa conduite, depuis le moment où il a eu connaissance de la révolution de Juillet, jusqu'à celui où son successeur fut débarqué, et le parti qu'il prit de ne rien tenter pour revenir en France avec son armée, qu'il aurait opposée au mouvement révolutionnaire, enfin celui de faire arborer et d'arborer lui-même la cocarde tricolore, au refus de le seconder qu'il suppose que l'amiral Duperré n'aurait pas manqué de lui faire éprouver.

Il est fâcheux, pour la justification du comte de Bourmont, qu'aucune ouverture, même indirecte, n'ait été faite à ce sujet à l'amiral, et qu'en définitive, l'ordonnance royale qui donnait, dans les termes les moins équivoques, le commandement supérieur de la flotte au général en chef de l'armée de terre, ne lui ait pas été notifiée. Placé dans l'alternative d'obtempérer aux ordres du roi, ou de se mettre dans un état de rébellion ouverte, la responsabilité dans cette dernière hypothèse serait exclusivement retombée sur l'amiral Duperré, tandis que le silence gardé à son égard par le comte de Bourmont la fait au contraire peser sur ce dernier. (Note de M. d'Haussez.)

Il nous sera permis de joindre à cette note une observation :

M. d'Haussez est entraîné par un ressentiment poignant et bien naturel à juger plus sévèrement que ne le comporte la justice la conduite

être certain qu'il n'hésiterait pas à le faire si l'intérêt du service le demandait. J'étais donc convaincu que, très bon juge dans cette matière, le comte de Bourmont saurait bien mettre un terme aux tergiversations de son collègue; il ne m'en tardait pas moins d'apprendre la fin d'une opération dont tant de causes pouvaient contrarier le succès. Le 29 mai, l'amiral reconnut la côte d'Afrique : mais l'état de la mer ne lui paraissant pas satisfaisant, il vint reprendre son mouillage devant Palma, au grand mécontentement de l'armée de terre, qui, contrariée par la prolongation d'un séjour incommode à bord des bâtiments, et impatiente d'être en face de l'en-

---

du maréchal de Bourmont en cette occasion et les motifs réels qui la dirigèrent; M. d'Haussez n'était pas sur les lieux pour apprécier ce qui aurait pu être tenté.

Quand le maréchal de Bourmont fut informé des événements de Juillet, ils étaient irréparables; la famille royale avait déjà pris le chemin de Cherbourg. Puis les moyens de transporter l'armée en France faisaient défaut au maréchal, la flotte n'étant plus rassemblée, pas même la flotte de guerre dispersée de plusieurs côtés. Il est plus que douteux que le maréchal eût réussi à entraîner des corps entiers pour un retour offensif en France, et il n'est pas douteux que l'amiral Duperré aurait refusé d'obéir à une ordonnance du roi qui ne régnait plus. Enfin, et ceci est le principal motif qui légitime la conduite du maréchal, toutes ses préoccupations se portèrent sur le danger d'une attaque du côté de l'Angleterre. Dès que la nouvelle de la révolution lui fut apportée, il donna l'ordre d'évacuer les villes d'Oran et de Bône qu'il savait déjà occupées et de ramener à Alger les détachements qui les occupaient afin de concentrer toutes ses forces et de conserver à la France sa conquête. Les deux évacuations furent opérées sous le pavillon blanc par les navires de guerre que l'on put rassembler en hâte. Le maréchal quitta Alger le soir du jour où y rentrait le détachement ramené de Bône et qui alors seulement quitta le drapeau blanc.

nemi, ne s'arrangeait pas de retards dont elle appréciait peu la nécessité.

Le 10 juin enfin, la flotte appareilla. Le 13 au soir, elle défila devant Alger, et vint mouiller à quatre lieues à l'ouest dans la baie et autour de la presqu'île de Sidi-Feruch. Le 14, à trois heures du matin, le débarquement commença. Le 16, il était achevé avec un ordre admirable, à l'aide des moyens prévus, et sans que le plus léger changement ait été apporté dans les combinaisons arrêtées[1]. L'armée prit position dans la presqu'île, dont le feu de nos

---

1. Lorsque je pus informer le roi de cet événement, Sa Majesté m'ordonna d'aller porter à son fils la nouvelle que je venais de lui annoncer. Malgré une pluie d'orage, le prince se promenait dans l'allée des marronniers en face du cabinet du roi. « Que me voulez-vous, s'écria-t-il, avec ce ton d'humeur qu'il prenait toutes les fois qu'on l'abordait sans qu'il en fut prévenu? — Monseigneur, je viens par l'ordre du roi, informer Votre Altesse royale que le débarquement de l'armée s'est opéré avec tout le succès possible. — J'en suis bien aise : vous auriez pu vous dispenser de vous mouiller pour me l'apprendre; je l'aurais su en rentrant. Bonjour. » Il me tourna le dos et continua sa promenade.

Admis chez madame la duchesse de Berry, je la trouvai dans son parterre occupée à tailler des rosiers. Sa robe était relevée : une dame (la comtesse de Noailles) tenait sur sa tête un parapluie, qui semblait ne l'avoir qu'imparfaitement abritée. « Voilà monsieur d'Haussez, s'écria la princesse, je suis sûre qu'il vient m'annoncer une bonne nouvelle. — Votre Altesse a deviné l'objet de ma visite : l'armée a débarqué le plus heureusement du monde. — Je m'en veux bien d'avoir une main de jardinière, j'aurais eu du plaisir à la mettre dans la vôtre. — J'ose supplier Votre Altesse de ne pas me refuser une faveur si précieuse. — Tenez », me dit-elle. Puis elle ôta son gant et me donna sa main à baiser.

M. le Dauphin, avec cette inévitable apathie qu'on lui connaît; Madame, avec cette saillie de cœur toujours prête à éclater dont elle est douée, sont l'un et l'autre tout entiers dans cet accueil si différent qu'ils me firent. (Note de M. d'Haussez.)

bâtiments avait anéanti les forts, et elle s'y retrancha[1]. Le reste du jour fut employé au débarquement du matériel en artillerie, munitions, vivres et objets d'hôpitaux et de campement. Après de légers combats, la position fut assurée, et l'armée se serait immédiatement portée en avant, si la prudence n'avait engagé le comte de Bourmont à attendre le débarquement de l'artillerie de siège et de la plus grande partie du reste de son matériel.

Cette opération eût dû se faire en même temps que le débarquement des troupes, mais elle fut retardée par l'obstination de l'amiral, qui avait voulu laisser dans la baie de Palma la division chargée de ce matériel. L'armée, obligée de garder ses positions, y fut attaquée par les Arabes, enhardis par son immobilité. Toujours victorieuse, elle n'avançait cependant qu'avec une lenteur et une apparente hésitation qui donnaient lieu à des combats meurtriers que l'on eût évités en se portant en avant par une marche rapide, ainsi que l'indiquait le plan de campagne.

Enfin, le 24 juin, le débarquement tant attendu se terminait. L'artillerie de siège fut amenée à l'armée par une route qui lui avait été préparée par le génie. Ses premiers essais furent décisifs; les accidents de terrain et les fortifications qui défendaient les approches du fort de l'Empereur ne purent

---

1. M. d'Haussez commet ici une petite erreur ; la seule batterie maçonnée qui défendit l'abord de la plage du côté où s'opéra le débarquement avait été désarmée et abandonnée par les Algériens.

arrêter nos troupes. Ce fort lui-même sauta, et sa
prise détermina la reddition d'Alger, qui eut lieu le
5 juillet à midi. On y trouva, outre des approvisionnements d'une valeur considérable, des sommes en
or qui dépassèrent de beaucoup les frais de l'expédition, lesquels ne doivent pas s'être élevés au delà
de quarante millions.

Apportée par un bâtiment à vapeur et transmise
par le télégraphe, cette nouvelle me parvint le 9. Je
m'empressai de la porter au roi qui, en l'apprenant,
s'avança vers moi en me tendant les bras. Comme je
m'inclinais respectueusement pour lui prendre la main
et la baiser : « Aujourd'hui, me dit-il, on s'embrasse »;
et Sa Majesté me pressa contre son cœur avec une effusion, une bonté dont le souvenir me sera toujours
cher et glorieux. C'était, hélas! le dernier moment de
joie que cet excellent prince devait ressentir. Deux
jours après, on chanta un *Te Deum* à Notre-Dame.
L'effet produit par notre conquête était déjà amorti.
Tout était morne et silencieux autour du cortège.
Quelques cris, évidemment achetés, partis de groupes
isolés, au milieu d'une population impassible, firent
seuls les frais de la joie publique. Dans une telle
occasion, le silence du peuple était significatif. Le roi
le comprit et en fut affecté : ses yeux cherchèrent
vainement quelques figures reflétant l'enthousiasme
que devait exciter un tel événement. A son retour,
il était triste, affligé. On voyait qu'il aurait volontiers
donné les palmes que son armée venait de cueillir

pour ces acclamations si franches, si unanimes, excitées par son retour en 1814.

La prise d'Alger avait donné lieu à de beaux faits d'armes, à du bruit, à de l'éclat, à un grand déploiement de zèle. C'était un prétexte à ce genre de faveurs d'après lesquelles, souvent plus que d'après l'étendue même du service, les peuples jugent du mérite et de l'importance du fait accompli. Un bâton de maréchal revenait de droit au général en chef de l'armée. Je ne manquai pas d'en revendiquer avec instance un autre pour l'amiral qui commandait la flotte; non que je crusse que les services rendus par la marine fussent de nature à justifier une si haute faveur, mais parce que je tenais à mettre un terme à la sorte de prescription dont on se prévalait pour refuser à l'armée navale une distinction regardée jusqu'alors comme réservée uniquement à l'armée de terre. Je plaidai la cause avec autant de chaleur que si j'avais eu la conviction qu'elle fût bonne. Je la perdis par la seule opposition du Dauphin qui avait le tort d'établir sa résistance sur un principe insoutenable, au lieu de la baser sur un fait évident. J'aurais été fort embarrassé de lui répondre, s'il m'avait dit : « Oui, la marine a le droit de fournir des maréchaux comme l'armée de terre, parce que le sang que l'on verse à la mer a tout autant de valeur que celui qui se répand sur terre; mais, dans la circonstance actuelle, rien ne justifie votre prétention. L'amiral Duperré aurait pu faire manquer l'expédition par son hésitation à aborder la côte à sa première sortie de la baie de Palma. Il l'a compromise par son obstination à tenir éloignée de la division qui portait les troupes du débarquement celle qui naviguait avec l'artillerie et les chevaux, et par les mauvaises dispositions qu'il a faites pour le débarquement, lequel ne s'est opéré avec succès que grâce à l'intelligence et au zèle des commandants de vaisseaux[1]. Averti du moment où l'armée attaquait la place, il a borné la diversion qu'il devait opérer à une inutile cannonnade qui n'a pas fait tomber un seul boulet dans les fortifications. Attendez, pour placer un bâton de maréchal dans la main d'un amiral, une occasion plus glorieuse, un homme de plus haute portée. »

Cette argumentation n'était ni dans les idées, ni

---

[1]. Au lieu de profiter, pour débarquer l'armée, du développement que présentait une plage d'une lieue et demie d'étendue, l'amiral voulut que le débarquement s'opérât sur un point très resserré ; ce qui entraîna de la confusion, de la perte de temps et aurait pu compromettre l'armée, si l'on avait eu affaire à un ennemi plus aguerri.

Les embarcations destinées à l'opération, placées à l'extrémité de la ligne, et sous le vent, n'ont pu servir, et il a fallu leur substituer celles, bien insuffisantes, qui appartenaient aux bâtiments de guerre et de transport.

Pendant la marche de la flotte, depuis Toulon jusqu'à la côte d'Afrique, le plus grand désordre a régné dans la flottille de transport ; les ordres de marche et d'emplacement varièrent plusieurs fois pendant l'expédition, se contrariant les uns les autres. La veille même du débarquement, la plupart des commandants de vaisseaux, ceux mêmes des divisions, ignoraient ce qu'ils auraient à faire. Tous furent dans la nécessité d'agir d'après leurs propres inspirations. (Note de M. d'Haussez.)

Nous ne voudrions point être chargé de faire en tout l'apologie de l'amiral Duperré, et nous avons reconnu sur quoi sont, dans notre condans les moyens de M. le Dauphin. Grâce à la mauvaise volonté du grand amiral, la dignité de maréchal fut refusée à la marine, non à l'amiral, qui fut élevé à la pairie. On sema une trentaine de décorations parmi les officiers de la flotte : l'armée de terre devait être et fut mieux partagée. De l'intelligence, des soins et de l'activité qui avaient présidé aux préparatifs et aux dispositions prises, il ne fut pas question. M. le Dauphin n'en dit pas un mot : le roi en parla légèrement, et seulement par besoin de se montrer obligeant. Ce fut tout.

Je voulus au moins consacrer par un monument le souvenir de la prise d'Alger ; le roi, sur ma proposition, rendit une ordonnance portant qu'un phare auquel on donnerait la forme d'une colonne rostrale, serait élevé dans la rade de Toulon ; et que les rostres, les ornements et les plaques destinés à rece-

---

viction, fondés les griefs que l'armée a élevés contre lui. Mais il nous paraît évident que M. d'Haussez n'a point reçu d'un officier de marine tous les renseignements sur lesquels il établit, surtout dans cette note, son acte d'accusation. Le point choisi pour le débarquement était le seul possible, excellent à tous les égards. Nous ne savons pas de quelles embarcations il veut parler. Il ne pouvait pas y en avoir d'autres que celles des bâtiments de guerre.

Les instructions pour l'ordre à suivre dans le débarquement ne varièrent plus depuis le départ de Toulon, mais il y eut dans l'exécution un peu de confusion, d'où il résulta l'inutilisation de quelques moyens. L'initiative des officiers eut certainement à s'employer dans le débarquement lui-même ; c'est le métier du marin d'improviser. Là ne fut pas le vice. Il fut dans l'absence de mesures prises, pour faciliter le débarquement du matériel, qui dura longtemps et se fit au prix de grandes fatigues. Le retard dans la marche du convoi qui amena les chevaux est, en somme, la seule faute impardonnable, tant qu'elle ne sera pas expliquée.

voir les noms des officiers généraux et des corps des armées de terre et de mer qui avaient pris part à l'expédition, seraient exécutés avec des bronzes provenant des canons pris dans la place. Le roi ordonna, en outre, que le vaisseau *la Provence*, que montait l'amiral Duperré, prendrait le nom d'*Alger*. Cette dernière partie des ordres de Sa Majesté fut exécutée sans délai. Je ne sais si mes successeurs jugeront convenable de réaliser la première, et de doter la France d'un monument à la fois glorieux et utile, et dont l'exécution n'entraînerait qu'une faible dépense, en raison des circonstances qui rendent économiques les travaux du port de Toulon.

Alger était en notre pouvoir, qu'en ferait-on ? Cette question, que l'on croyait presque résolue par la précaution que M. de Polignac avait prise, avant le départ de l'expédition, d'informer les grandes puissances que l'intention du roi était de mettre le sort de la Régence à la décision d'une conférence[1], fut

---

1. Voici en quels termes avait été pris l'engagement par la note circulaire du 12 mai de 1830 :

« Sa Majesté a fait annoncer à ses alliés, le 12 mars dernier, son désir de se concerter avec eux, dans le cas où le gouvernement actuellement existant à Alger viendrait à se dissoudre au milieu de la lutte qui va s'engager. On rechercherait alors en commun quel serait l'ordre de choses nouveau qu'il conviendrait d'établir dans cette contrée *pour le plus grand avantage de la chrétienté*. Sa Majesté doit, dès ce moment, donner l'assurance à ses alliés qu'elle se présenterait à ces délibérations, prête à fournir toutes les explications qu'ils pourraient encore désirer, disposée à prendre en considération tous les droits et tous les intérêts, exempte elle-même de tout engagement antérieur,

tranchée dans un sens opposé à cet engagement, par une de ces étranges démarches qui ont marqué chacun des pas du président du Conseil dans la carrière diplomatique. Sans s'arrêter aux termes très précis de cet engagement, sans souffrir même qu'on le lui rappelât, sans presque consulter le roi qui lui en témoigna son mécontentement, il envoya à notre ambassadeur à Constantinople l'ordre de déclarer au Grand Seigneur que le Roi était disposé à lui remettre Alger, et de traiter même des conditions de cette cession, conditions très simples, puisque l'on ne demandait rien en échange de cette place importante. On comptait, à la vérité, conserver Bône et une certaine étendue de territoire; mais, selon la politique désintéressée du prince de Polignac, ce devait être avec les trésors trouvés à la Casauba et l'honneur de la victoire, tout le fruit de la conquête.

Dès que je fus informé de l'occupation d'Alger, je pris les ordres du roi, et sans consulter le président du Conseil, je chargeai l'amiral Duperré de s'entendre

libre *d'accepter* toute proposition qui serait jugée propre à assurer le résultat indiqué, et dégagée de tout intérêt personnel. »

La liberté d'accepter des propositions impliquant la liberté de les repousser, le cabinet anglais déclara que les protestations de désintéressement ne le rassuraient pas, et il réclama le respect du droit de suzeraineté de la Porte sur la Régence d'Alger. Le prince de Polignac répondit : « Le soussigné ne peut que se référer aux communications faites par la France à l'Angleterre, ainsi qu'aux autres puissances alliées. »

Ceci explique la démarche dilatoire faite à Constantinople, mais surtout la préoccupation dominante du maréchal de Bourmont et de l'amiral Duperré, lorsqu'ils prirent des mesures pour concentrer toutes leurs forces à Alger dès qu'ils furent informés de la révolution de Juillet.

avec le général en chef pour s'emparer d'Oran, de Bône et des autres ports de la Régence. J'ordonnai en outre à l'amiral de Rosamel[1] de se présenter amicalement devant Tunis, dont le bey était bien disposé. Il devait en revanche se montrer hostile et hautain avec Tripoli où nous avions à craindre de la résistance, et était chargé d'exiger de ces deux États la signature de traités par lesquels ils s'engageraient à abolir à jamais l'esclavage des chrétiens, à rendre les esclaves qu'ils auraient, et à n'augmenter ni les fortifications de leurs places, ni le nombre et la force de leurs bâtiments de guerre.

Telle était la situation où je laissais cette expédition, le plus grand événement maritime de l'époque, au succès de laquelle j'ai consacré des soins qui n'ont pas été sans résultat. Son effet glorieux pour la France aurait affermi le trône si, longtemps à l'avance, la faction libérale ne s'était attachée à en ternir l'éclat et à comprimer l'impression qu'il devait produire sur l'opinion publique. S'il fallait donner la preuve de ce que j'avance, je la trouverais dans la circonstance suivante :

Pendant l'intervalle qui s'était écoulé entre le débarquement et la prise d'Alger, ma candidature

1. Claude-Charles-Marie Ducampe de Rosamel né en 1774, mort en 1848. Fit les guerres de la Révolution et de l'Empire. Capitaine de frégate en 1808. Prisonnier des Anglais de 1811 à 1814. Capitaine de vaisseau en 1814. Contre-amiral en 1823. En 1830 major général de la flotte envoyée devant Alger. Vice-amiral en 1831. Député, ministre de la marine de 1836 à 1839. Pair de France.

pour la Chambre des députés, loin d'être favorisée par un événement dans lequel on n'hésitait pas à m'accorder une large part, avait été repoussée par neuf collèges électoraux, auprès desquels elle était d'ailleurs appuyée sur des services rendus aux départements et sur des considérations d'un intérêt local. Celle de l'amiral Duperré, en dépit de la faveur dont il jouissait dans l'opinion libérale, échoua dans plusieurs collèges à Paris, le jour même où le canon des Invalides annonçait à la capitale une victoire à laquelle il avait concouru. On peut juger, par ces faits, si l'on s'était mis en mesure d'arrêter l'élan que devait produire une conquête qui réunissait à tant de gloire tant d'avantages positifs.

Ce fut dans le courant de juin qu'à son retour d'un voyage qu'il venait de faire en Espagne, le roi de Naples se rendit à Paris. Sa présence amena à peine quelque diversion dans l'opinion publique. On s'occupa peu des fêtes qui lui étaient données et qui furent très brillantes. A peine remarqua-t-on le ridicule qui semblait être l'essence du caractère de sa cour. La vieillesse anticipée du roi, que faisait ressortir un habit taillé sur le patron de ceux de nos invalides ; l'énorme embonpoint de la reine, que l'on aurait pu croire formé aux dépens des vieilles femmes décharnées qui l'accompagnaient, eussent, en d'autre temps, prêté à des plaisanteries gaies et piquantes : celles qui circulèrent furent sombres et amères[1]. Les fêtes de Saint-Cloud et de Rosny furent surpassées en magnificence par celle qui eut lieu au Palais-Royal et à laquelle le duc d'Orléans voulut faire participer la population parisienne, réunie en grand nombre dans le jardin. Le roi parut à cette fête : il parcourut les nombreux salons qu'elle animait, au milieu d'une haie de pairs et de députés triés parmi les membres les plus violents de l'opposition et qui se montraient sur son passage avec une affectation d'insolence dont il fut très courroucé. La visite dura peu, et son adieu fut très froid.

Le roi de Naples quitta Paris sans laisser de ces marques de faveur et de générosité dont, en pareilles circonstances, les souverains paient l'accueil qui leur est fait. Le roi dit assez plaisamment à ce sujet : « Mon cousin aura pensé qu'il n'avait pas d'ordres à donner chez moi. »

Les courriers faisaient connaître chaque jour au gouvernement de nouveaux et de plus en plus fu-

---

1. Un jour que je causais avec le roi de la situation de l'esprit public et que, sans parvenir à les lui faire partager, je lui exprimais les craintes que j'avais sur l'avenir, j'ajoutai une preuve de la préoccupation générale : « C'est que la cour la plus ridicule qui ait jamais existé est, depuis huit jours, dans la capitale, et que, hors des salons de la plus haute société, personne ne songe à s'en moquer. Certes, en d'autres temps, on ne lui eût pas épargné les sarcasmes. — Vous avez raison, reprit le roi : si l'on ne profite pas d'une si belle occasion de railler, c'est qu'il y a dans les têtes des choses bien sérieuses. Cette considération, toute frivole qu'elle paraisse, me frappe davantage que celles plus graves qui l'avaient précédée. » (Note de M. d'Haussez).

nestes résultats des élections. Assurée de sa supériorité, la faction, ne gardant aucune mesure, avait repoussé non seulement les candidats royalistes, mais encore ceux que présentait l'opinion modérée.

Les noms les plus hostiles étaient, dans la plus grande partie des collèges électoraux, sortis des urnes avec une majorité qui ne pouvait être attribuée à la situation seule de l'opinion. On y voyait la main d'une faction puissante, qui, s'armant de tous les moyens, soulevant toutes les passions, avait combiné son attaque de manière à la rendre mortelle pour la monarchie, et à ne pas lui laisser même l'espoir d'une modification. On savait que là où les bruits les plus insidieux, où la plus noire calomnie avaient manqué leur effet, la menace avait été employée, et que, souvent même, elle avait été réalisée. On n'ignorait pas qu'un grand nombre d'électeurs timides n'avaient osé résister, et s'étaient engagés à donner leurs suffrages aux candidats libéraux; que d'autres, moins faibles considéraient leur abstention comme un reste de courage et que ceux qui, en petit nombre, osaient se montrer fidèles à la cause royaliste, compromettaient leur tranquillité, leur sûreté même. On avait usé à leur égard de ces menaces tant reprochées au gouvernement de la Restauration.

A l'appui de ces moyens, facilement mis en œuvre par les clubs établis dans toute la France sous le nom de Sociétés littéraires, on en employa de plus énergiques, de plus propres à frapper les esprits et à exciter à la fois les terreurs et l'exaspération de la multitude. Un vaste système d'incendie étendit ses ravages dans plusieurs départements[1]. On rendit le gouvernement responsable de ce fléau, comme si la seule considération de l'intérêt qu'il avait à maintenir le calme et à ne pas ajouter aux embarras de sa position n'eût pas dû suffire pour écarter cette pensée ! Le peuple, qui ne raisonne guère lorsqu'il est abandonné à lui-même, perd toute faculté de le faire, lorsque des événements extraordinaires viennent développer sa funeste disposition à la violence. De l'inquiétude, il ne tarda pas à passer aux soupçons contre le gouvernement ; il prit des armes sur plusieurs points, et, sous prétexte de veiller à la sûreté publique, on vit la garde nationale se former dans quelques départements, et dans toute la France on évoqua son souvenir, on réclama sa réorganisation : d'abord, comme un moyen de

---

1. M. le professeur H. Monin a publié, dans *la Revue internationale de sociologie* (livraison de novembre 1894), une « étude sur le système d'incendie de 1830 », étude approfondie et faite avec une consciencieuse bonne foi. Il lui a donné pour titre : *Une épidémie anarchiste sous la Restauration*. Tous les faits propres à éclairer le jugement sur ce que M. d'Haussez qualifie de système s'y trouvent rassemblés. L'auteur fait connaître son opinion par le titre même qu'il a choisi : épidémie. Suivant lui, ni le gouvernement, comme le prétendit l'opposition, ni l'opposition, comme le prétend M. d'Haussez, n'ont eu la main dans le renouvellement des incendies que l'on avait déjà vu éclater sur toute une région au commencement de la Restauration. Mais ces sortes d'épidémies n'étant pas encore classées par la science sociologique, l'auteur admet que l'on peut y voir l'action d'agents qui poussaient à une jacquerie, et employaient comme instruments des êtres inconscients, faibles d'esprit, aisés à lancer par suggestion dans les voies du crime.

maintenir le calme, bientôt après, comme une garantie contre les envahissements sur nos institutions, que l'on supposait au gouvernement l'intention de tenter. Ces menées eurent tout le succès que l'on s'en était promis. Le gouvernement n'avait pas de contrepoids à opposer à des leviers si puissants. Il était donc évident que le renversement du trône serait le premier acte auquel procéderait une Assemblée presque exclusivement composée d'hommes envoyés avec ce mandat et bien décidés à le remplir.

CHAPITRE VIII

Nécessité des Ordonnances justifiées par la conspiration contre la monarchie. — Le duc d'Orléans. — Aveuglement du préfet de police et du président du Conseil. — Preuves de l'existence d'un plan d'opposition armée. — Les ordonnances sont adoptées par le Conseil presque sans discussion et sans s'être assuré au préalable les forces nécessaires pour les appliquer.

L'origine et l'accroissement du mal venaient de la licence effrénée de la presse, qui, ennemie du gouvernement, calomniait ses intentions, dénaturait ses actes, ruinait son autorité, et écartait jusqu'à l'idée d'une lutte, dans laquelle elle aurait conservé la part immense d'influence qu'elle s'était faite ; il fallait donc la neutraliser ; mais, en même temps, vu l'imminence du danger, il fallait modifier le système électoral, dont elle avait changé l'esprit.

Avant de se porter à un parti extrême, le gouvernement dut faire une tentative qui justifiât, aux yeux de la France entière, la mesure à laquelle il se sentait obligé de recourir. Le 8 mars, le roi avait prononcé la dissolution de la Chambre des députés et la convocation des collèges électoraux. Le résultat de cette épreuve se manifestait tel qu'on l'attendait. L'influence d'une opposition violente et parfaitement organisée avait partout imposé des choix que la majorité des électeurs n'avait osé repousser. Le péril de la monarchie était là tout entier, et évident ; il commandait donc, en les justifiant, les mesures qui pouvaient encore la sauver.

L'article 14 de la charte conférait au roi le droit incontestable de faire telle ordonnance qu'il jugerait convenable au salut de l'État dans un moment de danger ; il se décida à appliquer cet article aux circonstances présentes ; mais, je le déclare dans toute la sincérité de mon âme, jamais l'idée de renverser la charte n'a été exprimée, ni même indiquée dans le Conseil ; jamais on n'a eu d'autre pensée que celle de sauver le trône menacé et de restituer à la charte son esprit, ses conséquences monarchiques et son action. Ce respect pour notre pacte fondamental s'est affirmé dans les mesures qui ont été prises. Un seul point excepté, l'abrogation des lois par des ordonnances, son texte le plus positif, le plus littéral a été consulté.

On alléguera que le péril était feint ; que les alarmes étaient imaginaires... Il existait, ce péril, dans l'état de choses créé par la spoliation sucessive des plus précieuses prérogatives de la couronne, dans l'organisation d'un parti déterminé à ne pas transiger avec la royauté, organisation méconnue jusqu'au moment où les faits les plus évidents l'ont ouvertement révélée ; où les honneurs rendus à son chef, dans la personne de M. de la Fayette, ont enfin dessillé les yeux les mieux fermés. Le gouvernement connaissait les chefs, les agissements, les ressources de ce parti ; il voyait son action près de se déclarer, ses projets sur le point de recevoir leur exécution, et, dans une circonstance où la réunion des Chambres aurait aggravé le danger, il savait que ses relations dépassaient nos frontières, que ses plans s'étendaient à l'Europe entière, et que cette question, qui semblait se borner à quelques noms propres en France, s'appliquait à tous les pays et à tous les gouvernements. Placé entre une perte certaine et un péril dont il ne se dissimulait pas la gravité, il a dû opter pour le parti qui offrait quelques chances de salut... et l'honneur. Il a succombé : il sera jugé sévèrement ; s'il eût réussi, la France, l'Europe l'auraient acclamé. Les événements sont là et justifient les éloges qui lui auraient été donnés.

Des rapports qui nous parvenaient de toutes parts, et portant un caractère évident d'exactitude, nous informaient que la faction, dont l'organisation nous était connue, employait l'argent des cotisations souscrites par ses adhérents à l'enrôlement d'ouvriers envoyés des provinces à Paris[1], à l'acquisition d'armes

1. Le fait de l'enrôlement des ouvriers, qui n'était pas l'objet d'un doute pour nous, a été constaté par des cartes triangulaires, bleues ou vertes, trouvées sur la plupart des individus arrêtés par les troupes royales dans les journées des 27 et 28 juillet. Ces cartes indiquaient le nom de l'individu qui en était porteur, la quotité de son salaire et le lieu où il devait le toucher. (Note de M. d'Haussez.)

et de munitions, à la fabrication de poignards[1]. Cette cotisation, très exactement acquittée, équivalait pour chacun au cinquième de ses contributions; augmentant avec le nombre des conjurés, elle fournissait aux dépenses, nécessairement considérables, qu'entraînait l'exécution d'un plan aussi vaste et au salaire des nombreux agents qui y concouraient.

La faction existait donc avec toutes les conditions qui devaient lui promettre du succès. Elle avait des chefs pour la diriger : il lui manquait un personnage qui, au moment où les projets éclateraient, en devînt en quelque sorte l'expression, et apparût comme le prétexte et le terme de ses efforts. Ce personnage était connu de tout le monde, sans que son nom fût prononcé par personne. Sa position l'indiquait : sa conduite politique répondait suffisamment de sa disposition à se prêter à tout ce que l'on ferait pour lui, mais sans lui. On se ressouvenait de ce mot qu'il avait dit en 1815 : « Je ne ferai rien pour obtenir violemment la couronne; mais, si elle tombe, je la ramasserai. » On comptait donc sur lui.

S'il n'y a pas dans la tête du duc d'Orléans cette énergie qui crée les conspirateurs, il s'y trouve ce

---

[1]. Un grand nombre de ces poignards furent saisis: quoique leur forme ne dût laisser aucun doute sur le seul usage que l'on pouvait en faire, les tribunaux voulurent n'y voir que des couteaux. Les fabricants et les marchands furent scandaleusement acquittés. La vente de ces armes devint publique. (Note de M. d'Haussez.)

laisser-aller qui dispose à se prêter aux desseins des autres. Il ne pardonnait pas le crime de son père à la royale famille qui en avait été la victime dans la personne de son chef. Mal à l'aise auprès du roi qui l'embarrassait par l'excès de ses bontés, il affectait de se complaire au milieu des hommes les plus marquants de la révolution et de l'opposition. C'était parmi eux qu'il composait sa société, choisissait ses conseils, prenait ses créatures. En faisant élever ses fils dans les collèges, et les mêlant avec cette jeunesse fanatique des principes qui avaient produit une première catastrophe, il jetait dans l'avenir, pour eux et pour lui, les germes d'une popularité dont il comptait bien se servir un jour, sinon pour s'élever au trône, au moins pour faire trembler ceux qui y seraient assis.

Ses formes et celles de tous les membres de sa famille étaient polies jusqu'à l'obséquiosité, prévenantes jusqu'à l'affectation. On prônait partout les douceurs d'un intérieur qui offrait le tableau des vertus qui semblent réservées aux classes moyennes de la société. On établissait des comparaisons entre l'économie qui présidait à toutes les dépenses du Palais-Royal, et le désordre, méchamment exagéré, que l'on reprochait à la maison du roi. On tenait compte au prince de l'accueil qu'il faisait à tout ce qui l'approchait, et de la liberté qu'il laissait au duc de Chartres de paraître dans toutes les réunions et de faire la plus complète abnégation de son rang. Tout, enfin, grâce aux dispositions créées et habilement entretenues par la faction qui destinait le duc d'Orléans à devenir le complément de son organisation et le moyen final de ses succès, tout le préparait au rôle qui lui était réservé, et dont il avait plus le pressentiment que le secret.

M. Mangin, et avec lui le prince de Polignac, s'obstinaient à nier l'existence de ces faits qui, pour le reste du Conseil, étaient démontrés jusqu'à la plus entière évidence. La veille encore de la signature des ordonnances, le préfet de police nous déclarait que la population de Paris n'apporterait aucune résistance ouverte; qu'elle n'en avait ni la volonté ni les moyens, et qu'elle se bornerait au refus de l'impôt, refus dans lequel les tribunaux l'appuieraient. Et, tandis que le préfet parlait ainsi, des armes, des munitions étaient déjà dans les mains qui devaient en faire usage!...

Ce n'est pas, en effet, dans le petit nombre d'heures qui ont séparé la publication des ordonnances de l'attaque contre l'autorité de laquelle elles émanaient, qu'un plan d'agression, savamment coordonné dans toutes ses parties, a été combiné et porté à la connaissance des masses qui devaient concourir à son exécution; que des armes ont été réunies et distribuées; que des munitions en plus grande abondance que ne pouvaient en fournir les approvisionnements ordinaires des dépôts, ont été amassées et converties en cartouches; que, pour l'emploi de tant et de si dispendieux préparatifs, les élèves de l'École polytechnique ont eu des postes assignés, des commandements, et ont rencontré partout une disposition à la plus passive obéissance ; que la résolution de fermer leurs ateliers a été prise simultanément par les propriétaires d'usines pour forcer la classe ouvrière à embrasser une cause à laquelle un bien petit nombre de ses membres étaient en position de prendre un intérêt passionné. Enfin, on persuadera difficilement que c'est sans y avoir été provoqués et préparés que les départements ont répété les mêmes scènes, avec des circonstances absolument identiques. Il existait donc un plan dont la police, en raison de son immense étendue, aurait dû saisir quelques ramifications. Le chef de la police de Paris, le ministre de l'Intérieur ne peuvent échapper au reproche d'une excessive négligence, ou d'une grande incapacité dans l'exercice de fonctions dont l'importance n'avait jamais été plus grande qu'elle l'était dans les circonstances présentes.

L'existence d'un plan d'opposition armée est trop avérée pour être mise en doute; mais, ce qui est démontré avec une égale évidence, c'est que, trop vaste pour n'être appliqué qu'à une résistance dont il était impossible de prévoir l'époque et de préciser les besoins, ce plan devait avoir aux yeux du gouvernement le caractère d'une disposition manifeste à une agression. Était-ce dans les moyens ordinaires que présentait l'ordre légal que l'on pouvait espérer obtenir des ressources pour en arrêter l'exécution ? Non, car en France la loi, exclusivement répressive, ne punit que les actes, et, en supposant que, mieux servi qu'il ne l'était par la police, le gouvernement eût pu établir la preuve de quelques faits isolés, ces faits n'auraient jamais eu ce caractère de criminalité que, pour prononcer des condamnations, eût exigé une magistrature qui n'avait pas honte d'acheter une popularité précaire au prix de la plus coupable indulgence.

C'était donc à une mesure énergique, émanant du pouvoir royal, qu'il fallait demander les moyens de préserver le trône, alors que, par la fausse interprétation qu'on lui donnait, la loi lui refusait son appui. Comme tous les partis extrêmes, cette détermination avait ses dangers; mais elle était sage, puisqu'elle était nécessaire [1]. Jamais circonstances ne semblèrent plus faites pour motiver l'application d'un article de conservation, réservé par la sagesse du législateur pour des cas où aucun moyen de salut ne se trouverait dans l'ordre ordinaire des choses. Telle fut l'opinion du Conseil; telle fut la source d'une résolution dont les conséquences peuvent peser toujours

---

1. Cette nécessité était reconnue par tous les partis. L'opinion royaliste invoquait une mesure énergique comme seul moyen de salut. L'opinion contraire l'attendait comme le résultat inévitable des circonstances. Voici ce qui se passa le 15 juillet, entre moi et M. de Sémonville qui, dans le procès de mes collègues, s'est rangé parmi leurs plus violents accusateurs.

A la suite d'une visite que je lui faisais, il m'accompagna dans la pièce qui précède son salon, et, après s'être assuré que personne ne pouvait nous entendre, il me dit : « Eh bien ! où en êtes-vous? — Notre position est connue de toute la France. Mieux qu'un autre, vous pouvez la juger. — Je la juge du côté de l'attaque mais du côté de la défense, non. Vous ne faites rien, et votre inaction perd la monarchie, la France, l'Europe. Appelés pour agir, vous restez stationnaires; vous

sur le cœur des ministres, mais jamais sur leur conscience, car ils l'ont jugée indispensable et dictée par leur devoir le plus rigoureux. Que s'il restait quelque sujet de reproche, il semble avoir été effacé par le dévouement qui ne leur a pas permis d'hésiter dans une détermination qui compromettait leur fortune et leur vie, et par le courage qu'ils ont apporté dans l'exécution.

Par un inconcevable aveuglement du président du Conseil, cet état de choses, si dangereux pour la France, mais si menaçant aussi pour les autres États de l'Europe, ne donna lieu à aucune communication aux puissances étrangères dont l'attitude seule aurait pu prévenir d'irréparables malheurs. A cette coalition de tout ce que la révolution et les gouvernements qui se sont succédé avaient fait d'ennemis à la monarchie légitime, à cette funeste résistance de la magistrature, le ministère ne pouvait opposer qu'une volonté plus forte dans ses résolutions que dans ses moyens, une armée dont le dévouement

---

n'êtes pas dans l'esprit de votre rôle. Le temps, les occasions, vous laissez tout échapper. — Mais les députés, mais les pairs, mais la presse! — Avec des *mais* on ne fait rien. Les députés, les pairs... Je ne puis vous dire le parti qu'ils prendront. Cela dépendra de celui que vous prendrez vous-mêmes; arrangez-vous de manière à être les plus forts avec le peuple; finissez-en une bonne fois avec la presse, et moquez-vous du reste. En politique, quand le drame est joué, on applaudit le dénouement, quel qu'il soit; on ne siffle que les mauvais acteurs. » Il me serra le bras en disant ces derniers mots et il me quitta.

Lorsque, le 29, je le trouvai à Saint-Cloud, il entama, sur la conduite du ministère, des observations auxquelles je mis promptement fin, en lui rappelant notre conversation du 15. (Note de M. d'Haussez.)

était douteux, et en définitive la tête de ses membres pour couvrir la responsabilité du Roi aux yeux d'une faction qui, évoquant un nom effrayant, se ferait appeler la Nation, si elle venait à triompher. Tel était l'état des choses, lorsque la royauté et la révolution, se prenant corps à corps, entraînèrent cette courte, mais terrible lutte qui, en trois jours, anéantit une dynastie de huit siècles.

La nécessité de sortir des limites de la légalité une fois reconnue, restait à chercher les moyens de le faire, sans cependant s'écarter de l'esprit, du texte même d'une charte que l'on sentait le besoin de conserver. Grâce à l'obstination du président du Conseil à repousser les délibérations si souvent provoquées du Conseil sur ce sujet important, rien n'était préparé, pas même nos idées, pour une discussion d'un si haut intérêt. Le garde des Sceaux et le ministre de l'Intérieur furent chargés de rédiger des projets d'ordonnance, l'un sur la presse, l'autre sur les élections. Deux jours après, le premier nous apporta une ordonnance très courte, très restrictive et un rapport très développé et très bien écrit; le second, une ordonnance très longue, précédée d'un préambule très bref. Nous eûmes à peine le temps de faire quelques changements, indiqués à chacun de nous plutôt par l'examen de la situation dans les localités que l'on connaissait, et par l'application de la mesure à son propre intérêt, que par des considérations générales. J'avais longtemps administré; j'avais trop étudié l'esprit de la France électorale pour laisser passer sans le combattre un système dont les nombreuses et graves imperfections ne révélaient que trop l'espèce d'improvisation qui l'avait produit. Mes observations étaient toutes basées sur des faits et sur une expérience trop souvent heureuse pour ne pas mériter quelque confiance. Je démontrai que nous sortions sans raison de l'ordre légal, puisque nous n'obtiendrions de l'ordre de choses projeté aucun avantage qui pût balancer les inconvénients et les dangers d'une démarche si hasardeuse. Au lieu de répondre à mes observations, on jeta devant moi le projet, et on m'engagea à en faire un autre. Le temps me manquait pour tenter un tel travail : j'offris mes idées pour modifier celui qui était fait. J'en réclamai l'examen. Le président prétendit que nous étions trop pressés par les événements pour nous arrêter minutieusement sur les moyens de les combattre ; que mes observations pouvaient être fondées, mais qu'elles étaient inopportunes, et qu'il fallait mettre le projet aux voix. La mienne seule fut nettement refusée; celle de M. de Montbel ne fut donnée qu'avec hésitation; les cinq autres étaient assurées : le projet passa.

L'ordonnance sur la presse aurait pu soulever des observations aussi fondées. Les inconvénients qu'elle renfermait pouvaient se résumer en un seul mot : « Inexécutable ». L'essai seul de l'appliquer entamait entre le gouvernement et la magistrature une lutte à laquelle la faction et ses nombreux adhérents prendraient une part active. C'était un moyen de décider sans délai la question; il ne s'agissait que de savoir si l'on était en mesure d'obtenir un jugement favorable au gouvernement. J'adressai à ce sujet au président de nouvelles questions qui parurent le contrarier au plus haut point. La résistance à l'exécution de cette ordonnance était immense. C'était par elle que l'action allait s'engager. Il me fallut donc insister pour connaître les forces dont, en sa qualité de ministre de la Guerre, il pourrait disposer. Ses réponses furent évasives, jusqu'à ce que, pressé par mon refus d'adhérer à la délibération, si le renseignement que je demandais ne m'était pas fourni d'une manière satisfaisante, il me dit qu'il avait dix-huit mille hommes et quarante pièces d'artillerie à Paris, Courbevoie, Rueil, Saint-Denis et Vincennes, et que douze mille hommes de la garde et de régiments sur lesquels il pouvait compter seraient à Paris en dix heures. Je ne pouvais contester l'exactitude de renseignements donnés dans des termes aussi positifs, quant au nombre, mais je fis observer que dix heures, que deux jours même ne suffiraient pas pour appeler à Paris la réserve, composée de régiments en garnison à Compiègne, Beauvais, Rouen, Orléans. Mes observations ébranlaient plusieurs de mes collègues, lorsque, revenant à son argument de prédilection, le président nous dit: « Ou vous reconnaissez la mesure utile, ou elle ne vous paraît pas telle. Dans le premier cas, il faut l'adopter avec ses inconvénients et ses dangers; dans le second, il faut laisser aller les choses et en subir les conséquences. Je vais prendre les voix. » Je refusai la mienne et il en résulta une discussion, fort animée, entre le président du Conseil et moi : mais, entraîné par une sorte de point d'honneur qui me disait que je ne pouvais sans lâcheté décliner ma part dans le péril auquel s'exposaient mes collègues, et abandonner la cause royale au moment où un combat décisif s'engageait, je donnai mon adhésion, en portant cependant mes regards autour de la salle avec une affectation qui fut remarquée par le prince de Polignac : « Que cherchez-vous? me dit-il. — Le portrait de Strafford. »

C'était le 24 juillet que cette importante délibération avait occupé le Conseil. Plusieurs d'entre nous avouèrent le lendemain, en se retrouvant à Saint-Cloud, que leur sommeil avait été souvent interrompu par les réflexions auxquelles donnait lieu une démarche si périlleuse pour le trône et pour nous. On s'était avancé : personne n'osait proposer de reculer. Et, cette crainte surmontée, eût-on pu le faire en présence des événements qui, dans notre unanime conviction, allaient entraîner la monarchie? Et, dans cette dernière hypothèse, une responsabilité d'un autre genre n'eût-elle pas écrasé des ministres que l'on eût pu, avec raison, accuser de timidité?... Dans la position que nous prenions, au moins, s'il y avait du danger pour la couronne, il y en avait pour nous, et l'honneur qui l'accompagnait en dissimulait l'étendue. Aucun de nous n'hésita.

Notre détermination étant bien arrêtée, les Ordonnances furent présentées au roi. Il se les fit lire deux fois l'une et l'autre. Personne n'exprimait le désir d'ouvrir une opinion. Le roi regarda M. le Dauphin : « Vous avez entendu? — Oui, mon père. — Qu'en pensez-vous? — Lorsqu'un danger est inévitable, il faut l'aborder franchement, et aller tête baissée. On périt, ou l'on se sauve. — C'est votre avis, messieurs? ajouta-t-il en promenant ses regards autour de la table. — Oui, Sire, repris-je ; sur la fin, nullement sur les moyens. Je reconnais que la mesure est indispensable; mais je reconnais en même temps que l'on n'a pas de moyens suffisants pour la faire triompher. »

Je reproduisis alors les observations que j'avais présentées la veille dans ma discussion avec le prince de Polignac.

« Vous ne voulez donc pas signer? me dit le roi. — Je signerai, Sire, parce que je considérerais comme une lâcheté d'abandonner dans une telle circonstance la monarchie et le roi. Mais je déclare que je me rallie, non à ma conviction, mais à la responsabilité de mes collègues... »

Le roi réfléchit... il signa sans dire un mot. Les Ordonnances passèrent à tous les ministres qui les contresignèrent dans leur ordre de préséance, et le roi congédia le Conseil. En se retirant, il nous dit : « Voilà de grandes mesures ! il faudra beaucoup de courage et de fermeté pour les faire réussir. Je compte sur vous : vous pouvez compter sur moi. Notre cause est commune. Entre nous, c'est à la vie, à la mort. »

CHAPITRE IX

Effet des Ordonnances. — La journée du 26. — Indifférence apparente du public. — Premiers troubles. — Insuffisance des mesures et des forces de police. — Journée du 27. — Paris mis en état de siège. — Forces insuffisantes du duc de Raguse. — Les premiers coups de fusil. — Disparition du préfet de police. — Journée du 28. — Plan du duc de Raguse. — Les barricades arrêtent la marche des colonnes. — Défaillance des troupes. — Aspect du Conseil des ministres. — M. de Polignac refuse de recevoir la députation libérale offrant un arrangement.

Cet instinct de l'opinion, si perspicace dans ses pressentiments, avait donné l'éveil sur les déterminations qui devaient être prises, et tout le monde reconnaissait la nécessité d'un parti décisif. Les royalistes et les libéraux accusaient le ministère de timidité. On s'attendait donc de toutes parts à ce que l'on est convenu d'appeler un coup d'État, mais on ne savait pas s'il émanerait du gouvernement ou de la faction; si l'un préviendrait, ou si l'autre attaquerait. Dans cette circonstance, comme dans toutes celles où, pendant la durée de notre ministère, le secret avait été nécessaire, rien ne pénétrait au dehors des délibérations du Conseil. Cette fois, on dut employer des précautions d'autant plus grandes, que les Ordonnances devant paraître le 26, à la fois dans le *Moniteur* et dans le *Bulletin des lois*, un certain nombre d'individus en auraient nécessairement connaissance plusieurs heures avant leur publication.

Afin d'éviter l'éclat anticipé que l'on redoutait, on avertit le rédacteur en chef du *Moniteur* qu'il recevrait, pour être insérés dans la feuille du lendemain, des articles très étendus, mais dont la rédaction ne pouvait être terminée que fort avant dans la nuit, et qui ne lui parviendraient probablement pas avant onze heures.

Quant au *Bulletin des lois*, la chose souffrait moins de difficulté : les ouvriers de l'imprimerie royale étaient accoutumés à une sorte de séquestration, qui a lieu toutes les fois que le travail qui leur est confié exige le secret.

Le 26, au matin, le public, et dans cette classe je comprends les hommes qui, en raison de leurs relations, de leur intimité même avec le gouvernement, étaient le plus en position de recueillir quelques présomptions sur l'événement, le public, dis-je, apprit par le *Moniteur* cette résolution si longtemps attendue et annoncée sous tant d'aspects différents. L'effet qu'elle produisit n'eut pas un éclat immédiat. Beaucoup de gens prirent pour de l'abattement et une sorte de résignation le silence que garda la faction. Grande était leur erreur [1]. Pendant le jour, l'aspect de Paris fut grave, sans laisser pressentir rien d'inquiétant. Je parcourus les rues les plus populeuses : je n'y vis ni groupe, ni même d'attroupements devant les placards qui renfermaient les Ordonnances. Chacun semblait vaquer à ses affaires.

Entre sept et huit heures du soir, des rassemblements se formèrent sur les places du Palais-Royal

1. Des premiers je pus en juger, ainsi qu'on le verra par l'anecdote ci-après :
J'avais pour ami un homme aussi recommandable par la sagesse de ses vues politiques que distingué par son talent. Ses opinions avaient cependant une teinte prononcée de libéralisme ; mais jamais elles ne se manifestaient que lorsqu'elles étaient excitées par un de ces événements qui causent dans l'esprit public une agitation sensible. Elles me faisaient l'effet de ces aiguilles qui parcourent le cadran d'un baromètre et indiquent l'état de l'atmosphère. Le mouvement opéré le 19 mai dans le ministère avait donné aux opinions du docteur L..... une sorte d'inquiétude qui s'était soutenue plus longtemps que de coutume, et que je remarquais, quoiqu'elle se manifestât dans sa contenance plus que dans ses propos. On ne tarda pas à parler d'un coup d'État. Son amitié pour moi l'engagea à venir me trouver et à me donner l'avis suivant que je transcris littéralement :

« On parle d'un coup d'État ; je ne vous demande pas s'il aura lieu ou non. Ce n'est pas mon affaire de le savoir ; votre devoir ne vous permet pas de me le dire : ainsi je ne vous fais pas de question à ce sujet ; mais mon affection pour vous m'impose l'obligation de vous prévenir que toutes les mesures sont prises pour en neutraliser l'effet. Je ne puis vous dire de quelle nature sont ces mesures. Sachez seulement que le résultat en sera immense, terrible, et tel qu'il ne sera probablement pas au pouvoir de ceux qui l'auront préparé d'en arrêter le développement. J'ai rempli un devoir d'amitié en vous avertissant : je vais en remplir un autre de même genre, et dont vous êtes encore l'objet. Je désire sincèrement n'avoir jamais à vous entretenir du second ».

Il ajouta à l'impression que ces mots avaient faite sur mon esprit par un serrement de main très significatif et par l'expression de ses

et du Carrousel. J'étais alors avec MM. de Peyronnet et de Montbel chez le prince de Polignac, lorsqu'on nous en donna l'avis. Nous nous décidâmes à aller chez le garde des Sceaux, qui était indisposé, afin de conférer avec lui sur les mesures à prendre. Nous nous y rendîmes à pied. Nos voitures devaient venir nous y chercher. Je renouvelai mes questions habituelles sur ce qu'on avait fait pour le maintien de l'ordre, et je reçus la réponse ordinaire.

traits; puis il me quitta. Dans ses visites devenues plus rares et plus courtes, il évita avec une sorte d'affectation de me parler de politique.

J'entretins mes collègues de cette conversation. J'insistai auprès du président du Conseil et du ministre de l'intérieur, pour que l'on pressât le préfet de police de prendre des moyens d'être mieux informé qu'il ne l'était. Mes représentations furent attribuées à la haine qu'il était assez commode de me supposer pour M. Mangin, parce que l'on y trouvait un prétexte pour ne pas approfondir les avis assez exacts et très répétés que je donnais, et que l'on craignait de troubler une quiétude, un *farniente* dans lesquels on se complaisait beaucoup. Mes instances, toutes pressantes, toutes motivées qu'elles étaient, n'eurent aucun succès; on laissa aller les choses. Le 26, vers neuf heures du matin, le docteur L... était chez moi; ses traits altérés annonçaient la profonde agitation de son esprit. « Le coup d'État prévu et dont je vous avais parlé, me dit-il, vient d'éclater, vous pouvez vous rappeler ce que je vous ai dit de l'effet qu'il produirait. Cet effet va s'étendre immanquablement jusqu'à vous. J'ai disposé ma maison de manière qu'elle vous soit un asile assuré. Tout ce qui peut garantir votre sûreté, lors même qu'on vous y aurait vu entrer, est préparé; faites seulement en sorte de ne pas être arrêté en vous y réfugiant. Si vous m'en croyez, vous y viendrez ce soir. — Ce soir? Comment pouvez-vous savoir ce qui se passera? — Ce soir, vous dis-je; demain peut-être, il y aurait du danger. Après-demain, il serait trop tard. »

Il s'éloigna, et son pronostic se réalisa avec la plus minutieuse exactitude. Je ne profitai pas de son offre généreuse, mais je la cite comme une preuve de l'existence des dispositions du parti ennemi et de la confiance qu'elles donnaient à ceux qui les connaissaient. (Note de M. d'Haussez.)

A neuf heures, nous entendîmes des cris partant de la rue Castiglione. Ils annonçaient un groupe de cent cinquante personnes environ, dans lequel on remarquait en nombre à peu près égal des gens de la dernière classe du peuple et des jeunes gens semblant appartenir aux écoles de droit ou de médecine, ou au commerce. Après avoir proféré les cris de : « Vive la Charte ! A bas les ministres ! » le groupe s'éloigna de la place Vendôme, sans avoir insulté l'hôtel de la Chancellerie, et se dirigea vers la rue de la Paix.

Dans ce moment, on vint informer M. de Montbel que les vitres du ministère des finances avaient été brisées. Le prince de Polignac, inquiet pour son hôtel, se disposait à s'y rendre. Après avoir vainement tenté de l'en dissuader, j'insistai avec plus de succès pour l'accompagner. Je montai dans sa voiture et me fis suivre par la mienne. Nous étions dans la rue Neuve-des-Capucines, à cent pas environ du ministère des Affaires étrangères, lorsque, malgré l'obscurité qui commençait à être assez forte, nous fûmes reconnus. Des cris de : « A bas les ministres ! A bas Polignac ! » partirent en même temps qu'une grêle de pierres lancées du côté où j'étais. Je fus atteint à la poitrine et à la main droite ; et un éclat de glace, tombé sur une de mes jambes, fit couler du sang en assez grande abondance. Nos gens n'étaient pas moins exposés que nous. Les cochers pressèrent leurs chevaux, qu'heureusement on ne chercha pas à arrêter, et nous entrâmes dans la cour de l'hôtel, dont les gendarmes de garde parvinrent à fermer les portes. Une demi-heure après, le rassemblement s'était dispersé de lui-même.

Le prince de Polignac me proposa de l'accompagner chez le commandant de la place, afin de connaître les mesures qu'il avait prises et de les compléter si nous les jugions insuffisantes. Nous trouvâmes le poste qui gardait l'hôtel de l'état-major, ou étendu sur le lit de camp, ou assis devant la porte; il n'avait pas été renforcé. Nous voulons pénétrer chez M. le comte de Wall, il était couché; il ignorait qu'une demi-heure avant, un rassemblement avait traversé la place devant son hôtel, avait brisé les vitres de l'Hôtel des Finances, situé à une centaine de pas, et qu'à une distance à peu près égale, il avait failli assassiner deux ministres. « Ce ne sera rien, dit M. de Wall, en passant à la hâte sa redingote. Je vais faire des patrouilles. Avant deux heures elles seront en mouvement. —Avez-vous beaucoup d'hommes prêts à prendre les armes? — Cinquante par régiment. — Et combien de régiments? — Trois. Les régiments de la garde ne sont pas sous mes ordres [1].

1. M. le comte Arthur de Wall, qui se trouvait auprès de son père pendant les journées de Juillet et qui introduisit les ministres dans le salon de l'hôtel de l'état-major, nous écrit pour compléter et rectifier sur un point le récit de M. d'Haussez. Depuis que la gravité de la situation s'accusait de plus en plus chaque jour, le commandant de la place de Paris était fortement préoccupé de la responsabilité qui pesait sur lui en l'absence du lieutenant-général commandant la division militaire, lequel était alors aux eaux et n'avait pas été rappelé. Il connut les Ordonnances, comme tous les chefs de services, par la lecture du *Moniteur*, et il se rendit en hâte auprès du prince de Polignac,

— Le major-général de la garde est-il prévenu? dis-je au prince de Polignac qui écrivait? — Je lui envoie un ordre. — Ce n'était pas encore fait? — Vous vous inquiétez toujours. »

Je rentrai au ministère de la Marine à minuit, très peu rassuré par l'effet que devait produire la mise en mouvement de cent cinquante hommes de la garnison de Paris, et l'ordre donné au major-général d'en faire sortir probablement autant. Le lendemain seulement, j'appris qu'immédiatement après la publication des Ordonnances, les chefs d'ateliers avaient congédié les ouvriers, afin de les contraindre

faisant fonction de ministre de la guerre par intérim, pour solliciter instamment des instructions en vue des mouvements qu'il était aisé de prévoir. M. de Polignac le rassura et lui interdit de prendre aucune mesure exceptionnelle. Néanmoins, le comte de Wall consigna celles des troupes de la garnison qui étaient sous ses ordres. La journée du 26 juillet se passa dans un calme à peu près complet, ainsi que le rapporte M. d'Haussez. En conséquence, le commandant de la place ne se crut pas autorisé à renforcer les postes, mesure qui n'aurait pas échappé à l'attention du public. Le rassemblement qui traversa la place Vendôme y avait fait, on l'a vu, des manifestations inoffensives, le poste de l'état-major ne sortit donc pas; et, d'après la défense même du prince de Polignac, il ne pouvait pas être mis en mouvement. L'agression dont eurent à souffrir les ministres dans la rue Neuve-des-Capucines, non loin de la rue du poste de l'hôtel, ne vint donc point à la connaissance du commandant de la place que l'on n'en fit pas avertir. Le comte de Wall, lorsque les ministres entrèrent dans l'hôtel de l'état-major, n'était pas couché mais retiré dans son cabinet, donnant sur la cour. Prévenu par son fils de la présence des ministres au salon, il les y rejoignit immédiatement et leur dit que, dans le temps strictement nécessaire pour faire parvenir ses ordres dans les casernes, les patrouilles commandées par lui seraient en marche grâce à la mesure qu'il avait prise de son chef. Le nombre des régiments de ligne placés sous son commandement était sans doute insuffisant pour que leurs patrouilles fissent grand effet; mais, c'était au prince de Polignac qu'en remontait la responsabilité.

à prendre part à la lutte qui allait s'engager [1]. Je fus informé en même temps que l'exécution de l'ordonnance relative à la presse éprouvait de la résistance ; que plusieurs journaux qui avaient paru, malgré les mesures prises pour les arrêter, renfermaient des provocations à la révolte ; que des groupes parcouraient les rues en brisant les enseignes aux armes du Roi ou des princes ; que les boutiques étaient fermées et que l'on parlait de faire des barricades. « Paris, me disait un officier de marine, ressemble dans ce moment au pont d'un vaisseau au moment du branle-bas. »

A onze heures, nous fûmes appelés chez le prince de Polignac, où il fut convenu que le Conseil resterait en permanence.

La première mesure que nous crûmes devoir prendre fut la mise en état de siège de la ville de Paris. Cette décision était la seule qui, par l'énergie, la promptitude et le caractère exceptionnel qu'elle

---

1. Le 26, les notables commerçants étaient réunis à l'Hôtel de Ville pour le renouvellement des membres du tribunal de commerce, lorsque l'on y eut connaissance des mesures prises par le gouvernement, les chefs du complot profitèrent habilement de cette circonstance pour exaspérer les esprits et obtenir des propriétaires d'établissements industriels l'engagement de fermer à l'instant même leurs ateliers et de porter leurs ouvriers à seconder la résistance depuis si longtemps organisée. La faction put ainsi disposer de soixante mille auxiliaires excités à la fois par la position critique dans laquelle ils venaient d'être placés, et par la passion de cette classe pour tout ce qui a un caractère de désordre.

Des décorations en grand nombre ont été la récompense de cet acte de fureur et de folie, sans pouvoir balancer les pertes énormes entraînées pour le commerce, en général, et en particulier pour les insensés à qui il peut être reproché, et qui ont payé de leur ruine complète leur funeste aveuglement. (Note de M. d'Haussez.)

comportait, pût imposer aux séditieux et nous donner les moyens d'action et de répression que nous refusaient les formes judiciaires et la volonté des magistrats. Le commandement de Paris revenait de droit à son gouverneur, le duc de Raguse. On proposa l'une et l'autre de ces mesures au Roi qui les adopta, fit appeler le maréchal et lui donna ses ordres. A quatre heures, Paris était passé sous l'autorité militaire.

Le duc de Raguse s'occupa immédiatement de la distribution des troupes sur les principaux points, mais cette opération lui révéla les énormes erreurs de calcul faites par le prince de Polignac. Au lieu de dix-huit mille hommes annoncés, il ne s'en trouva dans Paris que huit mille au plus, parmi lesquels figuraient trois régiments d'infanterie, dont les dispositions étaient douteuses et dont les colonels n'étaient pas connus, même de nom, par le commandant en chef. Un égal désappointement se produisit à l'égard de l'artillerie. Huit pièces de canon seulement se trouvaient à l'École militaire; force fut d'employer ces ressources, tout insuffisantes qu'elles parussent, contre le mouvement qui se préparait. Des détachements de la garde royale occupèrent les Tuileries et quelques parties des boulevards aux environs de la place Vendôme, sur laquelle on établit le 53e de ligne. Le 5e bivouaquait en face de la Madeleine; le 50e, sur le quai du Louvre.

Des rassemblements nombreux s'étaient formés

dans les faubourgs et aux environs de l'Hôtel de Ville. A cinq heures, ils se mirent en mouvement et couvrirent les boulevards, de la place de la Bastille à la porte Saint-Denis. Une partie pénétra par la rue Saint-Honoré jusqu'à la place du Palais-Royal, où eut lieu le premier engagement. Un poste assez nombreux de gendarmerie fut attaqué. La mort d'un gendarme tué d'un coup de fusil détermina une défense vigoureuse, qui coûta la vie à plusieurs des assaillants. La foule se porta dans les cours et dans le jardin du Palais-Royal où elle ne fut pas inquiétée. Des engagements eurent lieu entre les troupes et les révoltés sur différents points, sans aucun résultat que la perte réciproque de quelques hommes. A neuf heures, on mit le feu aux baraques en bois qui servaient de corps de garde sur la place de la Bourse. On détruisit plusieurs barrières et on brisa la presque totalité des réverbères. L'événement le plus important de la journée fut l'occupation de l'imprimerie Royale par les factieux; il enleva au gouvernement son seul moyen de publication et son influence fut extrêmement fâcheuse.

Nous n'avions connaissance de ce qui se passait que par les rapports que nous faisaient quelques royalistes qui avaient le courage de pénétrer jusqu'à nous. Depuis la veille, le préfet de police avait cessé de communiquer avec le gouvernement, et nous apprîmes qu'ayant fait demander au duc de Raguse une force capable de le protéger et n'ayant pu l'obtenir, il avait disparu. Sa sûreté pouvait exiger qu'il quittât son hôtel ; mais son devoir l'appelait auprès du ministère, et rien ne peut le justifier de ce tort qui venait après d'immenses et nombreuses fautes.

Le calme qui se maintint pendant la nuit n'eut aux yeux de personne le caractère d'un prélude d'accommodement. Dès dix heures du matin, les ministres étaient assemblés. Les rapports qui parvenaient étaient alarmants. Le 5e régiment annonçait l'intention de ne pas se battre. Les dispositions de la troupe de ligne n'inspiraient pas beaucoup plus de confiance, et la population entière de Paris semblait prendre parti pour les insurgés; nous jugeâmes qu'il convenait de nous établir aux Tuileries, afin de rendre immédiates nos relations avec le duc de Raguse et d'éviter, en outre, l'inconvénient qu'entraînerait l'interruption possible de nos communications, si nous étions séparés.

A onze heures, les membres du Conseil sortirent à pied pour se rendre au château. Les rues qui y conduisaient étaient occupées par des troupes. Le 5e et le 53e régiment de ligne étaient stationnés dans la rue de la Paix et sur la place Vendôme. Un assez grand nombre de bourgeois qu'on avait laissés se mêler parmi les soldats étaient entrés en pourparlers avec eux et leur faisaient même distribuer de l'eau-de-vie et du vin. Je le fis remarquer au prince de Polignac, qui m'écouta à peine et me quitta pour entrer à l'état-major de la place. Je fis appeler le colonel de l'un des régiments et je lui répétai l'observation que je venais de faire à mon collègue. Cet officier me répondit qu'il en reconnaissait la justesse, mais qu'il ne savait comment interdire à des soldats qui, depuis la veille, n'avaient ni mangé ni bu, la faculté de profiter des offres de ces bourgeois. J'insistai et je pris un ton d'autorité qui ne lui permit pas de différer l'exécution de mes ordres. Je ne m'éloignai qu'après m'être assuré que tout étranger à la troupe avait été expulsé.

A notre arrivée aux Tuileries, nous nous installâmes dans l'appartement du major-général de la garde. Le duc de Raguse nous fit connaître les dispositions qu'il venait d'arrêter. A dix heures et demie, trois corps, sous les ordres des généraux de Talon, de Saint-Chamans et de Quinsonnas, devaient déboucher, le premier par la place Vendôme et les boulevards, et aller jusqu'à la place de la Bastille; le second, de la place du Palais-Royal et balayer les rues Saint-Honoré, Saint-Denis, et tous les points sur lesquels les révoltés tenteraient de résister; le troisième, de la place du Louvre, suivre les quais de la rive droite de la Seine, traverser la place de Grève, occuper l'Hôtel de Ville et se réunir par la rue Saint-Antoine au premier corps. Toute la rive gauche restait en dehors de la ligne d'opérations. Un détachement de cavalerie et deux pièces de canons marchaient en tête de chaque corps; venaient ensuite un bataillon de la garde et des détachements de la ligne.

A midi, des décharges de mousqueterie et d'artil-

lerie fort rapprochées des Tuileries nous apprirent
que l'on n'avait pas été loin pour rencontrer l'ennemi. La fréquente répétition des décharges, la lenteur avec laquelle le bruit s'éloignait, nous faisaient
juger de l'intensité de la résistance. Cependant, la
direction du bruit indiqua, vers quatre heures, que
chaque corps devait avoir atteint le point vers lequel
il avait ordre de se diriger. Du reste, aucun rapport
des commandants de colonnes ne venait satisfaire
notre cruelle impatience. Ceux qui nous parvinrent
par quelques royalistes dévoués nous apprirent que
les communications étaient interceptées par les barricades que l'on se hâtait d'élever derrière les troupes,
afin de leur ôter la possibilité d'échapper, en se retirant, à un feu de mousqueterie et à une grêle de
pierres, de meubles, d'objets de toute espèce qui
partaient des fenêtres et faisaient des ravages effrayants dans les rangs. On ajoutait que plusieurs
des bataillons de la ligne refusaient de tirer, et qu'au
peu d'effet produit par le feu des troupes, il était
facile de juger qu'ils évitaient de rendre meurtriers
des coups qu'ils ne tiraient qu'à regret.

Le duc de Raguse entrait fréquemment dans l'appartement où nous étions réunis. Son sang-froid témoignait plus d'indifférence que de détermination
hardie. Les pièces qui touchaient à la nôtre étaient
remplies d'officiers de tous grades, la plupart en
habits bourgeois. Parmi eux se trouvaient des généraux très marquants. Les propos que j'échangeai
avec eux me faisaient bien augurer de leurs senti-

ments; mais, vers cinq ou six heures, à la vue de quelques régiments qui revenaient maltraités et découragés, leur dévouement perdit de sa chaleur; puis ils se séparèrent, et le lendemain beaucoup d'entre eux paradaient dans le cortège du duc d'Orléans.

Le général du Coëtlosquet nous offrit un dévouement mal récompensé dans d'autres temps, et d'utiles conseils qui furent dédaignés dans la circonstance présente : il n'en persista pas moins dans sa fidélité. Le 29, il était à Saint-Cloud.

La partie des Tuileries où nous étions présentait un aspect curieux et qui eût offert un sujet piquant d'observations, si l'esprit avait été moins absorbé par de sinistres pensées. Le mouvement qui s'y faisait était actif, mais silencieux. Les gens dont habituellement on remarquait l'air important semblaient chercher à ne pas être aperçus. Les aides de camp même ne coudoyaient personne pour se faire ouvrir le passage. On s'abordait avec un mot, souvent avec un signe; mais ce signe, ce mot exprimaient l'inquiétude; la réponse était aussi brève et tout aussi significative.

Dans l'intérieur du Conseil, c'était un autre aspect. Le président, dont l'attitude n'annonçait plus cette confiance dans le succès, cette attente de je ne sais quelle intervention sur laquelle il semblait toujours compter pour suppléer à des combinaisons qu'il affectait de dédaigner, était rêveur; il parcourait l'appartement, s'asseyait devant le bureau, écrivait, sortait, rentrait et ne répondait à aucune des questions qui lui étaient adressées. M. de Chanteleauze, si ardent deux jours avant, était abattu, affaissé et pensif, sur un canapé. M. de Peyronnet, fidèle à son caractère, traitait avec dédain la résistance dont l'opiniâtreté nous était à chaque instant attestée par le bruit des décharges qui se faisaient entendre de tous côtés, et nous faisaient tressaillir à l'idée des flots de sang qui devaient couler. M. de Montbel ne cherchait pas à dissimuler une inquiétude dont la source se trouvait dans la position de sa famille, et qui n'ôtait rien à la fermeté de son dévouement. J'avais le calme que donne la complète résignation à des événements dont on ne saurait arrêter le cours. M. de Ranville semblait s'être imposé la tâche d'irriter notre impatience par le déluge de mauvaises plaisanteries dont il nous inondait. Chaque événement, chaque mot fécondait une verve que nous ne lui connaissions pas, et qui nous paraissait naître d'une contraction nerveuse, plus que de l'abnégation de la position qu'il partageait avec nous...

Vers deux heures, le duc de Raguse entra et entretint le prince de Polignac dans l'embrasure de la croisée. La conversation paraissait être animée, quoiqu'elle eût lieu assez bas pour que nous n'en pussions saisir que quelques mots. Comme le maréchal sortait, le prince de Polignac lui dit à haute voix : « Mon parti est irrévocablement pris. Je ne veux ni les voir ni les entendre. » Et, avant que nous eussions eu le temps de lui adresser une question, il courut après le maréchal. A sa rentrée, il nous apprit qu'une députation composée de MM. Casimir Perier, Gérard, Mauguin, Laffitte et Schonen, était venue offrir un arrangement qu'il avait cru devoir refuser, attendu que ceux qui le proposaient n'auraient pas assez d'autorité pour le faire ratifier par ceux au nom desquels ils prétendaient stipuler.

CHAPITRE X

Progrès de l'insurrection. — Attitude du peuple et de la garde nationale. — Propositions de conciliation portées à Saint-Cloud par M. de Sémonville. — M. d'Haussez propose de battre en retraite sur la Loire pour reprendre la lutte. — Prise du Louvre. — M. de Mortemart nommé président du Conseil et investi de pleins pouvoirs pour traiter avec les insurgés. — Inertie de M. de Mortemart. — Insubordination des troupes. — Retraite de la cour sur Versailles, puis sur Rambouillet. — M. d'Haussez sauvé par un compatriote libéral. — Abdication du roi.

Vers le soir, nous vîmes revenir plusieurs détachements qui avaient fait partie des trois corps chargés de l'expédition. Leurs rangs s'étaient éclaircis, et le découragement qui s'y était mis était augmenté par l'état d'épuisement occasionné par le manque de vivres. Depuis vingt-quatre heures, aucune distribution n'avait été faite aux troupes; et le pillage de la manutention laissait fort incertain le moment où l'on pourrait leur en faire. On réunit ce que l'on put de pain, de viande et de vin ; mais il s'en fallait de beaucoup qu'il s'en trouvât en quantité suffisante.

Des forces beaucoup plus considérables que celles auxquelles l'impéritie du ministre chargé du portefeuille de la guerre s'en était remise de la défense de la cause royale, eussent échoué contre le genre de résistance qu'elles rencontrèrent. Cette héroïque population de Paris, à qui la victoire est réellement due, n'offrait qu'un bien petit nombre de ces paisibles bourgeois que nous voyons s'affubler de leurs bonnets à poil une fois tous les quinze jours, pour passer une nuit au corps de garde de leur quartier, et parader deux ou trois fois par an dans le Champ-de-Mars. Ses membres, salariés depuis quelques mois — ainsi que des cartes trouvées sur presque tous les héros déguenillés qui furent pris, le prouvèrent — ses membres, dis-je, appartenaient à une classe qui n'avait à perdre qu'une existence fort précaire et sur le prix de laquelle ils avaient touché de forts acomptes. Aussi n'hésitaient-ils pas à faire, dans l'intérêt de la résistance et celui de leur conservation, le sacrifice de maisons qui ne leur appartenaient pas, et à en jeter les meubles sur la tête des assaillants. On est fondé à penser que, si la garde nationale ne s'était pas fait prudemment suppléer dans cette circonstance, elle aurait déployé une abnégation moins complète et plus raisonnée des intérêts de chacun de ceux qui la composent. Partout où elle s'est montrée, le péril était passé, ou du moins il n'existait plus que dans l'ardeur qui aurait pu porter les vainqueurs à recueillir pour eux-mêmes les dépouilles opimes, sans s'embarrasser s'ils les enlevaient à des amis ou à des ennemis. On ne se doutait pas, alors, que leur héroïsme pût s'accompagner d'un désintéressement dont, au reste, on a beaucoup exagéré les effets.

La tactique employée contre les troupes royales consistait à couper les rues par des fossés derrière lesquels on entassait les meubles, les pavés, les voitures, tout ce qui tombait sous la main. Tandis qu'elles étaient occupées à forcer ces retranchements, on en pratiquait de semblables derrière elles, de manière à empêcher la retraite ou à la rendre très difficile et très dangereuse. Des détachements nombreux ont ainsi été coupés et contraints de capituler. Presque tous ont été forcés de se jeter dans des rues détournées en compromettant ainsi l'ensemble de l'opération. Dans le faubourg Saint-Antoine, un régiment de cavalerie, qui fut séparé de même de la colonne dont il formait la tête, n'eut d'autre ressource que de se diriger vers Vincennes. Cette circonstance, qui donnait la faculté d'amener à Paris l'artillerie qu'une inconcevable imprévoyance y avait laissée sans emploi, eût pu devenir favorable, si le régiment et le convoi qu'il protégeait n'avaient trouvé toutes les voies obstruées de semblables barricades. Ce fut seulement dans la nuit du 29 au 30, et après la marche la plus fatigante, que ce corps put gagner Saint-Cloud, où l'armée était arrivée l'après-midi précédent.

Dans ce genre de combat, la cavalerie souffrait beaucoup plus que l'infanterie. Un grand nombre d'hommes et de chevaux furent tués et blessés, sans que l'on ait pu tirer de ces corps le parti que l'on attendait de leur admirable dévouement. Le régiment des lanciers et la gendarmerie d'élite éprouvèrent des pertes considérables.

A neuf heures [1], le feu avait cessé partout, et nos troupes s'étaient concentrées autour du Louvre et des Tuileries, après une perte de deux mille cinq cents hommes environ en hommes tués, blessés ou égarés. Ces derniers étaient les plus nombreux.

Le duc de Raguse nous annonça que, n'ayant pas de forces suffisantes pour recommencer une attaque le lendemain, il se bornerait à défendre le Louvre, qu'il considérait comme inexpugnable, et à entretenir ses communications avec Saint-Cloud ; qu'il croyait pouvoir conserver cette position pendant trois jours, ce qui donnerait aux renforts demandés de tous côtés le temps d'arriver ; pendant la nuit, les dragons et un régiment d'infanterie de la garde arrivèrent ; leur nombre compensa à peu près les pertes de la journée précédente.

L'assurance qui nous était donnée que la question pourrait être débattue pendant trois jours encore dans Paris me fit ouvrir l'avis que le roi devait profiter de ce temps pour se porter à marches forcées avec sa maison militaire vers la Loire, et gagner, s'il le pouvait, la Bretagne, où il se trouverait peut-être en mesure de résister avec avantage. Cet avis

---

1. 28 juillet.

fut repoussé. Je l'ai reproduit à plusieurs reprises, sans plus de succès.

Le comte de Glandevès[1], gouverneur des Tuileries, ne s'oubliait pas dans ce concours de ridicules et de niaiseries; il avait conservé son importance habituelle, il ne blâmait pas encore; mais il prenait position pour le faire dans le cas où les choses tourneraient mal. Un de ses griefs contre les mesures prises était la présence d'un régiment de cavalerie cantonné dans le jardin, au grand préjudice des allées récemment sablées à neuf; il demanda du plus grand sang-froid du monde au duc de Raguse le changement de cette disposition. Le refus qu'il éprouva fut sans doute à ses yeux l'excuse de sa défection, de son ingratitude envers le roi qui l'avait comblé de faveurs, et de son animosité contre les ministres. Il s'est vanté,

---

[1]. Le baron (et non comte) de Glandevès, d'une très noble et très ancienne famille provençale, était maréchal de camp, cordon rouge major des gardes du corps et, en 1830, pair de France et gouverneur du château des Tuileries. Plusieurs historiens ont raconté que MM. d'Argout et de Sémonville, lors de la révolution de Juillet, avaient pensé à proposer à Marmont l'arrestation des ministres et que M. de Glandevès avait consenti à s'en charger. En parlant de cet incident, Lacretelle dit : « M. de Glandevès, royaliste zélé, mais qui déplaisait au roi par ses scrupules constitutionnels, ne se portait sans doute à cette mesure hardie que pour décider, dans l'intérêt du roi, le maréchal à retirer les ordonnances. » *(Histoire de la Restauration.* t, IV, p. 487.)

M. d'Haussez se rappelait sans doute le projet d'arrestation des ministres et l'adhésion qu'y donna M. de Glandevès. Le maréchal de Castellane, dans ses *Mémoires*, parle de ce dernier comme ayant refusé de prêter serment à Louis-Philippe, mais on voit dans le *Dictionnaire des Parlementaires* qu'il siégeait à la Haute Chambre en 1832, époque de sa mort.

dans la Chambre des pairs, d'avoir offert son épée pour aider à leur arrestation...

Le 29, dès cinq heures du matin, des feux de mousqueterie se firent entendre de tous côtés. Les postes isolés dont on ne s'était pas occupé la veille furent enlevés. A six heures, les Invalides et l'École militaire étaient au pouvoir des insurgés. A sept heures, le Louvre, défendu par deux bataillons suisses de la garde, fut attaqué. Une fusillade, qui s'étendait d'une rive à l'autre de la Seine, tuait des hommes sur le quai des Tuileries. L'occupation des maisons du côté droit de la rue Saint-Honoré, du Palais-Royal à Saint-Roch, commençait à rendre la position du Louvre et des Tuileries très critique. Deux régiments de la ligne venaient de déclarer qu'ils ne voulaient plus se battre. Leur retraite avait découvert ce quartier, dont l'ennemi s'était aussitôt emparé. D'une maison située en face de la rue Saint-Nicaise, on tirait sur la fenêtre de l'appartement où nous étions réunis. Un grand nombre de balles la traversèrent.

A neuf heures, le maréchal nous informa que les Suisses ne se battaient plus que mollement, et que, l'enlèvement du Louvre compromettant le reste de sa position, il prévoyait la nécessité d'opérer sa retraite. Il nous conseilla de partir immédiatement pour Saint-Cloud, sous l'escorte d'un régiment de dragons qu'il venait de placer à cet effet sur la place Louis XV. On hésita et l'on voulait attendre les ordres du roi. Personne ne se souciait d'aller les prendre. J'offris de tenter l'aventure et je me fis préparer un cheval. Comme je sortais des Tuileries pour me rendre à l'hôtel de la marine, je rencontrai le général de Girardin, qui me proposa de m'accompagner[1]. Nous arrivâmes à Saint-Cloud après avoir essuyé un feu bien nourri qui partait des jardins Beaujon, et couru le risque d'être arrêtés à la barrière de l'Étoile et dans le village de Boulogne par des bandes de paysans réunis sur ces deux points.

Comme je descendais de cheval, je rencontrai MM. de Sémonville, d'Argout et de Vitrolles ; ils me dirent qu'ils étaient porteurs de paroles de pacification ; que les conditions qu'ils venaient proposer, plus satisfaisantes qu'on ne pouvait l'espérer dans la circonstance présente, étaient de nature à sauver le fond et la forme, la couronne et sa dignité ; mais que les moments pressaient, qu'ils attendaient depuis une heure une audience qui n'arrivait pas ; que cependant le moindre retard pouvait compromettre le succès de leur mission, dernière tentative que le parti ennemi consentît à faire, et dont il ne voudrait peut-être pas ratifier les résultats, s'ils n'étaient pas connus avant une victoire trop inévitable.

1. Le comte Alexandre de Girardin, né le 16 janvier 1776. Entra dans la marine en qualité d'élève. Se distingua en Espagne, en Russie, à Montmirail. En 1814, reçut de l'Empereur le grade de général de division. Napoléon le créa capitaine des chasses à tir. Louis XVIII le nomma premier veneur. Mort en 1855.

Je fus immédiatement introduit chez le roi, et, après lui avoir rendu un compte succinct des événements, je le pressai de recevoir la députation. Ce ne fut pas sans peine que je l'y déterminai. Le roi m'ordonna de rester près de lui. Les députés, ou soi-disant tels, — car ils ne tenaient leur mission que d'eux seuls ou de gens qui, se croyant les maîtres au moment où cette démarche fut résolue, ne l'étaient déjà plus lorsqu'elle fut terminée, — les députés, dis-je, proposèrent au roi de promettre satisfaction au peuple sur quelques points qu'ils indiquaient ; c'est-à-dire le renvoi des ministres, leur remplacement par un Conseil dirigé par le duc de Mortemart, auquel on appellerait le général Gérard et M. Casimir Perier, et dont les autres membres seraient choisis par le roi ; l'amnistie pour les événements accomplis, laquelle serait demandée par le corps municipal de Paris, la Cour de cassation et la Cour royale.

Le roi hésitait, M. de Sémonville se jeta à ses pieds, pleura, tenta de toutes façons de l'attendrir. Cette comédie fut répétée avec quelques variantes par M. d'Argout. Pour M. de Vitrolles, il était tellement étonné de se trouver engagé dans cette démarche, et d'être porteur de telles propositions, qu'il ne disait mot. Le roi finit par promettre de prendre les propositions en considération, et il s'engagea à envoyer immédiatement M. de Mortemart muni de pleins pouvoirs. Ces messieurs se retirèrent assez satisfaits et s'empressèrent de porter à Paris le résultat de leur mission. Dans cette conférence, pas un mot ne fut prononcé, qui fît juger que le sort des ministres occupât la pensée du roi. De part et d'autre, on paraissait craindre d'en embarrasser la négociation; il me semblait, et je crois encore, que nos têtes étaient un moyen d'arrangement que, d'un côté, au moins, on se ménageait pour trancher les dernières difficultés.

Le roi me fit rappeler pour me demander mon opinion sur la conduite qu'il devait tenir. Je lui dis que, dans la position critique où se trouvait la monarchie, c'était beaucoup d'en sauver le nom et à peu près le principe; que je l'engageais à entamer sans délai la négociation, quoique je ne crusse pas qu'elle dût avoir le succès que s'en promettaient ceux qui l'avaient provoquée, mais afin de faire preuve de bonne volonté, et de se donner le temps de gagner la Loire. (Car c'était mon plan favori; ce fut pour moi, pendant trois jours, une espèce d'idée fixe, que l'on repoussa constamment.) Le roi ajourna la décision jusqu'au retour de M. le Dauphin qui, à la tête de quelques gardes du corps, était allé faire une reconnaissance assez dangereuse et bien inutile du côté d'Auteuil[1]. Les ministres arrivèrent dans mes

1. D'après le récit d'un témoin oculaire, M. de Guernon-Ranville a raconté ainsi cette reconnaissance.

« Le prince occupait l'entrée du pont, du côté de Sèvres, avec un bataillon de la garde et les lanciers de Fimarcourt; une foule d'insurgés était de l'autre côté, et, faisant des démonstrations comme pour forcer le passage, s'était déjà approchée du pont. Le prince s'avança au-devant de cette troupe et l'engagea à ne pas tenter une lutte dans laquelle elle serait écrasée; une vive fusillade fut la réponse à cette allocution, et des vociférations couvrirent la voix du prince. Le duc de Guiche, aide

voitures que je leur avais fait préparer, presque en même temps que le prince ; ils insistèrent pour entrer immédiatement en Conseil. La réunion fut ajournée après la messe, qui eut lieu à l'heure et dans l'ordre accoutumés. Dans cette effrayante circonstance, pendant les deux jours que nous passâmes

de camp de Monseigneur, s'approcha de lui et l'engagea à se retirer. « Votre Altesse court ici un danger inutile, dit cet officier, ce n'est pas sa » place. — Monsieur, reprit le prince, un fils de France est toujours à » sa place en présence du danger, lorsqu'il s'agit surtout d'épargner le » sang français. » Et il renouvela ses tentatives, pour ramener cette foule égarée ou du moins la déterminer à ne pas se compromettre dans une attaque meurtrière et sans possibilité de succès. Ces efforts furent vains et les insurgés, tout en continuant de tirer sur le prince, gagnaient du terrain et déjà s'étaient engagés sur le pont. Le Dauphin, désespérant de faire entendre raison à ces insurgés et ayant vu un officier frappé d'un coup de feu à ses côtés (le duc d'Esclignac, lieutenant-colonel des lanciers de la garde ; une balle lui cassa la jambe, et il a été nécessaire de lui faire l'amputation), revint à ses troupes et donna l'ordre au chef de bataillon de faire faire une charge pour déblayer le pont. Cet officier prononce le commandement, les soldats restent immobiles ; le commandement est répété, même immobilité, suivie bientôt de quelques murmures ; puis tout à coup une violente agitation se manifeste, et la troupe tout entière s'ébranle au pas de course pour passer à l'ennemi. Le Dauphin se précipite au-devant de cette foule mutinée en s'écriant : « Arrêtez ! si vous voulez m'abandonner, que ce ne soit » pas du moins en fuyards ! Sachez conserver l'ordre et le calme qui » conviennent à des soldats. A vos rangs ! » Ces hommes obéissent machinalement et vont se reformer à quelques pas en arrière. Pendant ce temps, le Dauphin ayant ordonné aux lanciers de balayer le pont, une charge vigoureusement exécutée refoula à plus de deux cents toises dans la plaine la populace parisienne, et en un clin d'œil le pont fut entièrement libre. « Maintenant, dit le prince en s'adressant à » l'infanterie, si vous êtes décidés à déserter le parti de l'honneur, voilà » votre chemin, partez ! » Les malheureux ne se le firent pas répéter et coururent se ranger sous le drapeau de la révolte. » (*Journal d'un ministre*, p. 199.)

Lamartine, dans son *Histoire de la Restauration*, livre V, p. 415, a écrit une belle page sur cet incident.

à Saint-Cloud, à Trianon même, l'imperturbable étiquette ne perdit rien de sa rigidité. Le duc de Duras[1] était de service.

Mes collègues me questionnèrent sur ce qui s'était passé dans les conférences dont j'avais été témoin. Pas un ne fit de réflexion, M. de Ranville me poussa dans une embrasure de croisée et me dit : « Le roi n'a pas parlé de nous? — Non. — Vous n'en avez pas, je l'espère, parlé vous-même? — La pensée ne m'en est pas même venue. — Vous avez bien fait. Nous vous aurions désavoué. »

La messe finie, le Conseil commença. Le roi y apportait ce genre de courage que donne la résignation plus que la volonté de résister à une fortune contraire; il était calme : ses idées étaient aussi nettement exprimées que dans des circonstances ordinaires. Il n'en était pas de même de M. le Dauphin. Sa figure était animée : ses mouvements plus brusques et certains tics, qui lui sont familiers, plus répétés, annonçaient de l'agitation. Nous étions assez abattus. Le roi exposa la situation, telle qu'il la tenait de moi, de MM. de Sémonville, d'Argout et de Vitrolles. M. le Dauphin nia, dans des termes peu ménagés, qu'elle fût aussi désespérée. Attaqué directement, je dus répondre et répéter devant le Conseil l'opinion que j'avais exprimée au roi sur la

---

1. Duc de Duras (Amédée-Bretagne-Malo), né en 1770, mort en 1836. Premier gentilhomme de la chambre du roi Louis XVI, émigra, rentra en France sous le Consulat. Louis XVIII le fit maréchal de camp.

nécessité d'entamer une négociation avec l'espèce de gouvernement au nom duquel on s'était présenté, non pour traiter effectivement, mais pour profiter de la suspension d'armes qui en résulterait, afin de se porter en toute hâte vers la Loire, ou à la rencontre des troupes campées à Saint-Omer et à Lunéville, qui marchaient sur Paris.

L'impatience de M. le Dauphin augmentait d'une manière sensible. Elle ne lui permit pas de me laisser achever le développement des considérations sur lesquelles j'appuyais le conseil que je donnais. Le prince se leva avec colère en s'écriant : « Monsieur d'Haussez, je n'aime pas les mesures timides. Le meilleur parti, le plus digne, c'est de se faire tuer. — Monseigneur, répondis-je d'un ton respectueux, mais très ferme, il est des occasions où il faut plus de courage pour donner des conseils timides que pour braver le danger. Ce courage, mon dévouement au roi me le donne; quant à l'autre, j'espère qu'il ne me manquera pas au besoin, et je me crois en droit de me placer au côté de Votre Altesse royale, si elle prend le parti désespéré dont elle vient de parler. Mais je doute que, dans l'état de découragement où est l'armée, elle trouve assez de monde disposé à la suivre pour exécuter son projet. Puis ce parti n'est que pour elle; que feront, que deviendront le roi et la famille royale? »

Le prince voulait sortir, le roi le retint. Mon opinion fut fortement combattue par M. de Ranville, qui soutenait que l'on reconnaissait la partie perdue en s'éloignant de Paris; que l'on ignorait encore si le maréchal serait contraint de l'évacuer ; mais qu'en admettant cette hypothèse, on ne devait pas, en traitant avec les révoltés, sanctionner la révolte et se priver ainsi des moyens d'attaquer la capitale avec les troupes qui en seraient sorties, et celles que l'on avait appelées de tous côtés.

Comme il achevait, on gratta à la porte. Je fus ouvrir et je trouvai le général du Coëtlosquet près de l'huissier; il demandait à être introduit immédiatement. Le roi m'ordonna de le faire entrer; il était fort ému, et fut quelque temps sans pouvoir parler ; mais son air, sa contenance, disaient clairement les funestes nouvelles qu'il apportait. Je le vois encore, appuyé contre les rayons de la bibliothèque, sans cravate, défiguré par la poussière et la sueur, haletant et pouvant à peine se soutenir. Le Roi et M. le Dauphin étaient restés assis, ainsi que les ministres qui étaient à leur droite. Les autres étaient debout et tournés vers le général; celui-ci dit enfin que le feu, qui s'était soutenu dans le Louvre, avait cessé tout à coup, et que l'on avait vu les Suisses, défenseurs de ce poste, arriver à toutes jambes vers le Carrousel, poursuivis par les assaillants; que la peur s'était emparée de deux régiments de la garde en bataille devant les Tuileries, et qu'ils avaient lâché pied, abandonnant deux pièces de canon chargées; que ces régiments auraient éprouvé une très grande perte sans le courage d'un officier qui, à la tête d'une trentaine d'hommes, avait contenu les révoltés et protégé la retraite ou plutôt la déroute ; car telle était la frayeur des soldats que, méconnaissant la voix de leurs officiers, ils avaient atteint en fuyant la barrière de l'Étoile ; et, s'ils s'étaient arrêtés là, c'est que le maréchal, entraîné dans leur fuite, s'était empressé de la faire fermer. Les régiments s'étaient à peu près reformés, et le duc de Raguse continuait le mouvement de retraite avec moins de désordre. « Et comment êtes-vous venu ? dit le roi. — Sur un caisson, Sire, jusqu'à la barrière. Là, un gendarme ayant été tué tout près de moi, j'ai pris son cheval, et, par les ordres de M. le maréchal, je suis venu informer Votre Majesté de ce qui se passe. — Vous croyez donc tout perdu ? — Tout, non, Sire ; mais bien Paris. La manière dont les troupes en sont sorties ne permet pas d'espérer que l'on puisse tenter de les y faire rentrer. »

Le général se retira, et chacun reprit sa place. Les donneurs de conseils violents gardaient le silence. « Allons, messieurs, dit le roi, il faut pourtant prendre un parti. » Nouveau silence. M. le Dauphin avait la tête appuyée sur ses deux mains. Sans changer de position, il dit : « Voilà une belle occasion pour réaliser un désir que j'ai depuis longtemps, et suivre l'exemple que nous a donné mon oncle Victor-Emmanuel... Mais non... Nous ne le pouvons pas. Le duc de Bordeaux est là. Nous ne pouvons abandonner ses droits et traiter pour lui, il ne faut plus y penser. — Voyons, messieurs, reprit le roi avec émotion, on m'impose l'obligation de renvoyer des ministres qui ont toute ma confiance, toute mon affection, qui se sont sacrifiés pour moi, et d'en prendre d'autres qui me sont donnés par mes ennemis. Me voilà dans la position où était mon malheureux frère en 92. J'aurai sur lui le seul avantage d'avoir moins longtemps souffert. En trois jours, tout aura été terminé avec la monarchie. Quant au monarque, sa fin sera la même. Puisqu'il le faut, je vais faire appeler le duc de Mortemart et l'envoyer à Paris. Je le plains d'avoir mérité la confiance de mes ennemis. S'il a eu des torts, il est cruellement puni... Chacun a ses chagrins, ajouta-t-il après une courte pause... Un de ceux que je sens le plus vivement, c'est cette pénible séparation... » Sa voix était altérée, les larmes le gagnaient. Il se hâta de sortir.

Un instant après, le duc de Mortemart traversa la bibliothèque et entra chez le roi. L'entretien fut court. Le roi reparut et nous dit : « Messieurs, il faut que vous et moi vidions le calice jusqu'à la lie. Qui de vous contresignera les ordonnances de nomination des ministres qu'on m'impose, et celle qui rapporte les Ordonnances du 25 » ? Le prince de Polignac s'y refusa positivement. M. de Chanteleauze, malgré sa répugnance, fut obligé de rédiger et de contresigner l'ordonnance qui conférait la présidence du Conseil au duc de Mortemart ; celui-ci devant à son tour contresigner celle qui lui donnerait des collègues. Nous sûmes qu'il était porteur de pouvoirs illimités et qu'il était autorisé à agir suivant les événements. Nous ne pouvions adresser de questions au roi sur ce sujet, afin de lui épargner le chagrin de convenir que le sort de ses ministres ne devait pas occuper le négociateur, de peur de faire échouer la négociation. Nous avions fait le sacrifice de notre vie, celui de notre curiosité nous coûta peu.

Comme cette opération se terminait, on annonça le duc de Raguse. Son attitude, son air étaient ce qu'ils devaient être ; il y avait sur sa figure une belle et noble douleur, sans le moindre abattement. On voyait un homme familiarisé avec les défaites ; il donna en peu de mots les détails que nous tenions du général du Coëtlosquet, et confirma ce que celui-ci avait dit du découragement des troupes ; il sortit immédiatement. M. le Dauphin se retira dans son appartement.

Le roi était resté avec nous, marchant en silence, lorsqu'on vint le prévenir que le duc de Bellune demandait à se présenter. Nous le vîmes entrer en redingote, sans gilet, couvert de sueur et appuyé sur une canne qu'une violente douleur de goutte lui rendait nécessaire. « Le roi, dit-il, sait que ma vie lui est consacrée. Le moment de la lui offrir est arrivé. Je viens le prier d'en disposer, ainsi que du peu de forces que me laissent mon âge et mes infirmités. »

Ces mots furent relevés par un air qui prouvait que, s'il y avait de l'affection et du dévouement dans sa démarche, il y avait aussi le sentiment d'un devoir qu'il se sentait la volonté d'accomplir. Dans la soirée, le roi informa M. le Dauphin de la présence du duc. « Nous avons bien assez de gens inutiles sans lui », répondit le prince sur un ton qui nous fit mal à tous. N'était-ce pas une belle occasion d'anéantir le souvenir beaucoup trop prolongé des dissentiments que la guerre d'Espagne avait fait naître entre eux ?

Ce jour-là, M. le Dauphin n'était disposé à accueillir ni les hommes, ni les conseils. Sur les quatre heures de l'après-midi, il s'entretenait avec le général Talon[1] des événements de la journée. « Tout peut se réparer, dit le général, si Votre Altesse royale veut m'accompagner. Je ne demande que six bataillons de grenadiers, une batterie et deux heures pour rentrer dans Paris. Voyez, Monseigneur, je m'engage à vous faire coucher dans les Tuileries. »

Monseigneur trouva sans doute plus commode de coucher à Saint-Cloud, car il tourna le dos sans répondre un mot.

Le duc de Mortemart, qui aurait dû partir dans l'après-midi du 29, immédiatement après la signature des Ordonnances dont l'exécution lui était confiée, différa son départ, on ne sait sous quel prétexte, jusqu'au lendemain huit heures du matin. Rendu à Paris, il s'égara dans les rues, se laissa conduire

1. Talon, général (Mat.-Claire-Denis, vicomte), né en 1783, mort en 1853, embrassa la carrière militaire. Fit les campagnes d'Italie, d'Espagne et de Portugal, la campagne de Russie et de France. Se rallia aux Bourbons. Maréchal de camp en 1818 et en 1823 il prit le commandement d'une brigade de la garde royale qu'il conserva jusqu'en 1830 ; après 1830 il prit sa retraite.

et retenir dans la maison de M. Bérard[1], pendant trois heures, et se rendit enfin au Luxembourg, où il arriva à deux heures après midi, avec la fièvre, la peur, et une volonté bien arrêtée de ne pas aller plus loin.

Une douzaine de pairs étaient réunis dans les appartements de M. de Sémonville. Lorsqu'ils eurent connaissance de la mission dont M. de Mortemart était chargé, ils le pressèrent de la remplir. Sur son refus, le comte Colin de Sussy s'offrit pour se rendre à l'Hôtel de Ville. M. de La Fayette, à qui il s'adressa, lui dit ce mot, devenu historique : « Hier, il eût été temps ; aujourd'hui, il est trop tard » ; mot qui condamne M. de Mortemart.[2]

1. Bérard (Auguste-Louis), né en 1783, mort en 1849. Auditeur au Conseil d'État en 1810, maître des requêtes en 1814, député de Seine-et-Oise en 1827, il siégea dans l'opposition, joua un rôle important en 1830, fut membre de la commission qui offrit la couronne au duc d'Orléans ; fit adopter la Charte de 1830. Directeur général des ponts et chaussées et des mines. Receveur général du Cher en 1829.

2. « ... Le duc de Mortemart venait d'être nommé ministre et devait se mettre en rapport immédiat avec le gouvernement provisoire qui venait de s'établir. Il vint ce même soir chez moi, dit franchement que c'était avec peine qu'il acceptait une négociation tardive ; m'en parut tristement préoccupé. Le duc de Mortemart était sérieusement malade depuis son retour de Russie ; sa souffrance ne ralentit pas son zèle ; c'est dans cette disposition qu'il partit pour Paris. Arrivé à la barrière, on l'avertit que les insurgés instruits de sa mission, l'attendaient, espérant l'arrêter. Par une brèche faite à la muraille d'enceinte, il parvint avec peine jusqu'à l'hôtel Laffitte. N'y trouvant personne il se dirigea vers le Luxembourg où siégeait la Chambre des pairs. Là il apprit qu'un gouvernement provisoire était établi à l'Hôtel de Ville, ayant pour chef M. de La Fayette. M. de Mortemart était tellement malade qu'il ne put y aller lui-même ; pour plus de célérité, il chargea le comte de Sussy de remettre à M. de La Fayette les nouvelles ordonnances du roi, afin de les faire connaître à la ville de

Si cette étrange lenteur avait une raison d'être, si des circonstances plus fortes que sa volonté l'eussent mis dans l'impossibilité de remplir une mission de laquelle dépendaient le sort de la monarchie et la sûreté de la famille royale, pourquoi ne les a-t-il pas fait connaître? Comment a-t-il pu se croire dispensé de justifier aux yeux de son ancien maître le silence qu'il a gardé à son égard? Il aurait bien dû régler ce compte avec le souverain qu'il abandonnait, avant d'accepter de l'usurpateur la honteuse mission d'aller en Russie préconiser l'usurpation et, sans doute,

Paris, le *Moniteur* s'y étant refusé. A ce message M. de La Fayette répondit simplement : « Il est trop tard ! » (*Mémoires* de madame la duchesse de Gontaut, p. 330.)

En reproduisant par impartialité ce passage des *Mémoires* de madame de Gontaut, nous ne pouvons pas nous dispenser de faire observer qu'il ne déchargerait pas le duc de Mortemart de son tort principal et funeste, celui de n'avoir quitté Saint-Cloud que le 30 juillet à huit heures du matin, lorsque le roi l'avait nommé la veille ministre et président du Conseil, lui donnant à remplir dans la tourmente le rôle de l'ancre de miséricorde ; mais la même impartialité nous oblige à reproduire un passage du *Mémoire* de M. de Sémonville, plusieurs fois cité déjà par nous :

« Enfin, à dix heures du matin, le vendredi 30, le duc de Mortemart entre chez moi, porteur des Ordonnances. Des intrigues s'étaient ourdies à Saint-Cloud, moins pour les faire déchirer que pour en différer l'effet et pour les accompagner d'autres démonstrations. Le roi n'avait consenti à les signer qu'à huit heures du matin, et la mauvaise volonté de sa part, la mauvaise grâce de M. le Dauphin avaient été telles que Mortemart, sous l'empire d'accès de fièvre violents, n'avait pu obtenir ni une voiture, ni un cheval, ni un laissez-passer pour franchir les postes, se rendre à Paris ; il y était venu à pied, par de longs détours avec mille difficultés... La justification de ce digne homme, en réponse aux reproches qui lui sont adressés est tout entière dans ce fait : à son arrivée, M. de Guersent, mon ami et mon médecin, était chez moi. Il était attaché au même titre à La Fayette, qui me l'envoyait en aide de mes fatigues de la veille. Le premier mot

calomnier officiellement un prince qui l'avait comblé des plus hautes faveurs.

Le roi, qui attendait avec anxiété le résultat des démarches de son envoyé, s'étonna de voir la nuit approcher sans que des dépêches lui parvinssent. Je profitai d'une circonstance qui m'appelait près de lui, pour le presser de nouveau de s'éloigner de Saint-Cloud. Il persista dans son refus, sous le prétexte que sa retraite ferait manquer la négociation. Je lui répondis que le succès m'en semblait impossible. « Ma parole est engagée, me dit-il, je n'y manquerai pas, quoi qu'il puisse arriver. » Madame la

---

de M. de Guersent fut l'ordre de préparer en toute hâte un bain au duc et de l'y retenir pour éviter une crise nerveuse de la plus grande intensité. Cette prescription fut exécutée et renouvelée le soir. M. de Guersent nous quitta peu dans la journée. M. de Mortemart en passa quatre chez moi, pendant lesquelles des communications fréquentes eurent lieu, tant avec Saint Cloud qu'avec le palais Royal. » (*Mémoire sur les journées de Juillet*, dans la *Revue de Paris* du 1ᵉʳ septembre 1894).

L'anecdote suivante prouvera combien était exacte la déclaration de M. de La Fayette.

Le 29, lorsque MM. de Sémonville, d'Argout et de Vitrolles vinrent à l'Hôtel de Ville rendre compte de la mission qu'ils s'étaient attribuée, ils conférèrent en particulier avec M. de La Fayette. Après avoir donné son assentiment à ce qui avait été fait, et aux promesses reçues, celui-ci demanda à M. de Sémonville s'il avait stipulé le remplacement du drapeau blanc par le drapeau tricolore : « Je n'y ai pas songé, dit M. de Sémonville, mais que voulez-vous faire de cette guenille révolutionnaire?... — Une révolution, reprend La Fayette ; si nous ne l'obtenons pas, nous n'aurons fait qu'une révolte. »

La résolution d'expulser la branche aînée des Bourbons n'était donc pas arrêtée le 29.

M. de Vitrolles qui raconte l'entrevue avec La Fayette (t. III, p. 416 ne rapporte pas le mot attribué à celui-ci ; mais M. de Sémonville le rapporte lui-même. (*Revue de Paris*, livraison du 1ᵉʳ septembre 1894, p. 98.)

duchesse de Berry[1], qui savait avec quelle insistance je pressais le roi de partir, et qui partageait mon opinion, me fit appeler et me pria de renouveler mes efforts. Depuis que le changement de ministère était décidé, les occasions de me trouver près du roi devenaient plus rares. Je promis cependant de revenir à la charge. Il me fut donné de tenir cet engagement, Sa Majesté ayant, dans les derniers moments de son règne, daigné m'accorder une confiance qui ne pouvait être motivée que par le calme que je conservais au milieu de l'agitation générale.

1. Peu de temps avant ces malheureux événements, madame la Dauphine était partie pour Vichy. Elle revint en toute hâte dès qu'elle fut informée des premiers troubles. Ce fut à Rambouillet que, après beaucoup de dangers, elle se réunit à la famille royale et lui apporta les secours d'une force d'âme et d'une présence d'esprit trop souvent éprouvées, et qui ne se sont jamais trouvées en défaut. (Note de M. d'Haussez.)

Plusieurs historiens ont dit que la Dauphine n'était pas contraire aux Ordonnances. Chateaubriand, entre autres, a écrit dans ses *Mémoires d'outre-tombe* (1re édition, tome V, p. 237.) « Madame la Dauphine aurait peut-être désiré que les Ordonnances eussent paru dans un moment plus opportun, alors que de meilleures précautions eussent été prises pour en garantir le succès, mais au fond elles lui plaisaient et devaient lui plaire. »

Cette assertion semble rectifiée par une relation que le comte de Puymaigre, ancien préfet de Saône-et-Loire, publia dans divers journaux, qui a reparu dans ses *Souvenirs sur l'Émigration, l'Empire et la Restauration* (p. 434), et qu'il envoya à la princesse elle-même. Ce fut à Mâcon et en revenant de Vichy que la Dauphine apprit la promulgation des Ordonnances: « Le mercredi 28, à cinq heures du matin, dit l'ancien préfet, la princesse était sur la terrasse qui domine les belles rives de la Saône, terrasse attenante à la chambre où elle avait couché. Madame la Dauphine me fit appeler, elle me parla tout de suite des Ordonnances... Je ne croyais pas que tout fût déjà perdu et j'osai dire à la princesse avec une respectueuse assurance que la mesure des Ordonnances me semblait un remède désespéré; qu'elle

On sut bientôt qu'en partant pour Paris, M. de Mortemart avait emporté des Ordonnances par lesquelles le roi rapportait celles qui avaient donné lieu à l'insurrection, et nommait de nouveaux ministres. Nous vîmes à l'air des habitués du château qu'il y avait encore une cour en France, et nous souhaitâmes que les courtisans se montrassent aussi fidèles à leurs devoirs qu'ils l'étaient à leurs usages. Tout le monde nous évita, nous accusant sans doute d'avoir amené des événements dont chacun ne manquait pas de s'affliger en proportion du préjudice personnel qu'il en éprouvait [1].

était de nature à irriter la nation du monde la plus jalouse de ses droits, qu'un tel acte serait taxé d'arbitraire, serait réputé du régime du bon plaisir du roi. « Ce que je dis à madame la Dauphine, ajoutai-je, « je le signerai si elle le veut. — Oui, je le crois comme vous, répondit-» elle après une assez longue pause, et en insistant sur les mots que je » venais de prononcer, oui, cela sera dit du bon plaisir du roi, réputé » arbitraire... ainsi vous n'auriez jamais conseillé cette mesure? — » Non, madame, que Dieu m'en préserve. » Je me rappelle précisément cette locution... Ces mots comme échappés au plus amer regret : « C'est peut-être un très grand malheur que je n'aie pas été à Paris. » Ces mots m'ont révélé sa pensée. »

1. L'anecdote suivante a une couleur locale qui m'engage à la consigner ici.

A mon arrivée à Saint-Cloud, M. Hocquart, avec qui j'avais des rapports assez suivis, m'avait demandé si les ministres voudraient dîner à la table du premier maître d'hôtel. C'était celle destinée à tout ce qui composait le service du Roi. Je répondis affirmativement. A six heures, je me rendis au salon avec mes collègues. Dès que M. Hocquart nous sait arrivés, il accourt, me prend à part et me dit : « J'ai pensé que, dans les circonstances actuelles, vous auriez beaucoup de choses à vous dire et que vous seriez contrariés de vous trouver en aussi nombreuse compagnie ; je vous ai fait préparer une table dans ma chambre, seul appartement dont je puisse disposer. Je vous prie d'engager vos collègues à y passer. » En entrant, nous trouvons le

La garde royale, à peu près ralliée, occupait la partie du parc la plus rapprochée de la Seine, et le pont de Saint-Cloud. Les élèves de Saint-Cyr, dont l'exaltation était extrême, en raison surtout de leur rivalité avec l'École polytechnique, gardaient les portes du petit parc; leur artillerie et leurs caissons étaient traînés par des chevaux des écuries du roi. Le 5e et le 50e et quelques bataillons de la garde occupaient Sèvres; la cavalerie était échelonnée sur les deux routes de Saint-Cloud et de Sèvres à Versailles.

La journée du 30 se passa à attendre les lettres

couvert mis sur une table de toilette. Deux serviettes, dont une avait évidemment été tirée de la toilette, servaient de nappe. L'étroit intervalle qui séparait les assiettes était occupé par un plat sur lequel figurait tout un côté de veau rôti, le gigot excepté. Ce plat était froid. Sur une assiette qui, faute de place sur la table, était déposée sur une commode, se trouvait un reste de jambon. Nous crûmes d'autant moins que ce chétif repas était préparé pour nous, qu'en traversant la salle à manger, nous avions remarqué un dîner dont l'abondance, la somptuosité même, ne se ressentaient en rien du désordre qui venait de régner dans le château. Je sonne : un maître d'hôtel se présente : « Que veut Son Excellence ? — Qu'on nous serve le dîner. — Le dîner ? le voici. — Comment ! c'est le dîner que nous destine M. le vicomte Hocquart ? — Il y a tant de monde au château ! » Et il se retire en marquant de la surprise et du regret. Nous jugeâmes que la nouvelle de notre retraite n'était pas encore parvenue jusqu'à ce brave homme. Un instant après, il aura trouvé que son chef avait agi en homme qui a du tact et du savoir-vivre.

M. de Peyronnet, fort sensible à ce procédé inconvenant, nous proposa de nous passer de dîner. Cette proposition fut repoussée à l'unanimité, et lui-même prit, avec plus d'appétit que de bonne grâce, sa part du morceau de veau froid et du reste de jambon. Il ne se vengea qu'en renvoyant avec sa dignité habituelle une salade et la moitié d'une crème que, dans son attentive sollicitude, M. le vicomte Hocquart nous avait fait passer au moment où l'on enlevait le second service de la table dont il faisait les honneurs. (Note de M. d'Haussez.)

du duc de Mortemart, qui n'arrivèrent pas. On sut seulement qu'à leur rentrée à Paris, MM. de Sémonville, d'Argout et de Vitrolles avaient eu beaucoup de peine à se faire reconnaître par ce même peuple dont ils se croyaient les mandataires ; qu'ils auraient même couru des dangers sérieux, si un colonel nommé Parchappe[1], qui commandait la barrière de

1. Le colonel Parchappe, que je viens de citer comme un des officiers qui les premiers tournèrent leur épée contre le roi, venait d'obtenir le commandement du 51e de ligne, l'un des trois régiments affectés au service des colonies. Lorsque ce commandement avait été vacant, j'avais prié le ministre de la guerre de le solliciter de M. le Dauphin en faveur du lieutenant-colonel du 55e régiment, excellent officier, dont le dévouement éprouvé lors de l'insurrection de Grenoble, le 4 mai 1816, ne s'était pas démenti. Malheureusement, le colonel Frial n'était pas dans les bonnes grâces du prince, qui ne lui pardonnait pas l'avancement que lui avait accordé le duc de Bellune, en 1823. Il fut donc repoussé, et je reçus l'avis de ne plus m'immiscer à l'avenir dans les propositions d'avancement pour les régiments coloniaux. L'observation que je crus devoir faire, que j'avais le droit d'intervenir dans ce genre de circonstances, fut également mal accueillie par M. le Dauphin, qui peu de jours après, appela au commandement vacant le lieutenant-colonel Parchappe. J'avais eu, avec cet officier, à l'époque des Cent Jours, des rapports qui m'avaient laissé une opinion très défavorable de ses sentiments politiques. Lorsque après sa nomination, il se présenta chez moi, il crut devoir me donner l'assurance du plus entier dévouement au roi, et cette assurance m'était répétée à chacune des nombreuses visites qu'il me faisait, mais sans porter avec elle la conviction de la sincérité.
Le jour où les Ordonnances parurent, le colonel Parchappe accourut pour me faire l'éloge de la fermeté du gouvernement et des mesures qui venaient d'être prises. Le lendemain, nouvelle visite, dont l'objet, me disait-il, était de m'offrir ses services comme aide de camp : je les refusai. Le mercredi, il s'était présenté aux Tuileries, et m'avait renouvelé ses offres, et c'était ce même officier qui, le jour suivant, avait le commandement d'une des barrières de Paris, exerçait assez d'autorité pour protéger les trois pairs de France dont la sûreté était compromise, et proclamait le duc d'Orléans[1].

[1]. Voir VITROLLES, t. III, p. 414 ; il parle, lui aussi, des assurances de dévouement que ce colonel était allé offrir à M. d'Haussez.

l'Étoile, ne les avait pris sous sa protection, n'était monté sur le siège de leur voiture, et ne les avait accompagnés en criant à tue-tête jusqu'à l'Hôtel de Ville où siégeait le gouvernement provisoire : « Vive la Charte, vive le duc d'Orléans ! » On apprit encore que les membres du gouvernement leur avaient exprimé de la surprise de la démarche qu'ils avaient faite ; mais qu'ils ne les avaient pas complètement désavoués, et attendaient une réponse officielle aux propositions faites sans leur participation. Ce rapport nous fut confirmé le soir par le baron de

---

J'ai cru devoir citer avec détail cette anecdote, parce qu'elle prouve ce que l'on ne sait pas assez ou que l'on feint de ne pas savoir : que tous les torts imputés aux ministres ne leur appartiennent pas ; que celui si grave de la mauvaise composition de l'armée leur est surtout mal à propos attribué, et que l'influence sur l'action du gouvernement que l'on semble fondé à leur supposer était contrariée dans les affaires les plus importantes, comme dans les moins graves, par une intervention dont un faux désir de popularité réglait presque toutes les démarches. Cette observation importe trop à notre justification aux yeux de la France et de l'Europe, pour devoir être écartée. Nous devions compter sur le concours de l'armée. Ce concours nous a manqué, événement qui n'aurait pas eu lieu si, maîtres de l'avancement, nous avions pu ne le faire porter que sur des officiers dévoués.

L'esprit qui, pendant bien des siècles, avait prévalu dans l'armée française, et que l'on connaissait sous le nom d'honneur militaire, avait entièrement disparu et, avec lui, ce principe de fidélité au roi dans lequel était renfermé le code des devoirs du soldat. On avait persuadé à l'armée qu'elle avait le droit de discuter et la faculté de raisonner son obéissance, et, conséquemment, de la refuser, ou tout au moins de la vendre. L'idée d'un avancement indéfini, que ne pourraient contrarier la volonté du roi ni celle de ses ministres, bouleversait toutes les têtes. La plupart des officiers, soldats parvenus, sans racines dans la société, sans éducation, sans autres principes politiques qu'un instinct de défiance et de haine contre les classes supérieures, étaient toujours prêts à faire servir au progrès de leur carrière les grades qu'ils obtenaient. Persuadés qu'un état de fermentation

Vitrolles, qui était parvenu à sortir de Paris et s'était rendu à Saint-Cloud pour expliquer les circonstances auxquelles il était redevable d'une participation à la mission dont ses deux collègues se croyaient chargés.

Dans la journée du 30, je cédai aux instances de madame la duchesse de Berry, et je priai le roi de me recevoir. Je voulais le presser de nouveau de hâter son départ, avant que les dispositions, à chaque instant plus douteuses, de la population qu'il rencontrerait sur son passage, fussent tout à fait perverties. Un soulèvement qui venait d'éclater à Versailles, et que l'on espérait arrêter à l'aide de

donnerait plus de rapidité à leur avancement, ils saisissaient toutes les occasions de désordre, et, pour avoir un prétexte de le faire, ils substituaient l'idée abstraite de patrie à celle plus claire et plus positive de roi. Aussi les a-t-on vus prêts à répondre à l'appel à la révolte qui leur était fait par des intrigants au nom de cette patrie, du bouleversement de laquelle on les a rendus les instruments les plus actifs et les plus dangereux. (Note de M. d'Haussez.)

Mais, dira-t-on, pourquoi, déduisant du gouvernement représentatif toutes les conséquences qu'il entraîne, les ministres n'ont-ils pas exigé qu'on leur laissât, sur toutes les branches du gouvernement et de l'administration, une lattitude d'action sans laquelle leur responsabilité pouvait être à chaque instant compromise par des actes auxquels leur volonté était restée étrangère? Il n'est qu'une réponse à faire : c'est que l'état de choses qui en serait résulté, en supposant, ce qui est fort douteux, que le roi l'eût agréé, eût été en opposition avec nos usages, avec le caractère national même. En France où, plus qu'en Angleterre, les hommes jouent un rôle par eux-mêmes, on se serait mal arrangé d'un ministère agissant en l'absence du roi, et en quelque sorte par l'autorité personnelle de ses membres. Aussi le roi qui, en cela, n'avait jamais pu ou voulu comprendre les formes et la nécessité d'un gouvernement constitutionnel, avait-il conservé sur les délibérations du Conseil une influence absolue dont il avait soin de constater la possession, en décidant souvent contre l'avis de la majorité de son Conseil.

deux régiments de la garde, placés sous les ordres du général Bordessoulle, avait servi de prétexte à ma démarche. J'ajoutai que le voisinage de Paris permettait aux insurgés d'agir avec plus de succès sur l'esprit des troupes ; que le 5ᵉ régiment, chargé de défendre une position, travaillé par des émissaires venus de la capitale et que l'on avait laissés pénétrer dans ses rangs, inspirait des craintes sérieuses ; qu'un grand nombre de soldats des régiments de la garde désertaient ; que la désaffection chez les uns, le découragement chez les autres, ne pouvaient que s'accroître par des communications favorisées, peut-être, par plusieurs de ceux qui avaient le devoir de les interdire. Mon message ne produisit aucun effet. On s'obstinait à attendre des nouvelles du duc de Mormart, que l'on croyait parti depuis la veille. Cependant, on ordonna de tout préparer pour le départ qui devait avoir lieu dans la nuit.

Nous apprîmes que, dans l'après-midi du 30, le roi avait conféré à M. le Dauphin le titre et les pouvoirs de généralissime. Le prince prit immédiatement le commandement et composa son état-major. Ce fut là tout le résultat de la haute fonction dont il venait d'être investi.

Vers le soir, je parcourus les bivouacs avec quelques-uns de mes collègues. Partout nous étions frappés de la contenance abattue des troupes. A chaque pas, nous trouvions des fusils, des sabres abandonnés. En approchant de la barrière du Parc qui ouvre sur le pont de Sèvres, nous remarquâmes beaucoup de mouvement. C'était le 15ᵉ de ligne qui passait à l'ennemi. En suivant la terrasse qui domine la rivière, nous entendîmes battre un ban. Un grand silence se fit ; puis des cris de : « Vive le roi ! Vive la Charte ! » éclatèrent. On répondit à nos questions que l'on venait de lire un ordre du jour du duc de Raguse, annonçant que, grâce à des concessions auxquelles le roi donnait son adhésion, l'ordre allait être rétabli, et qu'en attendant, les hostilités devaient cesser.

Étonnés, malgré notre position équivoque, de n'avoir pas été consultés sur une détermination aussi importante, et même de l'avoir complètement ignorée, nous cherchons le prince de Polignac pour lui demander des renseignements. Nous ne le trouvons pas. Je me présente chez le roi. Je suis admis, et je vois avec surprise que lui-même ignorait ce qui venait de se passer ; il m'ordonna d'en informer M. le Dauphin. La colère du prince fut énergiquement exprimée ; il fit appeler le duc de Raguse, dont les explications ne le satisfirent pas. La colère l'emporta au point que, se jetant sur l'épée du maréchal, il l'arracha du fourreau avec violence, et se blessa à la main gauche ; il donna ordre au maréchal de se rendre dans son appartement, et à deux officiers qui étaient présents de l'empêcher d'en sortir.

Dégagé du soin des affaires de l'État, chacun de nous s'occupait des siennes. Nos réflexions n'avaient qu'un but, celui d'échapper aux dangers qui suivraient un accommodement, dont la condition principale serait notre abandon.

Dans la conversation qu'ils avaient eue avec nous, après le départ du duc de Mortemart, nous avions pu juger que ni le roi ni M. le Dauphin n'avaient songé à faire mention de nos intérêts. Notre devoir ne nous avait pas permis de nous jeter comme un obstacle à travers une négociation déjà si difficile. Tout nous faisait donc penser que nous serions inévitablement sacrifiés à la haine d'un parti et au salut du roi.

La soirée se passa à examiner ce que nous pourrions tenter pour faciliter notre fuite. Chacun passait en revue les amis qu'il avait, les moyens d'arriver chez eux, les déguisements qu'il prendrait. L'un tirait de sa poche un poignard, l'autre un pistolet dont on devait faire usage contre le gendarme qui se montrerait trop curieux. Deux d'entre nous s'étaient procuré des passeports dans les communes voisines; un troisième avait fait emplette d'habits qui devaient le rendre méconnaissable. Pour moi, qui n'avais ni passeport, ni blouse, ni pistolets, ni poignard, moyens de défense à l'emploi desquels on se décide rarement, je me déterminai à suivre la fortune du roi, et à faire partie de son escorte. Je comptais sur le cheval que je montais à mon départ de Paris. Lorsque je fus le chercher dans l'écurie où je l'avais mis, je ne le trouvai plus. Je me rappelai qu'un autre de mes chevaux avait été prêté à l'aide de camp d'un général, dont le bivouac était dans le parc. Je le fis réclamer. Une heure après, il était à ma disposition.

Ces tristes pensées nous avaient occupés jusqu'à près de minuit. Je m'étais jeté sur mon lit et je dormais depuis une heure environ, lorsque le prince de Polignac, que ni mes collègues ni moi n'avions vu depuis le matin, entra dans ma chambre. « Le roi vous demande, me dit-il. — Et vous? — Je vais bientôt vous rejoindre, mais il veut vous entretenir en particulier. Tâchez d'arriver avant nos collègues. » J'étais habillé. Quelques minutes après, j'étais dans la bibliothèque, où je ne fus pas peu étonné de trouver le duc de Raguse en uniforme et avec son épée. Il était soucieux; et, contre sa coutume, il ne m'adressa pas la parole. Le roi, averti de ma présence, me fit entrer. « Je crois, me dit-il, que j'aurais bien fait de suivre le conseil que vous m'aviez donné de partir avant-hier. Je me décide à me rendre à Trianon. — A Trianon, Sire? Mais à quoi bon? Vous serez presque aussi près de Paris que vous l'êtes ici, et, sans rien diminuer des dangers que je vous ai signalés, vous tomberez dans les inconvénients que vous redoutiez. C'est à Rambouillet, c'est à Maintenon, c'est vers le point le plus éloigné qu'il faut vous diriger. Les chevaux des gardes du corps sont frais; ils peuvent faire de fortes journées. On laissera d'ailleurs sur la route tout ce qui ne pourra pas suivre. — Mais mon fils ne conçoit pas la chose comme cela : il veut rester ici avec l'infanterie de la garde et ne commencer sa retraite qu'à deux heures. — Je concevrais cette combinaison, Sire, si elle devait servir à couvrir votre marche : mais non, si vous restez à Trianon. »

Nous en étions là, lorsque mes collègues entrèrent. Le roi leur dit qu'il partirait à trois heures ; qu'il ne voulait pas se séparer de ses ministres sans leur donner l'assurance qu'il ne jugeait pas de leur dévouement par la direction que prenaient les affaires ; qu'un de ses plus grands soucis était les dangers qu'ils allaient courir ; qu'il proposait à ceux qui n'auraient pas de moyens de salut de l'accompagner jusqu'à ce qu'ils en trouvassent. Il nous congédia.

Tout était en mouvement dans le château, et cependant, tout était silencieux dans les salles, les corridors à peine éclairés. A chaque pas, on se heurtait contre des malles, des paquets que l'on entassait sans ordre sur les voitures et dans quelques fourgons. La nuit était superbe. Rien ne révélait la présence d'une armée entière campée à quelques centaines de toises. A trois heures précises, le roi monta dans sa voiture, ayant à sa gauche madame la duchesse de Berry, qui avait des habits d'homme. Les ducs de Duras et de Luxembourg étaient sur le devant. Deux compagnies de gardes du corps le précédaient : les deux autres venaient après une vingtaine de voitures qui suivaient celle du roi, à la portière de laquelle j'étais avec le duc de Polignac et le comte de Bouillé. On traversa lentement le Parc, Ville-d'Avray et quelques hameaux situés entre Saint-Cloud et Versailles, dont on longea les boulevards pour gagner Trianon.

Le roi remarqua un groupe d'officiers et quelques soldats pressés autour d'un drapeau. C'était tout ce qui s'était trouvé de militaires dévoués dans le 50ᵉ régiment. Le reste avait abandonné, la veille, le poste qui leur avait été confié.

Un peu plus loin, deux cents lanciers de la garde, dont on distinguait à peine l'uniforme sous la couche épaisse de poussière qui les couvrait et à travers les longues traînées de sang qui se dessinaient sur la buffleterie du plus grand nombre, avaient retrouvé des forces pour donner au roi cette dernière preuve de leur fidélité.

La marche ressemblait à un convoi funèbre : c'était le même silence, une égale gravité, une tristesse aussi grande et sans doute plus vraie que celle qui accompagne à leur dernière demeure les morts dont se soucient peu la plupart des gens qui composent leur cortège. Ici, il n'en était pas de même; indépendamment de l'attachement que l'on devait porter à la monarchie et au monarque, chacun avait un motif spécial de regrets dans la perte de sa position, le changement de ses habitudes, le bouleversement de son avenir. Aussi tous les visages portaient l'empreinte de la douleur. Un sentiment de même nature, mais plus désintéressé, se mêlait à l'étonnement des habitants des lieux que nous traversions, et que le bruit de notre marche appelait à leurs fenêtres dans les costumes où le réveil les avait surpris. Nous atteignons Versailles. Dans cette ville créée, habitée, enrichie par les aïeux du roi, il ne se trouva personne qui osât venir sur son passage donner une larme à sa triste fortune, au malheur de sa famille.

On arriva à Trianon, dont à peine on avait eu le temps d'ouvrir les portes, tant les projets avaient été incertains : tant il y avait peu de prévoyance et d'ordre dans leur exécution.

On s'était installé dans le château, comme si l'on eût dû y passer la journée. Il ne faut cependant pas donner au mot « installé » une signification trop positive. On doit entendre que le roi était dans son appartement, madame la duchesse de Berry avec ses enfants dans le sien ; que dans ces deux pièces on avait servi des déjeuners, et que, là seulement, on pouvait apaiser sa faim ; que l'on avait montré aux ministres, comme leur étant destinées, des chambres sans lits et même sans chaises; puis la bibliothèque qui devait servir de salle de Conseil ; que la suite, encore très nombreuse du roi, s'était répandue dans tout le château, y cherchant en vain des sièges pour se reposer, et que les troupes étaient établies dans le Parc, immédiatement autour du château. Il était à peu près sept heures, lorsque cette installation fut terminée.

En descendant de voiture, madame la duchesse de Berry me dit avec impatience : « Vous nous laissez donc ici ? — Moi, madame, je n'y peux rien, et la preuve, c'est que vous y êtes. — Si vous insistiez,

vous obtiendriez du roi qu'il partît sur-le-champ.
— Eh! madame, je ne fais autre chose depuis trois jours que de le supplier de partir et de presser sa marche. Si je pouvais trouver le prince de Polignac... — Belle ressource ! il a perdu la tête : depuis avant-hier, le roi l'a à peine vu et n'a communiqué qu'avec vous. Parlez-lui encore... — Madame, je ne sais comment l'aborder. — Vous me donnez de l'humeur, avec vos craintes. Si vous teniez à m'être agréable, vous iriez lui parler avant qu'il fût dans son appartement. »

Sans répondre, je quittai la princesse et passai dans la pièce voisine, où le roi se trouvait. Madame m'avait suivi, tenant sa fille par la main. M. le duc de Bordeaux était occupé à répéter une leçon de gymnastique, à l'aide d'une balustrade qui entourait une petite statue de Louis XV, placée au milieu du salon.

La foule était grande ; le roi se promenait, parlant de temps en temps à l'un, puis à l'autre, mais sans suite et d'un air préoccupé. Il m'aperçut dans l'attitude d'un homme qui avait quelque chose à lui dire. « Eh bien ! qu'est-ce[1] ? — Sire, je désirerais entretenir Votre Majesté. — Passons dans mon cabinet. » Lorsque nous y fûmes, il me dit : « C'est ma belle-fille qui vous envoie pour me presser de partir. Je l'ai vue vous parler avec cet air animé qu'elle prend lorsqu'elle veut obtenir quelque chose. Mon

---

1. Locution familière du roi.

cher, il m'est plus impossible de prendre cette détermination aujourd'hui qu'hier. Mon fils est resté à Saint-Cloud ; il ne doit en partir qu'à onze heures : je ne saurais m'en aller sans savoir si cela entre dans ses plans, ou tout au moins sans l'avoir prévenu. — Si Votre Majesté veut m'en donner l'ordre, je vais sur-le-champ informer M. le Dauphin que le roi est parti. — Ce départ vous tient bien à cœur. — Je le crois indispensable. — Pourtant, il n'aura pas lieu avant que j'aie vu le Dauphin. Allez le dire à ma belle-fille, et qu'on ne m'en parle plus. » Je m'acquittai de mon message. L'impatience de la princesse éclata de nouveau. Cette fois, ce n'était pas contre moi.

Les autorités de Versailles n'avaient pas encore paru. On fit appeler le secrétaire général de la préfecture[1], qui remplaçait le préfet et le maire[2]. Celui-ci fit dire que sa présence était indispensable pour contenir les dispositions de la populace. L'autre fonctionnaire accourut. Son dévouement au roi ne m'était pas moins connu que son attachement pour moi. Il m'exprima l'inquiétude que lui inspirait la lenteur de la retraite. Selon des renseignements certains, le pays était parfaitement calme à trente lieues de Versailles. Il importait donc de profiter sans délai de ces dispositions qui pouvaient, devaient même changer d'un moment à l'autre. Mais, hélas ! la volonté royale était un obstacle insurmontable :

1. Le comte d'Orcières.
2. Le marquis de la Londe.

il le déplora comme moi, et il s'occupa de ce qui me regardait personnellement. Je lui parlai d'un ami que j'avais aux environs de Melun, mais je ne voyais pas la possibilité de me rendre chez lui à travers un pays que je ne connaissais pas, et dont la population, probablement en armes, m'arrêterait au premier pas. Il me conseilla d'accompagner le roi jusqu'à Rambouillet, où il espérait me procurer un asile, et me quitta en me promettant des feuilles de passeport à l'étranger pour mes collègues et moi.

Nous étions réunis dans la salle du Conseil où, par l'ordre du roi, nous délibérions sur la direction qu'il devait prendre et sur ce qu'il faudrait faire, lorsque cette direction serait déterminée. Chacun, comme c'est l'ordinaire, lorsqu'on ne sait à quel parti s'arrêter, faisait des plans à perte de vue. Fatigué de l'inutilité du seul conseil que je crusse devoir donner, et accablé de lassitude, je laissai ces messieurs raisonner à leur aise, et je m'endormis. On m'éveilla pour m'avertir que quelqu'un voulait me parler. Je sors et je trouve un inconnu qui me demande si je suis le ministre de la Marine. Sur ma réponse affirmative, il m'exprime le désir de me parler en particulier. Je le conduis à l'appartement qui m'avait été assigné et je le prie de me faire connaître le motif de sa visite : « Je suis votre compatriote, me dit-il. Mes opinions ne sont pas les vôtres; mais aujourd'hui, les honnêtes gens se doivent secours, sans acception de nuances politiques. J'ai pensé que votre position vous causait de grands embarras, et cependant, c'est le moment que je choisis pour vous demander un service. — Que puis-je faire pour vous ? — Tout ce que vous ferez pour vous-même. » Il me prit la main, je sentis qu'il y laissait quelque chose. Je regarde et la trouve pleine de billets de banque. « Vous me les rendrez quand vous pourrez, reprit-il ; mais j'ai encore une autre chose à vous demander. Je possède à deux lieues d'ici une fabrique considérable dans une commune dont je suis maire. Mes opinions écartent tout soupçon et toute surveillance de mes démarches et de ma maison. Venez chez moi. Vous en partirez lorsque vous pourrez le faire sans danger. »

Je commençai par le prier de reprendre ses billets : ce que je ne pus obtenir qu'en lui faisant voir ceux que j'avais dans mon portefeuille. Quant à l'offre d'un asile, je l'acceptai. Comme je m'éloignais, il m'appela et me dit : « Vos collègues sont, ainsi que vous, dans un grand embarras. — Il est extrême. — Je voudrais pouvoir les sauver tous. Le tenter serait tout compromettre ; mais je puis en recevoir encore un avec vous. Prenons le plus compromis. Je pense que c'est le prince de Polignac. Restez ici. Ce soir, à huit heures, je viendrai vous chercher. »

Je courus faire part de cette proposition au prince de Polignac qui la refusa pour lui, en m'exprimant le désir que sa femme pût en profiter. Je l'emmenai dans la chambre où m'attendait mon généreux compatriote, à qui je fis part du désir de celui qu'il voulait obliger. « L'un n'empêche pas l'autre, me dit-il.

Si madame de Polignac est prête à partir, je la prends avec moi ; nous ferons à pied le tour du Parc, et ma voiture, que je vais renvoyer d'ici, ira nous attendre à un endroit où personne ne pourra nous inquiéter. Quant à vous, messieurs, attendez moi. A huit heures, je viendrai vous prendre. » Mon collègue refusa obstinément. Pour moi, j'acceptai, et nous nous séparâmes [1].

Je rentrai seul dans la salle du Conseil, où je trouvai les ministres fort absorbés par un nouveau travail. « Allons, me dit M. de Peyronnet, vite, à l'œuvre. Il vous faut lancer une circulaire à la marine pour la prévenir qu'elle ne doit obtempérer à aucun ordre n'émanant pas directement du roi ou de l'un de ses ministres. »

J'essayai, mais vainement, je l'avoue, d'écrire cette circulaire ; brisé de fatigue, anéanti par le sommeil, je cherchais sans y parvenir à rassembler mes idées. Tout à coup, un bruit extraordinaire s'élève dans la cour ; nous voyons arriver M. le Dauphin ; au même moment, quelques coups de fusil éclatent assez près du château. Déchirer les circulaires et courir aux nouvelles fut l'affaire d'un instant. Dix minutes après, les troupes étaient rassemblées, les voitures sorties des remises attendaient tout attelées ; chacun était prêt à partir. Je me rendis près du roi qui me demandait. Il me dit que, sachant par le prince de Polignac que j'avais un

---

[1]. Ce compatriote dont le généreux courage se révélait ainsi était M. Barbet de Jouy. (Note de M. d'Haussez.)

abri, il m'ordonnait formellement de m'y réfugier. Quel que fût mon désir de ne pas abandonner le roi, je dus obéir à ses derniers ordres, car c'est en vain que je cherchai mon cheval. Je l'avais attaché à la roue d'une voiture pour me rendre à l'appel du roi. Quand je revins, je ne le trouvai plus. Quelqu'un plus pressé de fuir que moi s'en était emparé.

Tandis que je me livrais à ces recherches, le roi, le Dauphin à cheval, toutes les voitures de la suite, les gardes et la cavalerie avaient disparu.

Un quart d'heure avait suffi pour mettre une sorte d'ordre dans ce mouvement. En des circonstances ordinaires, plusieurs heures y eussent été employées.

Trois jours après, pressés par les événements, découragés par tant de malheurs, dégoûtés par tant de désaffection, le roi et le Dauphin signèrent leur renonciation au trône en faveur de M. le duc de Bordeaux. On prétend que la garde et les troupes qui les avaient rejoints et qui composaient un effectif de six à sept mille hommes, leur offraient les moyens de prolonger la défense, de gagner même la Loire et la Bretagne, dont la population se préparait à embrasser chaleureusement leur cause ; qu'au moins, cette force eût suffi pour exterminer ce ramassis de bandits que, pour s'en débarrasser, bien plus que dans l'intention sérieuse de lui faire attaquer l'armée qui entourait le roi, Paris avait jetés dans des fiacres et dirigés sur Rambouillet ; qu'enfin, elle eût pu protéger la retraite de la famille royale et, en donnant plus de dignité à son embarquement, éviter l'acte pénible pour le cœur du roi et fâcheux pour la cause royaliste, d'une abdication : acte qui serait la dernière comme la plus condamnable des fautes commises dans cet affreux désastre, si sa nécessité venait à n'être pas démontrée. Séparé du roi à Trianon, je ne pus juger de l'état moral de ses troupes à Rambouillet, ni des ressources que présentait alors sa position. Ce que je vis au moment où je le quittai ne me dispose guère à croire que la tentative qui me semblait convenable, possible, d'un succès à peu près certain, du 28 au 30 juillet, le fût encore le 2 août, époque où presque tous les royalistes et le roi lui-même étaient sans courage pour défendre une cause qu'ils considéraient comme perdue ; où une lassitude morale chez les uns, un excès de fatigue physique chez les autres, avaient paralysé les volontés, comme les moyens d'exécution. Dans les jugements que l'on porte sur les événements du genre de ceux dont il s'agit, on fait toujours une abstraction trop complète d'une foule de causes qui, dans un ordre absolu d'idées, ne devraient effectivement pas exister, mais qui, dans le fait, se rencontrent et agissent presque toujours. La justice commande de faire une part très large aux circonstances dont se compliquent les positions politiques, et de se bien persuader surtout que les rois n'échappent pas plus que le reste des hommes aux lois qui régissent l'humanité et imposent des limites si rapprochées aux forces que la nature leur a départies.

Ce fut à Trianon que je cessai d'être acteur et spectateur dans ce drame dont le renversement d'une antique et glorieuse monarchie fut la péripétie.

CHAPITRE XI

Causes de la chute de la royauté, perdue par la coalition de ses défenseurs naturels avec ses ennemis mortels. — Fautes commises par ses derniers défenseurs. — Récriminations injustes des modérés contre le ministère Polignac. — Ce sont eux qui ont déchaîné la révolution qu'ils essaient à présent d'entraver et qui les emportera à leur tour.

De ce terme fatal où nous ont conduits des événements que leur force et leur enchaînement rendaient presque inévitables, il doit nous être permis de tourner nos regards vers ce passé si chargé de pénibles souvenirs, et d'examiner la position que le gouvernement occupait, les mesures qu'il a prises et celles qu'il aurait dû prendre pour l'améliorer.

Assez de voix s'élèvent pour accuser ce ministère, à qui était réservée la mission d'en finir avec la révolution, ou de voir celle-ci en finir avec la monarchie. Qu'il soit permis à un de ses membres de prouver que tout ne fut pas fautes dans sa conduite; qu'il y eut aussi du zèle, du dévouement, des intentions élevées; et que, s'il succomba dans une lutte entamée contre une faction puissante et habilement dirigée, c'est que, sur le champ de bataille même, ceux qui auraient dû se montrer ses alliés, ses auxiliaires, ceux sur qui la royauté avait tant le droit de compter, ont porté dans les rangs ennemis la victoire que leur désertion enlevait à la monarchie.

On a vu tout ce que l'abandon des prérogatives et des droits du trône avait donné de forces à la faction qui travaillait à le renverser. Le ministère du 8 août arrivait, privé des moyens de comprimer une presse dont, à peu d'exceptions près, tous les efforts étaient dirigés avec succès contre la royauté, contre le roi, contre les royalistes. Les tribunaux refusaient une justice dans laquelle se trouvait le frein, déjà si faible, qui pouvait arrêter ses écarts, et laissaient le gouvernement exposé à des attaques d'autant plus répétées, d'autant plus animées qu'en rendant populaires ceux qui les tentaient, elles n'entraînaient pour eux aucun danger.

Cette même presse favorisait le développement des principes mortels renfermés dans une loi électorale offerte par l'imprudence ou la lâcheté à une faction trop peu forte alors pour oser l'exiger telle qu'elle lui avait été proposée. Son effet était devenu plus redoutable par la déconsidération dont, en les abandonnant dans la défense facile de leur conduite, le précédent ministère avait frappé les administrateurs des départements. Des clubs organisés jusque dans les plus petites villes, affiliés entre eux, et que la jurisprudence des tribunaux couvrait d'une apparente légalité, secondaient sur tous les points du royaume l'agression contre le pouvoir. Dans la Chambre des pairs, les défections les plus étranges parce qu'elles étaient désavouées par la position, les antécédents, les intérêts de ceux qui s'en rendaient coupables, avaient enlevé au gouvernement une majorité qui aurait pu balancer la funeste influence qu'exerçait sur la masse inerte de la France la majorité de la Chambre élective. Les liens qui attachaient l'armée au roi perdaient chaque jour de leur force, par la contagion des doctrines libérales et, s'il faut le dire, par l'obstination de M. le Dauphin à écarter toutes les considérations politiques qu'il aurait dû consulter pour la direction des mesures qu'il adoptait et des choix qu'il faisait.

A tant de causes d'embarras et de contrariétés au dedans, se joignaient, ainsi que je l'ai exposé plus haut, les dispositions hostiles de la plupart des cabinets de l'Europe. Le ministère ne pouvait opposer à cette malveillance jalouse d'une part, à cette opposition acharnée de l'autre, que des moyens insuffisants. Il lui aurait fallu une volonté ferme et bien méditée ; mais l'action de cette volonté était circonscrite dans les limites les plus restreintes. La confiance du roi lui était acquise, mais toute réelle, tout entière qu'elle fût, elle était mise en doute aux yeux de la France, par suite de la faveur dont jouissaient près de lui les ennemis les plus acharnés de ses ministres. Pouvait-il recourir à l'emploi de la force? — mais les éléments de cette force étaient frappés d'inertie, préparés même à se tourner contre lui ; les baïonnettes raisonnaient, et l'on sait dans quel sens. Devait-il admettre de nouvelles temporisations ? — elles auraient accru la puissance de la faction ennemie ; elles perdaient l'avenir et compromettaient même le présent.

Comme il est assez commode de ne rien faire, de ne prendre aucun parti, et de blâmer ceux qui font, le nombre est grand des gens qui croient ou feignent de croire que le ministère avait tort d'agir. L'inefficacité de la détermination contraire est démontrée par l'expérience du dernier ministère, que l'on n'accusera pas d'un excès d'énergie, par la sienne propre. Chaque jour de délai favorisait les progrès d'un mal devenu presque incurable. Il n'est pas un homme de bonne foi qui ne reconnaisse qu'avec l'impulsion qui lui était donnée, il était impossible que, l'eût-elle voulu, la faction pût rester stationnaire. Son mandat était le renversement du trône, il fallait qu'elle le remplît, ou qu'elle fût anéantie. Celui du ministère était de sauver la monarchie. Pour y parvenir, il n'avait que de bien faibles ressources : elles ont été insuffisantes. L'essai que l'on en a fait a produit l'effet que l'on devait en attendre, s'il était sans succès : il a rendu, non pas plus décisif, mais plus immédiat, le coup porté à la royauté, et il a borné à trois jours l'accomplissement d'un événement qui aurait pu traîner pendant quelques semaines. C'est à cela seulement que doit se borner la responsabilité des ministres aux yeux du roi, à qui on n'avait rien dissimulé des dangers attachés au parti qui lui était proposé ou, pour parler plus juste, dont lui-même avait eu la pensée et exprimé la volonté ; aux yeux de ceux des royalistes qui, placés au centre des événements, peuvent en apprécier les causes et les résultats. La révolution était inévitable, si le gouvernement avait reculé devant elle. Elle pouvait être vaincue, malgré l'inégalité des forces, dans le combat qu'ils ont entamé, et la victoire écartait de la France, de l'Europe, que les ministres savaient menacée de la conflagration préparée chez nous, les malheurs d'une nouvelle et générale commotion. Leur devoir ne comportait pas d'hésitation : c'est de lui seul qu'ils ont pris conseil. En un mot, leur tort est, non d'avoir conseillé au roi de signer les Ordonnances, mais de ne s'être pas assurés des moyens de les faire exécuter ; et ainsi qu'on l'a vu, ce tort immense, irréparable, ne peut être reproché qu'à l'un d'entre eux.

Une autre faute paraît avoir été commise. A l'insuffisance des forces, s'est jointe de l'hésitation dans leur emploi. On assure que, par ordre supérieur, plusieurs régiments ne se sont servis que de cartouches sans balles ; que la plupart des canons n'ont été chargés qu'à poudre. Ce fait serait même à peu près prouvé, s'il était vrai que l'on ne remarque sur les murs de Paris que la trace de deux boulets et que des cartouches à poudre seule ont été trouvées dans les gibernes des soldats. Un tel ordre, s'il avait été donné, ferait plus d'honneur à l'humanité du chef qu'à sa détermination. Dans des circonstances semblables à celle dont il s'agit, il faut savoir prendre un parti : il faut tirer à fond ou ne pas tirer du tout. Loin de moi la pensée que le duc de Raguse ait trahi. C'est bien assez du tort de n'avoir pas su s'il devait sévir. Mais ce tort, je ne balance pas à le lui attribuer[1].

Je viens d'exposer les difficultés que présentait notre position, au milieu de circonstances toutes contraires, auxquelles il nous était impossible de nous soustraire. Ces difficultés ont été rendues plus graves encore par la réalisation de toutes les éventualités que notre prévoyance nous avait fait redouter, mais dont il était permis d'espérer que quelques-unes pourraient être conjurées. Ainsi une police inerte et maladroite, à laquelle on s'obstinait à accorder une confiance que devaient repousser l'impéritie et les fautes de son chef, nous a constamment induits en erreur sur la force de la faction, sur les dispositions qu'elle avait faites pour attaquer ou se défendre. Ainsi la fureur de l'esprit de parti a porté une classe riche et influente à déchaîner la populace que renfermaient ses ateliers, et à la réunir à celle qui était envoyée des départements et entretenue à grands frais dans la capitale, sans s'embarrasser de l'usage qu'elle ferait des armes qui

---

1. Voyez à l'Appendice, page 443. note I, les explications échangées entre M. d'Haussez et le maréchal Marmont lors de leur rencontre en Angleterre.

lui étaient imprudemment confiées, sans se laisser arrêter par l'idée de l'immense préjudice qu'un état de trouble allait causer au commerce et à l'industrie, sans examiner les dangers qui menaçaient ses propriétés, son existence même.

Ainsi, pendant quelques jours, la population de Paris a appliqué cette dose de crédulité dont, à la vérité, elle est abondamment pourvue, à se persuader qu'elle trouverait dans un accroissement de prospérité la compensation des immenses sacrifices qui lui étaient imposés, et qu'elle croyait faire volontairement. Elle a même naïvement accepté l'épithète d' « héroïque », parce que s'inquiétant peu de ce qu'il en coûterait pour réparer les rues et rebâtir des maisons qui ne leur appartenaient pas, des bandes soldées s'étaient retranchées dans ces maisons et derrière ces barricades faites avec les meubles qui leur tombaient sous la main, et avaient triomphé des troupes du roi. Ainsi (car il faut bien reconnaître les fautes qui peuvent être attribuées au ministère ou à ses membres), par l'inconcevable aveuglement de celui d'entre nous à qui étaient réservées la principale direction des affaires, et plus spécialement la conception et la réunion des ressources qui devaient être employées dans le moment décisif, le quart au plus des forces qu'il avait présentées comme disponibles a pris part à l'action. Ainsi cette force, déjà si insuffisante, a été réduite encore par la défection de plusieurs des corps qui la composaient, et par le prompt et inexplicable découragement des autres : découragement tel que l'on a vu les meilleurs régiments de l'armée fuir, sans tenter de combattre, devant une multitude sans discipline, sans tactique, sans habitude du maniement des armes, qu'à la vérité elle avait à profusion. Ainsi tout ce que la persévérance devait tenter pour prolonger la défense, et lasser l'agression, n'a peut-être pas été épuisé. Ainsi (et cette faute ne saurait être attribuée au ministère qui a tout fait pour l'éviter), les ressources qu'offraient les départements de l'ouest ont été perdues par le refus constant du roi de suivre le conseil qui lui était donné de se porter à marches forcées vers la Bretagne, dès que tout espoir de conserver la capitale avait été perdu.

Que pouvait le ministère contre une telle réunion de circonstances toutes défavorables, contre cette terreur dont on ne peut indiquer la cause ni apprécier les effets, et qui s'était emparée des corps comme des individus, de la nation comme de son chef[1] ? On peut répondre avec confiance : Rien au delà de

---

1. Le roi avait conservé tout le courage qu'il lui fallait pour envisager les événements et leurs conséquences, mais non celui qui pouvait y porter remède. Il en était à peu près de même de M. le Dauphin qui trouvait que le meilleur moyen de sortir d'embarras était de se faire tuer. Il avait raison, mais personne n'osait le lui dire ; puis, il ne pouvait aller seul affronter les balles, et il aurait eu de la peine à trouver cinquante hommes disposés à partager sa fortune, parmi ces corps qui dans d'autres temps, auraient couru pour lui à une mort certaine. (Note de M. d'Haussez.)

Les rares survivants des Journées de Juillet qui payèrent de leur personnes à Paris, à Saint-Cloud et qui, à Rambouillet, demandaient encore à affirmer leur dévouement, protesteront sans doute contre l'hypothèse que le désespoir de ne pas lutter jusqu'au bout arrache à

ce qu'il a fait. Il a soutenu jusqu'au dernier moment le caractère de fermeté qu'il avait déployé dès le principe. Sans calculer les conséquences de la redoutable responsabilité qu'attiraient sur lui les mesures qu'il allait prendre, il n'a pas hésité à les ordonner, à en presser, à en surveiller l'éxécution. Lorsque le

M. d'Haussez. Le désespoir seul parle mieux et parle plus haut que la justice.

A Rambouillet, le général Vincent demanda en vain qu'on lui donnât seulement les compagnies des gardes du corps, répondant qu'avec elles seules, il disperserait la cohue des Parisiens qui suivaient à distance les commissaires de l'Hôtel de Ville. Il a raconté depuis que le général Pajol lui avait dit : « A la moindre attaque, tous ces gens se seraient enfuis comme une volée de moineaux. » (Nettement *Histoire de la Restauration*, t. VIII, p. 709.)

Nous citerons encore, mais sous réserve ne voulant prêter à personne des paroles dont nous ne pourrions pas garantir l'exactitude, le passage suivant de *l'Histoire* d'Alfred Nettement.

Charles X voulait entretenir en particulier un des trois commissaires qu'on avait envoyés de Paris pour lui arracher la promesse de son éloignement. Il croyait pouvoir compter sur le maréchal Maison, car récemment il l'avait élevé à la dignité du maréchalat, à la suite de la campagne de Morée. Charles X lui demanda sur sa parole d'honneur, s'il était vrai que quatre-vingt mille Parisiens marchaient sur Rambouillet. Le maréchal répondit : « Sire, je ne les pas comptés, mais ils » sont beaucoup. Enfin, répond le roi, croyez-vous qu'ils soient quatre-» vingt mille ? — J'ai eu l'honneur de répondre à votre Majesté que je » ne les ai pas comptés, mais il y en a beaucoup. Ils peuvent être quatre-» vingt mille ».

Le maréchal Maison savait cependant que l'expédition de Rambouillet se composait à peine de six cents hommes, mal armés, incapables de tenir devant un régiment. On assure qu'il dit en sortant de cet entretien : « Nous l'emportons, le roi a consenti à partir ; mais si j'étais à sa place et à celle du maréchal Marmont, et que j'eusse à ma disposition ces douze mille hommes d'excellentes troupes et ces quarante-deux pièces de canon qui n'attendent qu'un signal, ce seraient ces étourdis de Parisiens qui s'envoleraient. » *(Ibd.* p. 711.)

Que le maréchal Maison ait tenu ou n'ait pas tenu ce propos, la vérité est là. C'est à Rambouillet que s'est décidée la catastrophe.

péril s'est présenté, ses membres ont su l'affronter avec courage et donner au Roi, jusqu'au moment où leur présence aurait pu compromettre le peu de sûreté qui lui restait et où ils ont reçu de lui l'ordre de s'éloigner, des preuves du plus loyal et du plus entier dévouement. Si le succès avait couronné nos efforts, on n'eût pas trouvé assez d'éloges pour exalter notre conduite. Et ce qui se passe en Europe prouve suffisamment qu'elle aussi aurait profité de ce que nous tentions pour sauver la France. Nous sommes vaincus, et ceux dont nous défendions la cause en même temps que celle de la royauté, épuisent toutes les formules du blâme pour nous accabler sans justice, sans égards pour notre position, sans même vouloir nous entendre; comme si ce n'était pas assez de notre liberté compromise, de la perte de nos fortunes, de la mort qui menaçait plusieurs d'entre nous, de la fuite et de l'exil qui sont le partage des moins malheureux!

Où trouvent-ils le droit de censurer nos actes, ces détracteurs acharnés? Est-ce dans leur concours? Non : ils nous l'avaient constamment refusé, sans autre motif que le besoin de contrarier notre marche lorsque, utile au gouvernement, il eût été sans péril pour eux ; ils nous l'ont refusé bien plus encore lorsqu'il se fut accompagné de dangers provoqués, grossis par la folle exagération des opinions qu'ils professaient autrefois, qu'ils désavouent maintenant. Incapables d'agir, toujours empressés de blâmer, on les a vus successivement passer de la résistance à l'inertie et imprimer à la marche du gouvernement des secousses fatigantes pour l'État et propres à désaffectionner les esprits. Ce sont ces hommes qui, pour couvrir l'abandon d'une cause qui n'est plus la leur depuis qu'elle est malheureuse, et la défection dont ils ont payé les bontés du roi, viennent joindre leurs reproches aux accusations plus graves dirigées contre nous par une faction qui, au moins, a des prétextes, des motifs même pour nous attaquer; car, enfin, c'était à ses doctrines, à la personne de ses membres que nous en voulions, tandis qu'après la victoire, les premiers n'auraient pas manqué de se présenter pour en recueillir les fruits.

Tout aussi injustes et imprimant à leurs accusations un caractère de récrimination sanguinaire, ceux qui ont donné aux événements, préparés par leurs vœux imprudents ou leur coupable concours, un développement qui les fait trembler à leur tour, et nous reprochent les maux qui pèsent sur la France. Qu'ils répondent, s'ils l'osent, aux questions que nous allons leur faire. S'ils gardent le silence, c'est aux hommes dont ils ont inconsidérément servi les projets, c'est aux révolutionnaires avoués qui se sont emparés du pouvoir auquel eux-mêmes aspiraient, que nous nous adressons. Ceux-ci sont plus francs parce que leur amour-propre ne leur conseille pas de recourir au mensonge.

Nous dirons aux uns et aux autres : Est-ce nous qui vous avons conseillés et excités dans les attaques que, depuis la Restauration, vous n'avez pas cessé de diriger contre le gouvernement légitime? Est-ce nous qui avons fomenté les divisions, écarté les rapprochements que la prospérité générale tendait à amener entre toutes les classes d'opinions, entre toutes les positions sociales?... Est-ce nous qui avons créé cette succession de dénominations dont on prétendait flétrir ceux que l'on voulait dévouer à la haine publique?... Est-ce nous qui, à force de nier le bonheur dont la France jouissait, avons persuadé à une partie de ses habitants que ce bonheur n'existait pas?... Est-ce nous qui, méconnaissant le bienfait d'une liberté plus étendue que ne l'avait été à aucune époque, celle de quelque peuple que ce soit, avons provoqué le règne de la licence?... Est-ce nous qui avons réclamé, jusqu'à ce qu'il ait été accordé, le déchaînement d'une presse qui ne servait qu'en passant les intérêts qui l'employaient et qui devait les attaquer après avoir anéanti le pouvoir contre lequel on l'avait tournée?... Est-ce nous qui avons créé et entretenu ce malaise imaginaire dont on s'est efforcé de troubler le bien-être réel de la nation?... Est-ce nous qui de sophisme en sophisme avons entraîné l'esprit public dans les plus dangereuses erreurs, laissant au peuple le soin de déduire les conséquences des principes subversifs que vous aviez établis?... Est-ce nous qui, par de perfides transitions, avons promené la popularité des opposants de bonne foi aux ennemis de la monarchie, puis aux ennemis déclarés de tout ordre social?... Est-ce nous qui avons poussé les tribunaux vers ce système de résistance bientôt dégénéré en forfaiture, par leur refus d'appliquer aux délits politiques les textes les plus précis des lois ?... Est-ce nous dont les efforts irréfléchis ont fait entrer dans la branche la plus influente des trois pouvoirs législatifs, des hommes dont les noms rappelaient les plus effrayants souvenirs de la Révolution, et promettaient un avenir plus terrible encore ?... Est-ce nous qui, pour obtenir ces choix, avons organisé dans chaque arrondissement les comités chargés de les faire réussir et d'exciter en outre les passions populaires contre le gouvernement et les supériorités sociales ? Est-ce nous qui avons préparé ces conspirations répétées, qui, se détachant d'une conspiration générale, aujourd'hui avouée comme un titre de gloire, en démontraient l'existence et auraient dû provoquer plutôt une rigueur que la faiblesse de nos prédécesseurs nous avait légué le soin pénible d'exercer, mais à une époque où son emploi, devenu plus difficile, ne permettait pas d'espérer un succès aussi certain ?... Est-ce nous qui avons allumé ces incendies, moyen exécrable auquel la faction libérale ne manquait pas d'avoir recours toutes les fois qu'elle avait à préluder à une tentative contre l'État ?...

Est-ce nous qui avons préparé l'armée à une défection qui devait tourner contre nous ; qui l'avons disposée à secouer le joug d'une indispensable discipline ?... Est-ce nous qui, mettant la dernière main à une œuvre de quinze années, avons réuni en associations et entretenu à grands frais, pendant plusieurs mois, à Paris, la portion la plus dangereuse de la population des provinces et de la capitale, pour la lancer contre un trône déjà ébranlé par de continuelles attaques?... Est-ce nous qui avons jeté hors des ateliers où une longue paix, fruit de la prudence du gouvernement, leur avait fait trouver du travail et des moyens d'existence, les milliers d'ouvriers qu'ils renfermaient, pour les précipiter contre les troupes du roi?... Est-ce nous qui avons exigé des possesseurs de ces ateliers les sacrifices qui les ont empêchés de les ouvrir de nouveau et qui bientôt ont causé leur ruine complète?... Est-ce nous qui avons payé les armes et les munitions dont on a fait un usage si funeste; qui avons arrêté ces plans, combiné cette tactique destinés à régulariser le mouvement révolutionnaire?... Est-ce nous qui avons détruit la confiance publique, fait cesser les transactions commerciales et produit la crise terrible qui a anéanti le crédit?... Est-ce nous qui, après le triomphe de la cause populaire, en avons exagéré les résultats au point de compromettre la tranquillité générale et jusqu'à la sûreté personnelle de ceux qui avaient imprimé le mouvement?...

Est-ce nous qui avons violemment porté l'esprit révolutionnaire au delà du Rhin et des Pyrénées, en salariant les aventuriers que l'on destinait à cette criminelle mission?... Est-ce nous qui avons déchiré la charte et renversé les institutions au nom desquelles on a soulevé la capitale?... Est-ce nous qui, sans consulter la France, l'avons humiliée en lui imposant un gouvernement créé par une vingtaine de brouillons et d'ambitieux, et au profit de quelques journalistes?... Est-nous qui avons accaparé les emplois lucratifs?... Est-ce nous qui avons porté aux fonctions publiques les hommes qui en sont reconnus les plus indignes?... Est-ce nous qui avons établi un système de terreur, de spoliation, de restrictions de tous les genres de libertés?... Est-ce nous qui remplissions des feuilles salariées d'attaques contre toute subordination légale, contre toute supériorité sociale?... Est-ce nous qui provoquions dans ces mêmes feuilles, et avec des expressions empruntées aux journaux les plus atroces de la première Révolution, les émeutes au moyen desquelles on espérait arracher à la Chambre des pairs notre propre condamnation, ou se faire livrer les têtes de ceux d'entre nous qui étaient sous les verrous de Vincennes?... Est-ce nous enfin qui devons être responsables de la ridicule déception de ces gens qui avaient la candeur de penser que la révolution qu'ils propageaient s'arrêterait aux points divers que, dans son esprit, chacun d'eux assignait à ses progrès; et des terribles conséquences que cette révolution aura pour ses auteurs, comme pour la monarchie, comme pour la France, comme pour l'Europe entière?

Cette responsabilité, nous la repoussons. Elle appartient à ceux qui n'ont pas craint de l'assumer, à ceux sur qui la postérité, peut-être même la génération présente, rapidement ramenées par la force des événements à un jugement impartial, la feront retomber comme la terrible, mais bien juste peine de leurs folles ou criminelles intentions. Elle appartient encore à ces défectionnaires, à ces hommes de peu de sens qui, ne voyant pas que toute la politique du peuple, c'est le désordre, que sa charte, à lui, c'est le pillage, ont porté à son terrible tribunal la cause de la royauté contre une faction dont ils s'étaient rendus les auxiliaires. Elle ne peut nous atteindre, nous, arrivés aux affaires en un moment où le mal, parvenu à son dernier terme, ne laissait pas même le choix du remède, nous n'avons dû, n'avons pu voir que la monarchie et ses périls, que ses ennemis et leurs coupables projets, que notre devoir de Français et de sujets fidèles, qui nous commandait de défendre le roi et nos institutions, et de repousser ceux qui en voulaient au trône et à notre pacte social.

Nous n'avons pas attaqué ; nous avons défendu une position confiée à notre dévouement. Victorieux, tout en rejetant sur ceux qui les avaient provoqués les résultats funestes de l'agression, nous aurions eu à rendre compte des conséquences de notre triomphe. Vaincus, les maux volontairement causés par nos antagonistes, ceux qu'ils n'ont pas su prévoir ou prévenir, les sacrifices au prix desquels il leur a plu d'acheter la victoire, tout retombe sur eux. Malheur à eux, malheur à eux seuls des maux de la France, qu'ils sont venus troubler au milieu d'un état inouï de prospérité : les uns pour faire prévaloir de vaines et emphatiques théories, les autres pour satisfaire leur ambition, leur cupidité, leur jalousie contre les classes supérieures; tous sans égard pour l'intérêt public qui servait de prétexte à leur coupable conduite!

Ce n'est donc pas le ministère du 8 août qui a préparé la chute de la monarchie. Lorsqu'il a été formé, le mal était tel que la plupart de ses membres désespéraient de pouvoir l'arrêter. Ils en ont fait l'observation; ils ont exposé leurs craintes, leurs hésitations; ils ont été jusqu'à repousser avec respect la confiance qui se portait vers eux. Rien n'a été écouté. Le roi avait parlé; ils ont dû obéir. Une volonté auguste s'est souvent prononcée contre l'opinion de la majorité d'entre eux; ils n'ont osé prendre un parti sans inconvénients dans des circonstances ordinaires, mais qui, dans l'état de crise où se trouvait la France, eût imposé au roi la nécessité de chercher leurs remplaçants dans les rangs de ses ennemis. Ils lui ont souvent fait le sacrifice de leur conviction, lors même qu'ils prévoyaient que ce sacrifice en entraînerait d'autres plus étendus et bien plus pénibles.

Mais voilà qu'accusés par l'opinion à laquelle nous nous faisons gloire d'appartenir, nous avons à répondre de l'abdication de Rambouillet, de cette résolution qu'une confiance indignement trahie par celui qui en était l'objet avait mis le roi dans l'impossibilité de refuser à la violence qui la réclamait. Un mot suffira : l'acte dont il s'agit a été signé le 2 août; c'est le 29 juillet que nous avions été congédiés et remplacés par le duc de Mortemart et par les collègues que la volonté populaire lui avait associés. Le ministère du 8 août n'existait donc plus. La plupart de ses membres n'étaient plus auprès de Charles X; ils cherchaient dans la fuite des moyens de salut que, trop préoccupée sans doute de ce qui la concernait, la royauté n'avait pas songé à stipuler pour ceux qui l'avaient servie avec tant de courage. Dans ce traité qu'elle croyait avoir fait avec la révolte, sans doute, des fautes ont été commises, mais sont-elles exclusivement le résultat de l'inhabileté des ministres? Dans les causes qui ont entraîné la chute du trône, ne doit-on pas faire une part bien ample à un état de choses désespéré, funeste héritage du ministère qui les avait précédés?... Et enfin, leur dévouement, les malheurs qu'il appelle sur leurs têtes, ne doivent-ils rien compenser?

C'est aux hommes impartiaux de notre époque qu'il appartient de répondre; c'est à la postérité, qu'une nouvelle et terrible révolution, en dévorant la génération présente, va rapidement rapprocher de nous.

FIN DES MÉMOIRES.

APPENDICE

APPENDICE[1]

I

Lorsque le roi, renonçant à défendre les débris de son trône, eut fait entendre le cri de : *Sauve qui peut!* qui donna le caractère d'une fuite à la retraite de Trianon, chacun des membres du dernier ministère songea à sa propre sûreté. J'avais eu la pensée d'endosser un uniforme de garde du corps, de me mêler dans les rangs d'une compagnie, d'en suivre la fortune et, à défaut de meilleur parti à prendre, de traverser la France comme un de ces officiers qui se retirerait chez lui après le licenciement.

Tout était disposé pour l'exécution de ce plan, lorsqu'une circonstance imprévue m'y fit renoncer.

---

1. Nous réunissons sous ce titre un fragment dans lequel M. d'Haussez a raconté son évasion et ses rapports en Angleterre avec la famille royale ; quelques pages extraites d'une notice qu'il avait commencée sur la duchesse de Berry ; une note sur le trésor de la Casaubah et la part de l'ancien ministre de la marine.

J'ai raconté précédemment qu'un de mes compatriotes était venu me faire la généreuse proposition d'un asile chez lui pour le prince de Polignac et pour moi. Le prince avait refusé pour son compte, mais accepté pour sa femme. Moi, j'avais accepté, sans cependant être bien fixé sur ma résolution définitive.

M. de Polignac et moi, nous fîmes part à madame de Polignac de l'offre qui lui était faite. Elle put à peine l'apprécier, anéantie qu'elle était par un état de faiblesse causé par la faim. La veille, elle n'avait pu manger. Le départ de Saint-Cloud avait été si précipité, qu'elle n'avait pas songé à emporter quelques provisions. Trianon était complètement dépourvu de ressources en ce genre. Notre embarras était grand, lorsqu'en sortant de l'appartement où j'avais laissé mes amis, j'aperçois un valet qui portait une volaille, un pain et une bouteille de vin. Je l'interroge et j'apprends que tout cela était destiné à madame la duchesse de Berry. Je l'accompagne et je prie Son Altesse royale de vouloir bien me donner une partie de son déjeuner pour madame de Polignac. Avec la chaleur qu'elle met à tout ce qui a le caractère d'une bonne action ou d'un service, Madame prend la volaille à pleines mains, la met dans les miennes, coupe du pain, verse du vin dans le verre et m'enjoint de porter tout cela à madame de Polignac. Je ne voulus prendre que ce qui était rigoureusement nécessaire à la pauvre affamée, à qui quelques gouttes de vin et un peu de volaille rendirent les forces nécessaires et qui partit immédiatement avec M. Barbet[1].

Au moment où le roi se disposait à partir de Trianon, je fus prendre mon cheval et je vins me placer près de la voiture destinée à Sa Majesté. On vint m'avertir qu'elle me demandait. Elle avait daigné me faire appeler pour me dire qu'informée qu'un ami m'offrait un asile, elle exigeait que j'en profitasse. Elle ajoutait que mes services lui deviendraient inutiles ; que ma présence pourrait même être un embarras ; qu'ainsi dans son intérêt comme dans le mien, elle désirait que je n'insistasse pas pour la suivre.

Toute formelle que fut cette invitation, je m'éloignais sans trop savoir encore si je m'y conformerais, lorsque, arrivé sur le perron, je ne retrouvai plus mon cheval, que j'avais attaché à une des roues du carrosse du roi et que quelqu'un, dont, sans doute, la détermination était plus arrêtée que la mienne, avait pris pour activer sa fuite. Tandis que j'en faisais la recherche, le roi, la famille royale, les troupes, tout défilait. Lorsque j'eus perdu l'espoir de retrouver mon cheval, il ne restait plus dans la cour qu'une seule voiture. MM. de Peyronnet, de Chantelauze et de Montbel, qui étaient dedans, me pressaient

---

1. Voir page 298 de ce volume.

M. Barbet avait créé à Jouy d'importantes fabriques de tissus de coton et de toile, dites « de Jouy ». Par décret de 1839, son fils fut autorisé à ajouter à son nom celui de Jouy. Son petit-fils, M. Henri Barbet, membre de l'Institut, lors de la Commune, sauva les collections du Louvre dont il était conservateur.

de prendre une place qui y était vacante. Je les remerciai, la portière se referma ; la voiture partit au galop des chevaux. Je me trouvai seul.

Un des suisses du château vint à moi : « Monseigneur, me dit-il, fera bien de ne pas rester ici. Rien ne saurait le protéger. Veut-il entrer chez moi ? Vous me connaissez donc ? — Sans doute, vous êtes le ministre de la Marine. Mais hâtez-vous ; suivez-moi. »

Ce brave homme me fit monter dans une chambre où il me laissa. Une demi-heure ne s'était pas écoulée, lorsqu'il entre d'un air effaré et s'écrie : « Vite, sauvez-vous. Les habitants de Versailles se disposent à se porter sur Trianon, où on leur a persuadé que des royalistes sont restés cachés. Il n'y a plus de sûreté pour vous. — Qu'allez-vous faire de moi ? — Tout ce que je pourrai ; l'essentiel est de ne pas rester dans le château. »

Nous sortons. Mon guide me fait passer derrière des charmilles et nous gagnons ainsi l'extrémité du parc de Versailles où nous n'apercevons pas un seul promeneur. « Maintenant, me dit le suisse, qu'allez-vous devenir ? Où comptez-vous aller ? — Je voudrais pouvoir attendre la soirée. A huit heures, on doit venir me prendre pour me conduire à quelques lieues d'ici. — Si vous voulez avoir confiance en moi, je pourrai peut-être vous mener à votre destination dès ce moment. Cette confiance, je la mérite, je suis un honnête homme. Mon père a péri au 10 Août. S'il l'avait fallu, je me serais fait tuer aujourd'hui comme lui. Voulez-vous de mes services ? — Je les

accepte. Croyez-vous que nous puissions gagner Jouy ?
— Oui, sans doute. Nous n'avons à redouter que la traverse de la route de Saint-Cyr. Essayons. »

Nous nous remettons en marche. Arrivés à la grande route, nous la trouvons occupée par un régiment suisse et nous la traversons. Après le bois de Satory, et sur le chemin de Versailles à Jouy, nous sommes arrêtés par des paysans groupés devant un cabaret qui nous demandent ce qui se passe à Paris. Pour prix des nouvelles que je leur invente, ils m'offrent un verre de vin et me laissent passer outre.

Il était quatre heures lorsque j'arrivai à Jouy. Tout en regrettant la précipitation que j'avais employée, mon généreux hôte ne m'accueillit pas moins avec un vif intérêt. Il me conduisit à un appartement où je trouvai madame de Polignac, à qui la famille entière de M. Barbet prodiguait des soins. On nous fit passer dans la maison pour des habitants de Paris que la frayeur avait chassés de la capitale, et qui, quoique à peine connus, étaient venus demander une hospitalité que l'on ne croyait pas devoir refuser.

Cette hospitalité s'accompagnait de tout ce qui pouvait en rehausser le prix ; car, comme si ce n'avait pas été assez des périls qu'elle pouvait attirer sur ceux qui l'accordaient, ils y joignaient des offres de tous les genres, une extrême délicatesse dans les procédés et ce dévouement calme et vrai qui prévoit tout, calcule tout et ne se laisse arrêter par rien.

« Vous voilà ici, me dit M. Barbet, vous y resterez.

Je fais de vous un ouvrier, un contremaître, un commis, tout ce que commandera votre secret. — Grand merci, repris-je, mais permettez-moi de n'accepter de vos offres qu'un asile dont encore j'abrégerai la durée le plus possible. Dans ce moment de perturbation générale, alors que rien n'est organisé, la fuite doit rencontrer moins d'obstacles. Je veux vous quitter au plus tôt et gagner le point de la côte le plus rapproché. Je partirai aussitôt que j'aurai un passeport, et, s'il se peut, un compagnon de voyage. — Vous aurez l'un et l'autre. Le passeport vous sera délivré par mon adjoint. Quant au compagnon de voyage, ce serait moi si je ne craignais de me faire une mauvaise affaire avec Lambert. Je me rendrai cette nuit à Paris. Demain, de bonne heure, notre ami sera ici[1].

Tout se passa comme M. Barbet l'avait arrangé. A midi, M. Lambert arriva. C'est un de ces hommes rares dont le cœur est toujours prêt à une bonne

---

1. Pour faire connaître M. Lambert, nous donnons ici la note suivante de M. d'Haussez :

» Juin 1831. — Ce fut à cette époque que M. Lambert, ancien administrateur des Monnaies, eut la courageuse pensée de faire frapper des pièces de cinq francs à l'effigie de Henri V, et des médailles destinées à constater l'avènement de ce prince à la couronne. Sans autres ressources que celles que lui fournit sa fortune personnelle, sans moyens d'exécution autres que ceux que son zèle ingénieux sut créer, certain du mécontentement qu'il exciterait à Holyrood, peu confiant dans la fixité des dispositions de madame la duchesse de Berry, qui, satisfaite au fond de la tentative, n'oserait probablement en assumer la responsabilité, ne se dissimulant pas qu'il s'associait à la proscription de la famille royale, il n'hésita pas à suivre son idée. Il jeta pour trente mille francs de ces pièces dans la circulation.

action, dont la tête n'est jamais dépourvue d'expédients pour l'accomplir, dont la volonté ne recule devant quelque danger ni quelque obstacle que ce soit et dont le sang-froid égale le courage. Il était accompagné de M. Cambon, mon premier secrétaire, qui n'avait pas voulu laisser sans partage à son ami les périls de son dévouement. Il fut convenu que je partirais avec Lambert à huit heures du soir et que nous nous dirigerions sur Dieppe par la route qui longe la Seine.

Bien des considérations auraient pu s'opposer à la préférence accordée à cette route que j'avais souvent parcourue, sur laquelle je pouvais à chaque poste être reconnu et qui me forçait de traverser Rouen, point où il était probable qu'une surveillance rigoureuse serait exercée. Ces considérations, nous ne nous les dissimulions pas ; mais nous pensions que, cette route étant bordée de châteaux habités par des personnes de notre connaissance nous trouverions au besoin des asiles, que nous en aurions un d'assuré pour la journée du lendemain ; que selon ce que nous apprendrions de la situation de Rouen, nous traverserions ou nous éviterions cette ville ; qu'enfin deux nuits nous suffiraient pour atteindre Dieppe, où il devait m'être facile de me procurer les moyens de passer en Angleterre.

Quant aux considérations auxquelles nous n'avions pas de bonnes raisons à opposer (et elles étaient assez nombreuses), nous nous en remettions à la providence, à notre bonne étoile, au hasard qui se mêle à tout, quelquefois pour mal faire, assez souvent pour faire mieux que des combinaisons en apparence fort sages.

Le dimanche, 1er août, à huit heures du soir, nous partîmes de Jouy, dans un char à bancs dont nous avions abaissé la capote à l'entrée de Versailles. Cambon qui devait nous quitter là, voulant éviter l'inconvénient qu'il prévoyait à faire arrêter, s'élance du banc de devant qu'il occupait. La rapidité de la marche de la voiture ne lui ayant pas permis de bien calculer son élan, il tombe sur la tête. Je crie au postillon d'arrêter ; Lambert lui ordonne de poursuivre et de redoubler de vitesse. En nous retournant, nous voyons un groupe se former autour de notre compagnon, et nous sommes hors de la ville avant que j'aie pu reprocher à Lambert de l'avoir abandonné. « Que vouliez-vous faire? me dit-il ; vous arrêter, vous trouver au milieu d'une foule où il n'aurait pas manqué de gens qui vous auraient reconnu? et tout cela pour mettre une compresse à l'eau de Cologne sur un front meurtri. D'autres que nous rendront ce service. En ce moment Cambon est pansé, mis dans un coucou et cahoté sur la route de Paris. — Postillon, plus vite donc, trois francs de guide. » A ce mot magique, le fouet résonne, les chevaux prennent le galop de course. Nous pouvions porter à toutes les polices du monde le défi de nous atteindre.

En montant la côte de Saint-Cyr, nous nous croisâmes avec la grosse cavalerie de la garde qui, à la voix du traître qui la commandait avait abandonné le Roi et se rendait à Paris pour se mettre à la disposition de son successeur quel qu'il fût.

Il était deux heures lorsque nous nous arrêtâmes au relais de Mantes. Le maître de poste s'approcha de la voiture. Une lune éclatante dont les rayons portaient sur nos figures lui permit de me reconnaître. Il regarde autour de lui, lève le tablier, me prend par la main et, en me tirant à lui, me dit à demi-voix : « Monseigneur, vite à terre. Entrez par cette porte à droite sous l'allée. Vous êtes perdu si vous allez plus loin. — Que voulez-vous dire ? — Que plusieurs milliers d'ouvriers dirigés sur Paris vont arriver ce matin même. Le comte de Tocqueville, leur commandant qui les précède, est couché chez moi. Vous les rencontrerez à une lieue d'ici. » Nous nous consultâmes et le résultat de notre conférence fut la détermination de braver le péril et de continuer notre route.

Avant d'entrer dans le village de Rosny, nous jugeâmes que le danger approchait. La brise de la nuit nous apportait bien distinctement le chant de *la Marseillaise* qui semblait parti d'un grand nombre de voix. Ce fut en face de la grille du château que nous atteignîmes la tête de la colonne. On fait arrêter notre voiture. Une cohue déguenillée nous entoure, se grossit, et bientôt encombre entièrement la route. On nous demande qui nous sommes, d'où nous venons et où nous allons. Toutes questions faites d'un ton qui annonçait le désir et l'espoir de trouver dans nos réponses un prétexte à de la violence. « Monsieur, dit Lambert avec une imperturbable assurance, est le nouveau préfet que le gouvernement provisoire envoie à Rouen. Je dois être connu de vous, car j'ai longtemps rempli les fonctions d'adjoint de votre ville. J'accompagne M. le Préfet avec le titre d'inspecteur général des finances. Vous savez qui nous sommes; laissez-nous passer. » Quelques voix murmuraient le mot de *passeports*, et nous craignions que l'on en vînt à une demande formelle, lorsque nous vîmes fendre la presse et arriver à nous plusieurs gardes nationaux, parmi lesquels Lambert reconnut son tailleur. Celui-ci lui apprit qu'il était le commandant de la colonne. Après lui avoir répété la fable qu'il avait débitée à ceux qui les premiers nous avaient interrogés, Lambert le pressa de nous laisser partir. « Je vais en donner l'ordre, dit l'obligeant commandant, mais vous n'irez pas loin sans être arrêtés de nouveau, si je ne vous donne une sauvegarde. Un de mes hommes que je vais mettre sur le siège de votre voiture ne vous quittera que lorsque vous aurez traversé les cinq détachements qui suivent. Vous voudrez bien seulement fournir à l'homme que je vais vous donner les moyens de monter sur l'impériale de la première diligence avec laquelle vous vous croiserez. »

Nous n'avions garde de refuser une telle proposition. On fait monter sur le siège de notre voiture un bandit à face patibulaire, dont la repoussante saleté appartenait presque exclusivement à sa personne, car ses vêtements n'en pouvaient revendiquer qu'une faible part ; il ne portait qu'un pantalon en lambeaux et un gilet sans manches. Pour une chemise, il n'en était pas question. Il semblait que, comptant remonter sa garde-robe au profit des gens qu'il pillerait, le brave n'avait pas voulu se charger de bagage. Il avait en ce genre moins que n'ont ordinairement les gens les plus misérables de son espèce. A la manière des héros de l'antiquité qui marchaient au combat fort légèrement vêtus, mais qui ne négligeaient pas le casque et le glaive, celui-ci avait sur la tête une casquette de peau de loutre et autour du corps un baudrier auquel était suspendu un sabre rouillé, sans fourreau. Une barbe rousse, longue, souillée de poussière et de sueur, ajoutait à l'horrible aspect que deux yeux ardents et une bouche édentée donnaient à la plus atroce physionomie du monde. C'était une de ces figures que l'on ne voit que dans les moments de crises populaires, une de ces faces à destruction que, comme la pluie pour les crapauds, l'émeute fait sortir de je ne sais où.

Quand on a le bon esprit de ne juger les choses que suivant leur utilité d'application, on reconnaît souvent une sorte de valeur à ce qui semblait n'en pas avoir. Nous ne tardâmes pas à juger notre brigand plus favorablement que nous ne l'avions fait au premier aperçu, lorsqu'à l'approche de la première colonne que nous rencontrâmes, nous le vîmes ajuster sa casquette au bout de son sabre, se lever et s'écrier à tue-tête. « Ouvrez vos rangs. Place au nouveau Préfet de la Seine-Inférieure. Voyez, mes amis, c'est un des nôtres, il a été blessé aux barricades. » Il disait vrai. Seulement il se trompait sur le côté. J'avais eu le poignet droit fracassé par une pierre et une autre pierre m'avait atteint à la tête. Mon bras en écharpe, ma tête enveloppée me donnaient en effet l'air d'un combattant de la grande semaine. Les rangs s'ouvraient, nous étions salués des hurlements de : « Vive le Préfet! Vive la Charte! » que dominaient ceux de : « A bas le roi! Mort aux Ministres!... » Ceux-ci, je dois le dire, avaient une énergie qui ne me laissait pas douter qu'ils ne partissent du fond du cœur et que la menace qu'ils exprimaient ne fût suivie d'un effet immédiat, si les honnêtes gens qui s'égosillaient ainsi pour la plus grande gloire de la liberté avaient découvert qu'ils avaient sous la main un de ces ministres qu'ils vouaient si patriotiquement à la mort.

A d'autres époques, dans des temps meilleurs, à bien des reprises, j'avais été, comme dans la circonstance présente, l'objet d'acclamations populaires. On m'entourait, on m'applaudissait. C'était de la foule, des cris, des honneurs, des hommages sans plus de réflexions de la part des masses qui me les prodiguaient qu'il n'y en avait chez celles à qui je surprenais en ce moment quelque chose de pareil. Tout en faisant de la philosophie sur la confiance et le prix que mérite l'engouement du peuple, nous cheminions distribuant, comme aux jours où ils étaient de meilleur aloi, des coups de mains et de chapeaux, des signes de gratitude et de satisfaction, en retour des acclamations dont on nous saluait.

« Je voudrais bien, s'écria Lambert, tenir un de ces misérables qui hurlent autour de nous et avoir la faculté de l'assommer à coups de poings, jusqu'à ce qu'il m'ait dit ce qu'il entend par ce mot de *Charte* pour lequel il se passionne ; ce que lui ont fait ces ministres contre lesquels il se montre si animé. Je suis sûr qu'il ne me répondrait que la Charte n'est, dans leur esprit, que l'espoir et l'autorisation du pillage et qu'un ministre c'est un homme à égorger. Du désordre et du sang, c'est par là que le peuple résume toutes ses idées de liberté. »

Nous traversâmes enfin la dernière colonne. Une diligence passait. Notre héros la fit arrêter, reçut sans se croire humilié une pièce de vingt francs et nous quitta pour monter sur l'impériale et rejoindre sa bande.

La première poste que nous devions atteindre était Louviers. A diverses reprises, j'avais fait dans cette ville des séjours assez prolongés pour qu'un grand nombre de ses habitants me connussent, au moins de vue. Lambert y était connu de tout le monde. Pour entrer dans la cour de la poste, nous eûmes à traverser une foule épaisse occasionnée par le rassemblement de quelques centaines d'ouvriers que l'on enrégimentait pour les diriger sur Paris. Elle encombrait la rue et la cour elle-même, et la curiosité ne tarda pas à la presser autour de notre voiture. Lambert saute à terre et il est aussitôt entouré par plusieurs personnes de sa connaissance. Il lui fallut donner là notre démission des fonctions dont nous avions usurpé le titre et devenir : lui, un royaliste battu et avouant sa défaite moi, un badaud inoffensif, atteint par aventure d'une pierre qu'il ne cherchait pas, et venant l'un et l'autre nous réfugier dans une maison de campagne qu'il possédait à quelques lieues de Louviers. Les questions se multipliaient. Afin de les faire plus à l'aise on voulait le retenir ; on insistait sur la nécessité de me donner du repos, de me faire panser. C'étaient des prévenances et des politesses à n'en plus finir. Lambert refusa tout, et motiva sa résistance sur le désir qu'il avait d'arriver chez lui avant le coucher de sa famille qu'effrayerait une arrivée trop tardive.

Il pressa tant et si bien qu'un des assistants lui offrit son concours pour lui faire obtenir des chevaux sans retard, ce que, ajoutait-il, il était d'autant plus en mesure de faire, qu'il venait, *proprio motu*, de chasser le sous-préfet et de prendre sa place. Le nouveau magistrat tint parole. Il poussa si loin la chaleur de son zèle, que nous le vîmes sortir de l'écurie, conduisant un cheval qu'il prit la peine d'atteler de ses mains libérales, et que, cinq minutes après notre arrivée au relais, nous en étions repartis. M. le sous-préfet ne se doutait vraiment pas qu'il débutait dans la carrière administrative par une action généreuse et que le premier essai qu'il faisait de son autorité favorisait la fuite d'un proscrit.

Peut-être se serait-il destitué, comme il venait de s'installer, s'il l'avait su. Aussi nous n'eûmes garde de l'en informer.

Les renseignements que Lambert avait recueillis sur la situation de Rouen nous décidèrent à traverser cette ville. La barrière nous en fut ouverte, sans que l'on songeât même à nous demander nos passeports. Nous n'éprouvâmes pas plus de difficultés à la poste et, le 3 août à six heures du matin, nous étions dans un château à une lieue de Dieppe, chez mes excellents amis de la Blandinière qui me remerciaient d'avoir songé à eux dans une telle circonstance. A les entendre, on aurait cru qu'ils recevaient de moi le dangereux service que je n'avais pas hésité à réclamer de leur dévouement.

Mon hôte et l'infatigable compagnon de ma fuite se rendirent sur-le-champ à Dieppe, afin de m'assurer un moyen de transport sur les côtes d'Angleterre. Pour une somme convenue, un patron de barque de pêche s'engagea à me faire faire le trajet la nuit suivante.

A la chute du jour, je pris congé de mes hôtes. La force faillit m'abandonner au moment de ces adieux, qu'il me semblait faire à mon pays, à ma famille, à mes affections les plus chères, en les adressant à d'anciens et parfaits amis. Je sentais le sol de la patrie refuser de me porter et comme s'incliner vers le rivage pour se débarrasser plus tôt de moi et me fermer le retour; les liens qui m'y attachaient sur le point de se rompre; toutes mes habitudes s'anéantir pour jamais. Cet instant fut bien douloureux !... Le courage me revint cependant. J'en profitai pour entrer résolument dans l'avenir inquiétant qui s'ouvrait devant moi.

D'autres amis (car dans cette circonstance critique et, depuis, pas un de ceux dont j'ai réclamé l'appui ne m'a fait faute) m'attendaient à la porte de Dieppe. Après avoir échangé les signaux convenus, je les suivis jusqu'à la maison où je devais attendre le moment du départ. Le patron avec lequel on avait traité me dit que sa barque n'était pas de retour de la pêche, qu'elle ne pouvait manquer de rentrer à la prochaine marée, et qu'il serait en mesure de me faire partir le lendemain soir. J'insistai pour que le départ eût lieu immédiatement ; je voulais qu'il se procurât une autre barque ; mais mon homme trouvait une foule de raisons pour se refuser à mes sollicitations. « Vous avez de bonnes raisons pour filer, cela se voit. Je vais essayer de vous trouver deux gas solides qui n'y regarderont pas de trop près, s'il y a une jolie somme à empocher. *Espérez* un peu. »

Un quart d'heure après, il rentra. « Tout est prêt, me dit-il, je vous ai trouvé deux bons matelots. La barque est tout juste assez grande pour vous trois. Le temps est beau, la mer est unie comme une glace. Ma femme va allumer un cierge devant le calvaire et nous prierons le bon Dieu pour que cela *urde;* car il ne faudrait qu'une lame pour... » Un geste qu'il fit, en faisant rapidement tourner ses bras l'un sur l'autre, acheva sa pensée.

Un costume de matelot, approprié ou à peu près à ma taille, m'aida à traverser le quai sans attirer l'attention des douaniers et j'atteignis la barque, sous la conduite du patron, sans être inquiété. J'entrais dans la barque au moment où l'horloge de Saint-Remi sonnait onze heures; quelques minutes après nous étions en dehors des jetées.

La mer était parfaitement calme ; mais le manque absolu de vent forçait mes deux matelots à se servir de la rame. Je tenais le gouvernail que je devais diriger selon les indications qu'ils me donneraient. Je ne pus pas leur rendre longtemps ce mince service. Le sommeil, qui depuis plusieurs jours m'avait été refusé, arriva si lourd, si pressant, si impérieux, que je ne pus lui résister. Il dura dix heures sans que ni les traverses de la barque qui me servaient de matelas, ni un soleil ardent qui, frappant d'aplomb sur ma main blessée dont l'appareil s'était détaché et sur ma figure, m'en fit gonfler la peau comme l'enveloppe d'un ballon, pussent l'interrompre. Ce fut la faim qui me réveilla. Je demandai à mes compagnons les moyens de la satisfaire. Ils se regardèrent d'un air piteux et me dirent que dans la précipitation du départ, et croyant que l'on y aurait songé, ils avaient oublié de se pourvoir de vivres. « Ah ! Dieu ! leur dis-je, comment ferons-nous ? — Nous attendrons, reprirent-ils. Peut-être rencontrerons-nous quelques pêcheurs qui nous donneront du pain et du cidre. Nous avons bien soif. » Et ils ramaient avec une sorte de désespoir. Aucune embarcation ne paraissait à l'horizon. Le soleil était brûlant. Les malheureux étaient accablés. De temps à autre, un d'eux s'endormait ; l'autre ramait seul. Mais au réveil, la faim, la soif se faisaient sentir d'une manière plus cruelle. Leurs forces diminuaient, bientôt peut-être elles les abandonneraient entièrement. Privé comme je l'étais de l'usage d'un de mes bras, je ne pouvais leur prêter la moindre aide.

Le plus jeune, s'étant avisé d'ouvrir un caisson placé à l'arrière de la barque, s'écria : « Voilà du pain! Voilà du cidre ! » Si nous avions été moins affamés que nous ne l'étions, nous n'aurions pas attaché grand prix à cette découverte. Oublié là sans doute depuis bien des jours, le pain devenu dur comme du biscuit était couvert d'une mousse verdâtre. Le cidre clapotait dans une bouteille à moitié vide, où il avait contracté l'acidité du vinaigre et un goût répugnant. Il n'y en avait pas d'ailleurs assez pour rafraîchir nos gosiers desséchés. On convint de le répandre avec précaution sur le pain de manière à humecter celui-ci et à tromper ainsi, à la fois, la faim et la soif qui réellement étaient devenues un supplice insupportable. Jamais repas ne vint plus à propos et ne fut mieux accueilli. C'est qu'en même temps qu'il satisfaisait un besoin, il nous délivrait de l'inquiétude que nous causait l'épuisement de nos forces.

Nous avions en vue la côte d'Angleterre, vers laquelle la marée montante nous poussait assez rapidement pour que l'emploi des rames ne fût plus nécessaire. Après vingt heures de navigation, nous abordâmes sur une plage unie, plate et à peu de distance de laquelle s'élevaient trois groupes de maisons peu éloignés les uns des autres. C'était East-Born. On m'avait vu débarquer ; on jugea qu'un motif bien puissant avait pu seul m'engager à tenter une navigation de trente-deux lieues dans une si chétive nacelle. On devina un proscrit et l'on m'accueillit comme tel. Les prévenances de tous genres, les marques les moins équivoques d'un généreux intérêt me furent prodiguées par les habitants les plus marquants de cette petite ville, malgré le soin que je pris de cacher mon nom et ma position réelle.

Je n'avais plus à redouter les dangers qui m'avaient forcé de fuir ma patrie, ni ceux que présentait la mer, ni ceux que l'imprévoyance de mes matelots avait ajoutés à ces derniers ; et cependant j'éprouvais un sentiment plus vif et plus pénible d'inquiétude. C'est que là commençait la proscription, c'est que je la voyais se dérouler devant moi, m'enveloppant de toutes parts, infinie dans sa durée, inconnue dans ses conséquences, rendue plus effrayante par les sinistres accessoires que mon imagination y mêlait. J'en étais presque à regretter les périls auxquels je venais d'échapper, qui, au moins, m'empêchaient de songer aux soucis de ma position future[1].

---

1. M. Ernest Daudet, dans son histoire du *Procès des ministres de Charles X* (Paris, Quantin, 1879), a donné le récit de la capture des quatre ministres : MM. de Polignac, de Peyronnet, de Chantelauze et de Guernon-Ranville, qui ne parvinrent pas à échapper à la battue organisée dans toutes les directions pour s'emparer d'eux. Il a aussi

Le roi et la famille royale arrivèrent le 17 août sur la rade de Cowes (île de Wight). Dès que j'en fus informé, je m'empressai de remplir le devoir qui m'appelait près d'eux, et je partis de Londres le 18 au soir. Le lendemain, à huit heures du matin,

raconté comment le baron Capelle et le comte de Montbel s'évadèrent ensemble de Paris et, après une station au château de Basville où ils furent franchement accueillis, se séparèrent, la nuit, au haut de la côte de Montlhéry, d'où le baron Capelle réussit à gagner Calais et à s'y embarquer pour l'Angleterre (pages 8 et 301). Nous ignorons comment M. de Montbel, après avoir quitté son compagnon, se glissa jusqu'à Melun. Là il retrouva son secrétaire, M. Descuns, qui s'était procuré pour eux deux des passeports. Il s'agissait de lui faire traverser la France en voiture publique et de l'amener en Suisse. Pour cela M. Descuns recourut à un Franc-Comtois, son ami, étudiant en droit. M. de Verrey, fils d'un de ces émigrés qui avaient fait à la légion de Mirabeau une réputation légendaire. C'est à celui-ci que nous devons les détails suivants :

« Nous composâmes à nous deux le personnel de la diligence à partir de Paris, exclusivement de nos amis de Besançon qui regagnaient leurs foyers et, sans révéler notre secret, nous prîmes à Melun M. de Montbel. Je m'étais chargé d'entretenir dans la réunion une sorte de gaieté, rôle que rendait difficile la taciturnité de M. de Montbel, vêtu d'une blouse grise, porteur d'un album d'artiste qui motivait son voyage en Suisse, patronné par nous deux. Nous atteignîmes ainsi sans encombre Dijon, où alors s'arrêtait la diligence. Là, nous nous séparâmes de nos amis ; ils ne s'étaient pas doutés de la qualité de leur compagnon de voyage. A Dijon nous prîmes une espèce de calèche et nous promîmes au conducteur un bon pourboire s'il nous faisait traverser Auxonne avant la fermeture des portes. Le cocher fouetta ses haridelles de telle façon que nous arrivâmes à temps pour exhiber à la porte nos passeports et pour franchir cette redoutable rue que nous avions hâte de laisser derrière nous... lorsque nous fûmes arrêtés en pleine rue par une patrouille de gardes nationaux qui, avec la ferveur de ces dignes citoyens, nous intima l'ordre de faire halte! Grâce à Dieu, le

j'étais avec M. le cardinal de Latil à bord de la barque qui devait nous transporter de Portsmouth sur la rade de Cowes[1]. Après trois heures d'une traversée qui nous fit longer, par un temps magnifique, les délicieux rivages de l'île de Wight, nous abordâmes un paquebot américain, ancré à peu de distance d'un autre bâtiment de la même nation, à une portée

chef de la patrouille, s'adressant à notre cocher, lui dit, en le dévisageant : « Est-ce une voiture de maître? — Oui, oui, cria notre honnête cocher. — Et bien alors, filez. » Et nous voilà sur la route de Dôle, où nous arrivâmes à la nuit close, hors de l'atteinte des bons gendarmes qui, sans le savoir, avaient laissé échapper une grosse proie. Éveillé avant le jour, je me hâtai de retenir les places de la petite diligence de Salins que nous prîmes à son passage devant notre hôtel et qui nous conduisit dans la bienheureuse ville de Salins, ma ville natale. Elle nous fut de bon augure. Le lendemain matin, je renouvelai connaissance avec mon ami Sauvazet, qui avait coutume de conduire chaque année dans sa voiture mon père à Fribourg. Sauvazet se mit tout à mon service pour y mener sain et sauf l'ami que je lui recommandais chaudement. J'avais confiance en l'homme et il y fit honneur.

» Longues années après, j'eus la fortune de rencontrer M. de Montbel à Frohsdorf où j'étais allé avec mon beau-père. M. de Montbel faisait, le soir, la lecture à haute voix. Mon beau-père fut plus que frappé, choqué de l'ânonnement du lecteur. Il me témoigna sa surprise de ce qu'un des soi-disant hommes d'État de la Restauration fût si peu doué de savoir-lire. Je le rassurai sur ce point : M. de Montbel traduisait, à livre ouvert, un ouvrage allemand. »

1. Au moment où la barque qui nous portait quittait le quai de Portsmouth, elle se croisa avec une autre dans laquelle se trouvait le maréchal de Raguse. Nous nous reconnûmes et il me pria de rétrograder et de lui accorder quelques minutes d'entretien. Entrés dans la chambre d'un hôtel, il entra dans les détails de sa conduite pendant les événements auxquels il avait pris une part si malheureuse. Lorsqu'il eut terminé sans que je l'eusse interrompu, il ajouta : « Maintenant, croyez-vous que j'aie trahi? — Je vous jure, lui répondis-je, que je n'ai jamais eu cette pensée. Mais je vous ai accusé de n'avoir pas bien su : si ni qui vous deviez servir, puis j'ajoutai par politesse plus qu'avec sincérité : désormais le doute a cessé. »

Pour lui, en effet, la fatale situation qui lui avait été faite en 1814

de fusil d'un cutter français et à une distance double à peu près d'une corvette portant l'un et l'autre le pavillon tricolore.

Ma surprise fut grande lorsqu'en regardant la personne qui me donnait la main en haut de l'échelle, je reconnus le capitaine Dumont d'Urville[1] qui m'apprit que, non seulement les bâtiments français, mais que les paquebots américains étaient sous son commandement et que, par ordre du gouvernement, il était à bord de celui que montait le roi.

Avertis de notre arrivée, M. le Dauphin et bientôt après le roi parurent sur le pont. Ils portaient des

---

s'était reproduite en 1830. A cette dernière époque placé entre des relations qui, sans être précisément révolutionnaires, étaient cependant influencées par les principes de la révolution, en une position qui lui imposait le devoir de réagir contre ces principes, il hésitait. Dans cette circonstance il évacuait Paris, comme dans une autre il en avait signé la capitulation à contre-cœur et sans parti pris. Les événements n'hésitaient pas, eux ; ils marchaient, et avant que celui qui devait les combattre se fût décidé, ils triomphaient. A l'une et à l'autre époque, Marmont était-il un traître ?... Non, il était un irrésolu.

Cette absence de détermination dans les circonstances qui en exigent le plus, ce trouble dans les idées alors qu'une volonté nette et précise est le plus nécessaire, se sont fait remarquer dans un des détails de sa conduite à la suite de l'évacuation de Paris, quand le lendemain de la retraite sur Saint-Cloud il annonçait à l'armée, par un ordre du jour proclamé à la tête de chaque régiment, qu'un armistice venait d'être conclu entre le roi et la capitale. Où avait-il pris cette assertion ? Comment, avant de lui donner un caractère officiel, n'en avait-il pas constaté l'authenticité ? Quel pouvait être son but ?... Toutes ces questions sont restées sans réponse. (Note de M. d'Haussez.)

1. Dumont d'Urville, né en 1790, fit partie des expéditions les plus célèbres où se distingua la marine française, fit trois voyages autour du monde, découvrit de nombreuses îles dans l'océan Pacifique. Contre-amiral en 1840. Il périt avec toute sa famille dans la catastrophe du chemin de fer de Versailles, le 8 mai 1842.

fracs bleus. Le roi n'avait aucune décoration. M. le Dauphin avait un ruban rouge à la boutonnière. L'un et l'autre me donnèrent la main. Le roi embrassa le cardinal et, après quelques phrases affectueuses qu'il nous adressa, il entra dans sa chambre avec mon compagnon de voyage.

M. le Dauphin se promena longtemps avec moi et s'entretint des événements qui, de Toulon, où deux mois avant nous avions inspecté un des plus magnifiques armements qui fussent sortis des ports de France, nous amenaient en fugitifs sur une rade anglaise et sur le pont d'un bâtiment américain. Il aurait semblé à l'air aisé dont il en parlait qu'il était complètement étranger à leurs funestes résultats. Il avait ce laisser aller, cette sorte d'insouciance que j'avais remarqués chez lui lorsqu'il traitait des affaires qui ne le touchaient pas vivement. Je lui en fis l'observation. « Cela vous étonne, me dit-il; vous me croyez donc bien affligé de ce qui nous arrive? Vous me connaissez bien peu. Vous m'avez bien mal étudié, si vous n'êtes pas convaincu que je redoutais les charges du trône plus que je n'en appréciais les avantages. Si j'avais été libre; si je n'avais eu mon père et mon neveu, je n'aurais pas attendu que j'y fusse provoqué pour abdiquer. La seule contrariété que j'éprouve, c'est la contrainte. Encore, si elle ne partait que d'un seul point. Mais être repoussé de France par la France même, voilà ce que je ne puis supporter. Voilà ce que je ne puis concevoir, lorsque je scrute non seulement mon cœur, celui de mon père, celui de ma femme, qui n'ont jamais renfermé une pensée qui ne fût pour notre pays; mais nos actions, toutes dirigées vers la prospérité de la France, vers le bien-être de tout ce qui nous approchait, vers le soulagement de toutes les infortunes qui nous étaient signalées! Voilà ce qui nous afflige, mon cher ami! Pour ce genre de peine, il n'y a de remèdes que dans la religion. On nous a reproché d'avoir trop sacrifié à cette religion; on s'en fait un prétexte contre nous; on ne nous refusera pas au moins de profiter des consolations qu'elle nous offre. »

Je ne répondais pas. Le prince remarqua mon émotion. « Vous êtes triste, me dit-il. Nous ne le sommes pas, nous. — Qui ne le serait pas en perdant la royauté et cette noble famille qui l'exerçait avec tant de bonté! — Je vous le répète, ce n'est pas le trône que nous regrettons; c'est la France et les amis que nous y avons... des amis comme vous... Je dois vous le dire en réparation des discussions que nous avions souvent. Vous croyiez que je ne vous aimais pas. — Monseigneur!... — Allons, soyez franc. — Monseigneur, il est vrai que Votre Altesse ne me gâtait pas toujours, mais l'accueil qu'elle daignait me faire à l'entrevue suivante ne tardait pas à me rassurer sur ses dispositions à mon égard. — Vous défendiez à tort et à travers votre marine, vous me souteniez qu'elle n'était pas aussi bien traitée que l'armée de terre et vous aviez tort. — Monseigneur me permettra-t-il de ne pas entamer une nouvelle discussion. — Ah çà!

vous me donnez toujours du *Monseigneur*, de l'*Altesse ;* plus rien de tout cela, mon cher. Le roi se fait appeler le comte de Ponthieu; ma femme et moi, la comtesse et le comte de Marne; la duchesse de Berry et sa fille, la marquise et mademoiselle de Rosny, et le duc de Bordeaux, le comte de Chambord. »

Le prince se tourna du côté du capitaine d'Urville qui, paraissant prendre beaucoup d'intérêt à notre conversation, s'était tenu, pendant tout le temps qu'elle avait duré, à une distance assez rapprochée pour n'en pas perdre un mot.

« N'êtes-vous pas étonné, capitaine, d'être à peu près le gardien (ne prenez pas ce mot en mauvaise part) de votre ex-grand amiral et de votre ex-ministre? — Que voulez-vous, Monseigneur, il faut être préparé à tous les événements. Celui-ci en est un comme un autre. — Ah! vous trouvez ça! — Mon Dieu, je ne m'étonne de rien. — Il y paraît. » Le prince nous quitta.

Je voulus profiter du moment où j'étais seul avec M. d'Urville pour lui donner quelques conseils sur la conduite qu'il avait à tenir; je croyais trouver dans la nature des rapports que j'avais eus avec lui pendant la durée de mon ministère un titre à sa confiance ou du moins à ses égards. S'il ne me refusa pas tout à fait ces derniers, je vis que je lui demanderais vainement autre chose et que les instructions et les ordres du ministre actuel seraient mieux compris que les avis du ministre passé. Je n'insistai pas. « Je suis libéral, me dit-il. Je dois l'être. Je ne suis pas noble, moi. — Il me semble qu'on ne vous a pas demandé si vous l'étiez, lorsqu'on vous a fait parcourir si rapidement votre carrière. — Qu'est-ce que cela y fait ? — C'est parce que cela n'y fait rien que vous ne deviez pas vous croire obligé de ne pas aimer le roi, sous le prétexte que vous n'êtes pas noble. — Au fait, le roi est bien bon; toute la famille royale est excellente. Aussi je m'attendais à de la hauteur, à du dédain, à du mécontentement, et il faut en convenir qu'on en aurait à moins. Rien de tout cela. Ils sont avec moi avec mes officiers, comme si nous étions tous égaux. — Il me semble que vous le leur rendez. J'ai remarqué qu'en abordant le roi ou M. le Dauphin, vous ne portiez pas même la main à votre casquette. — Que voulez-vous, je n'ai pas des façons de cour. » Je n'avais ni le temps, ni la volonté de les lui donner, je lui tournai le dos.

Un instant après, le roi sortit avec le cardinal. Il prit mon bras et parcourut plusieurs fois le pont avec moi; mais, fréquemment interrompus par notre incivil capitaine. « Vous ne vous souciez pas plus que moi, me dit-il, de mettre votre ancien subordonné dans notre confidence. Rentrons. »

L'appartement où nous nous arrêtâmes était celui qu'avaient occupé pendant la traversée les princesses et les dames de leur suite. Les cabines ouvertes laissaient voir sur les lits où elles avaient couché des chapeaux, des châles et d'autres objets qui indiquaient la destination de la pièce.

Le roi me fit asseoir à côté de lui sur un canapé de jonc. « Eh bien, mon cher d'Haussez, vous êtes toujours fidèle, toujours attaché? — Toujours, Sire, et mes sentiments ne varieront pas. — Nous n'en doutons pas, mon ami, et je vous *dirai franchement* [1] que je suis bien aise de trouver cette qualité en vous. Je crois vous avoir prouvé depuis longtemps que je vous affectionne sincèrement. J'aurais dû faire pour vous plus que je n'ai fait. J'ai craint d'exciter la jalousie de vos collègues; j'ai craint aussi le reproche que l'on faisait à mon frère et auquel moi-même je n'ai pas échappé de me laisser aller au favoritisme. Enfin, je n'ai fait autre chose pour vous que de vous donner un portefeuille. C'est un bien funeste cadeau... Ah çà! qu'allez-vous devenir? — Sire, ce qu'il plaira au roi, à la disposition de qui je viens me mettre d'une manière absolue. — Eh! mon cher, je n'ai plus besoin de ministres, d'ambassadeurs, moi; j'ai grand besoin d'amis, car beaucoup de ceux sur lesquels il me semblait que je devais compter m'ont abandonné. Mais vous, c'est différent. — Sire, mes sentiments... — *Tout cela est bel et bon* [2], mais ce n'ai pas tout. L'essentiel était de ne pas se laisser prendre. Vous y avez mis bon ordre et vous avez bien fait. Il faut maintenant savoir comment on vivra. Vous avez des amis ici. Ils ne sont pas riches, mais avec qui

---

1. Locution familière du roi. (Note de M. d'Haussez.)
2. Autre locution du roi.

partageraient-ils si ce n'était pas avec vous? — Sire, tant de bonté me touche. Mais ma position me permet de ne pas en profiter. — A la bonne heure. Surtout ne m'oubliez pas à l'occasion. — Sire, Votre Majesté qui daigne m'interroger sur mes affaires me permettra-t-elle de m'occuper encore une fois des siennes? — Sans doute. — Elle pense à mon avenir, mais le sien? — Le mien est encore fort incertain. On me propose d'aller à Holyrood [1]. Des considérations qui me sont personnelles s'y opposent. Je pourrais me fixer en Angleterre, mais comment y serai-je accueilli? — L'Italie, Sire, Naples, la Sicile... — On m'en a parlé. Je ne m'en soucie pas. Qui sait si dans ce pays, travaillé comme il l'a été par le carbonarisme, la révolution ne viendrait pas me chercher? Elle est diablement acharnée après moi. C'est bien assez du mal qu'elle m'a fait. Je veux la fuir. La partie méridionale des États autrichiens, celle qui avoisine le golfe Adriatique me convient. C'est là que je songe à me retirer avec ma famille, si l'on y consent, toutefois. J'ai entamé une négociation à ce sujet. J'en attendrai ici le résultat. — Le roi y est d'une manière bien incommode. — Assez. Ce ne sont pas les appartements des Tuileries. Ils sont moins vastes. Qui sait si l'on n'y serait pas plus heureux? Afin d'être plus à l'aise et de pouvoir promener, mes belles-filles se sont établies dans une auberge à Cowes avec les enfants.

---

1. Château royal à Édimbourg.

Elles vont parcourir l'île de Wight... Charles II aussi s'y était réfugié. — J'ose solliciter du roi la permission de déposer mes hommages à leurs pieds. — Vous ne les trouveriez pas ce matin. Elles se proposaient de faire une longue promenade. »

La conversation, moins animée depuis quelques moments, cessa tout à fait. Le roi semblait livré à une idée pénible. Sa figure, jusque-là fort calme, éprouvait des contractions; des larmes roulaient dans ses yeux. « Comme ils m'ont méconnu! me dit-il, comme ils me traitent dans les journaux! Ceux d'Angleterre sont encore plus insultants que ceux de France. Ils m'appellent tyran! Qu'ai-je donc fait pour mériter ce nom? Dieu seul connaît le fond des consciences. Seul, il peut juger ce que la mienne renfermait, ce qu'elle renfermera toujours, d'attachement pour la France. (En prononçant ces derniers mots, le roi renforçait sa voix, comme il est dans l'habitude de le faire lorsqu'il veut fixer l'attention de ses interlocuteurs.) Mais mes actions, celles de ma famille sont là. Des hommes qui ne sont pas restés mes amis ont, comme vous, été dans mes conseils. Qu'ils disent le soin que je donnais aux affaires, l'intérêt que j'accordais à tout ce qui pouvait être utile! Dans mes voyages, les objets d'intérêt général, d'intérêt particulier même, n'ont-ils pas constamment attiré ma sollicitude? Ai-je passé devant une usine considérable sans m'y arrêter? Dans ces circonstances, comme toujours, ai-je fait acception des personnes et des opinions? N'ai-je pas toujours été accessible à toutes les classes, aux hommes de tous les partis? On m'accuse de m'être laissé dominer par le clergé et notamment par les Jésuites, et j'ai rendu les ordonnances du mois de juin 1828 ! On parle de je ne sais quelle préférence que j'accordais à la noblesse. Que l'on ouvre l'almanach royal, que l'on parcoure la liste des personnes à qui j'ai accordé de la confiance, des places, des faveurs, et que l'on prononce ! L'armée n'a pas fait tout ce que je devais attendre de son dévouement, et mon fils lui consacrait ses soins de tous les instants. On va jusqu'à me reprocher la seule distraction que je me permisse, mon goût pour la chasse, comme si ce goût avait usurpé des moments réclamés par les affaires. Chaque semaine, je présidais deux fois le conseil, et vous savez de quelle manière j'approfondissais tout ce qui s'y traitait. Vous savez si jamais un ministre se présentait vainement chez moi. — Et les bienfaits que vous répandiez, Sire... — En bonne conscience, reprit-il en me serrant la main, je ne saurais m'en faire un mérite, car c'était un besoin pour moi. Mais, encore une fois, il n'y a pas lieu de m'appeler un tyran... Et vos pauvres collègues en avez-vous des nouvelles? — De bien fâcheuses de trois d'entre eux [1]. — Fasse le bon Dieu qu'ils puissent tous s'en tirer ! Je ne saurais croire que l'on veuille les sacrifier. Oh ! non, c'est impossible ! Les ordonnances et les rapports qui les accompagnent indiquent d'une manière évidente

---

1. On ignorait alors l'arrestation du prince de Polignac.

l'intention qui m'a fait agir. Jamais je n'ai songé à renverser la Charte. Jamais le conseil ne m'en a été donné. Je me suis même fait rendre un compte minutieux de tout ce qui avait rapport à ces fatales ordonnances, afin de bien m'assurer que ma volonté avait été comprise et respectée par mes ministres, et qu'elle ne pourrait être méconnue par la France. Il me semblait que l'on ne pouvait s'y méprendre ; mais on le voulait, on a saisi le premier prétexte qui s'est présenté. Huit jours plus tard la révolution aurait éclaté. Au moins, la responsabilité n'en eût pas pesé sur vos têtes !... »

Le roi se leva, parcourut quelques moments l'appartement en silence, et lorsque l'idée qui l'avait tourmenté fut écartée, il s'approcha du siège sur lequel j'étais resté, accablé de pénibles réflexions, et, me frappant sur l'épaule : « Vous vous attristez, me dit-il. Allons, mon cher d'Haussez, il ne faut pas se laisser abattre, nous avons tous besoin de tout notre courage. On dit qu'un moyen de supporter l'adversité, c'est de chercher plus malheureux que soi. Si vous avez besoin d'objets de comparaison, nous sommes là, mon ami !... » Il fit quelques pas en silence et, s'approchant de nouveau, il me dit avec bienveillance :

— Avez-vous des nouvelles de votre famille ?
— Oui, Sire, mais indirectement.
— Où est votre femme ?
— En Normandie, Sire.
— Et votre fille ?

— A Metz.

— Tant mieux, elle y sera tranquille ; car on l'y aime bien. On l'aime partout, au reste. Il n'est personne qui n'en fasse l'éloge, moi tout le premier. Votre gendre perdra sa place?

— Je n'en doute pas.

— Je le plains bien. Votre famille sait-elle que vous êtes ici?

— Oui, Sire.

— Tant mieux. Elle ne doit plus être inquiète. Vous la reverrez! Vous reverrez la France...! et moi!...

Je sentais le besoin de mettre un terme à l'émotion de mon auguste interlocuteur ; je me disposais à sortir. Il me prit la main et me dit : « Vos collègues et vous, avez dû me trouver bien lent à récompenser votre zèle. Je me le reprochais, mais je ne voulais pas que la malveillance pût trouver dans les faveurs que je vous aurais accordées de nouveaux prétextes de se déchaîner contre vous. J'ai surtout été obligé de me faire violence pour ne pas vous comprendre dans les grâces que j'ai accordées à Bourmont et à Duperré, à l'occasion de la prise d'Alger. Vous y aviez autant de droits qu'eux. Si vous aviez eu une volonté moins ferme, l'expédition ne se serait pas faite. Tout le monde sait quelle opposition vous avez eue à vaincre de la part de votre marine et quelle persistance vous avez employée pour surmonter les obstacles de tous genres qui vous contrariaient. Si je vous avais nommé pair, vous ne le seriez plus!... Je n'ai plus de cordons à donner. Voilà un anneau que je porte depuis bien longtemps. Gardez-le en souvenir et pour l'amour de moi [1]. »

Il me le passa au doigt et m'ouvrit les bras ; je m'y précipitai. C'était la seconde fois qu'un tel honneur m'était accordé. La première, lorsque je lui portai la nouvelle de l'entrée victorieuse de ses troupes dans Alger, la seconde, six semaines après, sur le vaisseau qui l'avait emporté loin de cette France qu'il regrette, qu'il aime encore comme si elle lui était restée fidèle !!!

* * *

Le sentiment de devoir et d'affection qui m'avait conduit aux pieds du roi à son arrivée en Angleterre m'appelait près de lui dans l'antique demeure des rois d'Écosse. Je croyais cependant convenable d'ajourner mon voyage jusqu'au moment où l'on me ferait savoir que ma présence ne serait pas vue avec peine. Toutes les habitudes des Tuileries n'étaient pas restées dans ce palais, et parmi celles que l'on traînait après soi se trouvait, en première ligne, celle de ne pas ménager les absents, surtout lorsque l'on pouvait craindre que leur retour ne contrariât certaines combinaisons qui, dans l'état actuel des choses

---

1. J'ai le souvenir très net du prix que mon arrière-grand-père attachait à cet anneau qui ne quitta jamais son doigt et dont la mort même ne l'a pas séparé, car, selon sa volonté, le souvenir du roi a été enseveli avec lui. (Note de la duchesse d'Almazan.)

n'intéressent que des amours-propres. Dès que la volonté du roi me fut connue, je mis à l'exécuter un empressement qui prouvait tout le prix qu'elle avait à mes yeux.

Ce fut le 27 novembre, à onze heures, que je me présentai à Holyrood. Mon arrivée faisait presque un événement dans le château. Cinq ou six personnes qui étaient étendues sur des canapés ou qui arpentaient silencieusement un vaste salon accoururent vers moi. C'étaient des assurances d'attachement, de plaisir de me voir, de confiance dans l'effet que produirait mon intervention. On aurait cru que dans la pensée de ces messieurs j'étais porteur d'une troisième restauration. Il n'en était rien ; j'étais tout simplement à leurs yeux un ennuyé de plus, dont la présence donnerait lieu à quelques incidents, à quelques conjectures, à beaucoup de contes et dont le crédit pourrait être opposé à celui de M. de Damas ou de M. de Latil ; j'étais un prétexte ou un moyen de distraction pour quelques heures. Il n'en fallait pas davantage pour que l'on fût content de me voir.

Peu de minutes s'étaient écoulées que le roi me fit appeler. Son accueil fut gracieux, empressé, affectueux même. Il y avait, dans sa manière d'être et de parler, de la résignation sans abaissement, et tout le décorum d'un malheur élevé. A voir la dignité qu'il portait dans la mauvaise fortune, on eût pu croire qu'il aurait su conserver la couronne, s'il avait employé pour la maintenir la moitié de la force d'âme dont il faisait preuve après l'avoir perdue. On serait dans l'erreur. Les conditions ne sont pas les mêmes pour les deux situations. Dans l'une, il faut du courage positif; dans l'autre, il suffit de courage passif. La première exige un esprit de prévision, de hardiesse, d'entreprise; la seconde se contente d'un esprit d'abnégation. Ici, l'on est obligé d'examiner d'où l'on est parti : là, le passé est fermé, l'avenir est vide. On peut lever la tête, s'y grandir à volonté, y marcher avec noblesse. On n'a rien de mieux, rien autre chose à faire. C'est un passe-temps, une contenance. C'est en même temps du bon sens; mais ce n'est pas ce qui est indispensable pour opérer de grandes choses. Il aurait fallu beaucoup plus pour empêcher ce qui était arrivé.

Je n'étais pas venu à Édimbourg pour faire uniquement un échange de compliments. Je tentai à plusieurs reprises d'entamer la question des affaires. Je crus m'apercevoir que je les traiterais seul, que le roi qui s'en était occupé sans les aimer, avait cédé à l'antipathie qu'il avait contre elles, que peut-être même la partie solide de son esprit avait pris les devants et qu'il ne restait plus pour en masquer la retraite que ces lieux communs de politesse et de grâce dont personne, mieux que lui, ne savait faire emploi. C'était une fâcheuse découverte dans la circonstance présente; mais une fois constaté, il ne fallait se dissimuler ni le fait, ni ses conséquences. Je me promis d'examiner par moi-même, de m'enquérir auprès des autres et d'agir suivant les renseignements que je me procurerais.

Après cette visite qui n'eut d'autre résultat que la remarque dont je viens de parler, je me rendis chez M. le duc de Bordeaux, que je croyais pouvoir saluer du nom de Henri V. On me conseilla de n'en rien faire, son titre n'étant plus un fait avoué depuis le débarquement de la famille royale. Je trouvai dans la contenance du jeune prince une sorte de dignité enfantine, dans sa conversation une convenance, dans ses réflexions une justesse de sens et d'expression qui me charmèrent. Une circonstance bien futile me donna une idée avantageuse de l'empire qu'il savait exercer sur lui-même.

A mon départ de Londres, madame la duchesse de Berry m'avait prié de conduire à son fils une levrette qu'il affectionnait beaucoup et qui, égarée à la suite des événements de Juillet, avait donné lieu à de vifs regrets et même à des pleurs. L'arrivée de cette chienne, qu'il ne s'attendait pas à revoir, aurait dû laisser au jeune prince peu d'attention pour une visite toute d'étiquette. Il n'en fut pas ainsi. Les caresses de la pauvre Zami, les cris de joie dont elle les accompagnait ne purent distraire son maître de la dignité qu'il avait cru devoir prendre en me recevant. J'abrégeai une visite qui dut lui paraître longue ; mais de la pièce voisine où je restai quelques instants, je pus juger de la force de volonté que ce royal enfant avait dû employer pour suspendre l'expression de l'espèce de délire que lui causait le retour inespéré de sa chienne favorite. Je me retirai enchanté du roi qui nous était réservé.

Je me présentai chez Mademoiselle. Là m'attendait une réception à laquelle ne m'avait pas préparé celle que j'avais trouvée dans mes deux précédentes visites. La princesse me reçut très bien ; mais, près d'elle, l'impatience, la fureur, la rage même faisaient grimacer une figure tellement bouleversée que j'eus peine à la reconnaître. Cette figure appartenait à la duchesse de Gontaut[1]. A peine les premiers compliments étaient-ils échangés que, ne se contenant plus, la duchesse s'écria : « Comment, monsieur, vous ici ! Vous trouvez donc plaisir à venir contempler les conséquences des conseils que vous avez donnés ! Vous devez être satisfait. L'infortune de la famille royale est à son comble. — Madame, lui répondis-je, je suis ici pour offrir au roi un dévouement dont il ne doute pas. De quelque part que viennent les conseils dont vous parlez, je n'en désavoue pas la solidarité. Ce n'est pas lorsque la responsabilité en retombe sur des collègues bien plus malheureux que moi, que j'ajouterai la part qui m'en revient à celle qui les accable. — Vos collègues, une condamnation les menace, j'attendrai pour les plaindre qu'elle soit prononcée. — Faites mieux, madame, attendez qu'elle soit exécutée... En

---

1. La duchesse de Gontaut qui, née en 1773, sous Louis XV, mourut sous Napoléon III, âgée de plus de quatre-vingts ans, avait été nommée gouvernante des enfants de France. Elle s'était montrée très hostile au ministère Polignac et au projet des ordonnances, ce qui explique la réception qu'elle fit à M. d'Haussez. Ses Mémoires ont été publiés par la librairie Plon en 1891, et en 1895 ses lettres ont paru chez de Soye et fils, par les soins de M. de Gontaut.

venant offrir mon hommage à MADEMOISELLE, je ne pensais pas que cette démarche dût être l'occasion d'une scène que je me dispenserai de caractériser, mais que je ne cacherai à personne. Je me retire. »

Je sortis en effet, et bientôt le bruit de cette conversation retentit dans tout le palais. On peut juger que je n'ai pas cru devoir renouveler mes visites à madame la gouvernante.

Monsieur le Dauphin occupait une maison peu vaste, à une faible distance d'Holyrood. Il daigna m'admettre aussitôt que j'eus été annoncé. Il était seul avec madame la Dauphine. Après quelques phrases sans intérêt, il me quitta pour causer avec un officier qui venait d'entrer dans le salon. Madame la Dauphine entama la question des événements. Bientôt ses yeux se remplirent de larmes qu'elle s'efforçait vainement d'arrêter. Ses pleurs coulèrent avec abondance. « La révolution l'emporte! s'écria-t-elle. Elle est plus forte que mon courage. Longtemps j'ai trouvé de l'énergie à opposer à mes malheurs. Je n'ai plus même de résignation. Est-ce que vous croyez tout perdu?... » Je cherchai à calmer par quelques espérances la pénible émotion qu'elle éprouvait. « Tout est-il fini pour le roi? reprit-elle. Je le crois. Et pour nous? Plus encore?... » Je gardai le silence. « Mais au moins pour le duc de Bordeaux? — C'est sur lui que se fondent les espérances des royalistes. C'est pour lui qu'ils emploieront leurs efforts. — Pour lui... seul? — Pour lui seul, répondis-je, en baissant la voix. Dites-le tout haut; je n'ai jamais craint la vérité. A présent, pourquoi me la tairait-on? Vous voyez dans quelle situation nous sommes. Nous sera-t-il permis de la conserver longtemps? Si l'on nous chasse de l'Angleterre, où irons-nous?... Avez-vous vu Bordeaux[1]? — Oui, madame. — Comment le trouvez-vous ? — Charmant. — Vous en serez bien plus content lorsque vous le connaîtrez. Si vous saviez comme il a de l'esprit, de la sensibilité, du cœur... Je ne puis me persuader qu'un grand avenir ne lui soit pas réservé. C'est au moins ce que je veux me persuader lorsque je cherche des consolations. Pauvre enfant! Que deviendra-t-il... »

Voilà bien littéralement les expressions de l'auguste princesse! Mais ce que je ne saurais jamais rendre, c'est le ton, c'est l'accent qu'elle y mettait! A l'entendre parler du prince, on eût dit qu'elle était sa mère, tant il y avait quelque chose de touchant, de maternel, dans le bonheur qu'elle trouvait à en faire l'éloge.

---

1. C'est ainsi que dans son intérieur la famille royale désigne le jeune prince. (Note de M. d'Haussez.)

II

Nous extrayons les pages suivantes d'un ouvrage intitulé : *Notice sur son Altesse Royale madame la duchesse de Berry*, en marge duquel M. d'Haussez a écrit : « Ce récit, composé en 1831, devait précéder l'apparition en France de madame la duchesse de Berry. Communiqué au roi, il en avait reçu un assentiment formel, quoique peu empressé. L'expédition de 1832 n'ayant pas obtenu l'approbation de Charles X, je reçus la défense de faire paraître mon ouvrage. »

M. d'Haussez avait été, pendant le séjour de madame la duchesse de Berry en Angleterre, assez avant dans sa confiance pour bien apprécier les mobiles qui lui inspirèrent la pensée de son héroïque tentative. Nous lui empruntons encore la page dans laquelle il les expose.

On remarquera la franchise quelque peu hardie du langage qu'il tient dans un écrit lu par lui-même à Charles X. Les dispositions du roi envers sa belle-fille sont connues ; c'était mal faire sa cour que de représenter avec de telles couleurs le rôle rempli pendant la crise finale par la princesse qui disputait en ce moment les droits à la régence de son fils contre le roi et le Dauphin ; tristes dissensions dans une famille d'exilés.

« La Révolution marchait : elle s'était organisée sous la protection de lois insuffisantes pour en arrêter les progrès, et de tribunaux qui refusaient ouvertement de faire l'application de leurs dispositions, toutes précises qu'elles fussent. Elle éclata enfin. Trois jours d'attaques préparées de longue main et habilement dirigées, trois jours d'une défense faible et mal combinée suffirent à renverser une dynastie de huit siècles ! Dans ce trouble universel, dans la confusion d'idées et d'irrésolution que produisait cet événement terrible, une tête conservait du calme, de la détermination, de l'énergie ; une tête jugeant le mal, son étendue, les moyens d'y remédier, une tête qui avait une volonté : c'était celle de la duchesse de Berry. Tout n'eût peut-être pas été perdu pour la monarchie, si l'on avait suivi la conduite que traçait cette princesse dont le courage semblait se réserver pour les grandes circonstances où il devait être mis à l'épreuve, et se montrait, en juillet 1830 comme en février, en septembre 1820, supérieur à l'adversité. Calme dans la délibération, chaleureuse dans les conseils qu'elle donnait en raison des obstacles qu'ils rencontraient, on devinait tout ce qu'elle aurait été capable de faire, si elle eût eu la faculté d'agir. Confiante dans la générosité du peuple, elle proposait d'aller lui montrer son fils. Ce projet, qui se recommandait par la hardiesse plus que par la prudence, dut être abandonné. Les autres avis qu'elle ouvrit ne furent pas mieux accueillis; et cette force d'âme qu'elle voulait employer au salut de la monarchie, à la conservation du trône, il lui fallut la faire servir à dominer sa volonté de résister, ses regrets, ses douleurs. Elle suivit avec soumission la route de Cherbourg, au milieu d'une garde fidèle qui, des yeux, semblait lui demander le signal d'une désobéissance à des ordres qui l'humiliaient, d'une population dont, tout comprimés qu'ils étaient par une faction enivrée de son triomphe, les sentiments se manifestaient d'une manière non équivoque. Il lui fallut quitter cette France qu'elle aimait tant, où elle était tant aimée, où elle avait fait tant de bien; il lui fallut abandonner des amis qu'elle s'était créés dans toutes les classes, des pauvres qu'elle secourait partout où ils sollicitaient ses bontés ; ces fêtes auxquelles elle ne manquait jamais d'associer la bienfaisance, ce Rosny et tous les genres d'enchantements qu'elle y avait rassemblés[1]. Le souvenir de ce qu'elle avait fait la soutenait, et ce souvenir, ce n'était pas dans son cœur seul qu'il se trouvait ; elle en acquit la preuve, au moment

---

1. Le premier soin de Madame à son arrivée en Angleterre, fut d'assurer la dotation à l'hôpital qu'elle avait fondé à Rosny, et de faire payer immédiatement la somme nécessaire à son entretien jusqu'au 1er janvier 1831. (Note de M. d'Haussez.)

même où son pied cessait de fouler le sol de la France.

» A peine montée sur le bâtiment qui devait emporter la famille exilée, elle s'aperçut que sa chienne favorite n'était plus près d'elle. Quel fut son étonnement en la voyant passer de main en main parmi les matelots de l'équipage et recevoir leurs caresses ! Le nom de la pauvre bête leur était connu. — « Ne
» craignez rien pour *Foolish*, dit un matelot; ne crai-
» gnez rien pour vous », ajouta-t-il en baissant la voix. Et en pressant de sa main rude le bras délicat de la princesse : « Nous sommes presque tous de
» Dieppe ; dites un mot, et nous faisons passer par-
» dessus bord nos officiers et tous ceux qui vou-
» draient nous résister. Nous vous conduirons ensuite
» où vous voudrez aller. »

» Cette preuve d'affection, cette marque de reconnaissance fut la première des rares consolations que la Providence réservait à la duchesse de Berry. Le nom de Dieppe lui rappelait une ville embellie, enrichie par ses soins ; où sa présence attirait un concours inaccoutumé d'étrangers ; où ses secours pénétraient dans les plus pauvres maisons pour y soulager le malheur ; où son exemple et ses largesses avaient plus d'une fois procuré le salut des marins menacés du naufrage. Sans doute elle se rappelait ce jour où, bravant les horreurs de la tempête et les torrents d'une pluie glacée qui avait pénétré ses vêtements, son chapeau enlevé par le vent, et cramponnée à l'un des canons de la jetée, elle excitait les matelots à porter à leurs frères en péril des secours qui eussent été vainement réclamés si Madame n'avait été là pour communiquer son courage parmi ceux qui en manquaient.

» Quelque temps après le départ de Cherbourg, Dieppe, la ville fidèle, vit arriver les voitures de sa bienfaitrice. Cette fois, elles étaient vides. Les habitants voulurent les traîner jusqu'au bâtiment qui devait les transporter : hommage désintéressé qu'ils rendaient à la bonté malheureuse ; pieuse fiction qui leur rappelait les époques où ils couraient à la rencontre de celle qui, chaque année, leur apportait le bonheur ! ! !

. . . .
. . . .

» La duchesse de Berry fut bientôt après portée à prendre une part active dans les événements par le bruit répandu avec assez de probabilité d'une intervention immédiate de la part des puissances étrangères. Des armements poussés avec activité sur tous les points de l'Europe donnaient de la vraisemblance à ce bruit.

» A la vue de la France menacée d'une troisième invasion, la princesse crut devoir reparaître sur la scène politique, afin de placer la royauté légitime entre l'Europe armée par la crainte que lui inspiraient l'esprit et l'essence du gouvernement nouvellement établi en France et cette même France dont une faction coupable compromettait encore une fois l'indépendance. Ses démarches à l'égard des souverains, ses rapports avec l'intérieur tendirent tous à ce but. C'était de la France, revenue à un principe de force et de stabilité, qu'elle voulait obtenir les moyens de sauver des désastres d'une nouvelle guerre la France soustraite à la domination de ses rois. Toutes ses vues, tous ses efforts tendirent vers ce but, *et c'est peut-être à une persévérance mal calculée dans cette ligne honorable qu'il faut attribuer le défaut d'ensemble et d'union qui, plus que toute autre cause, a contribué au mauvais succès de sa tentative.* »

En marge, M. d'Haussez a écrit ici : « Dans l'hypothèse d'une publication, la notice devait s'arrêter à ce paragraphe. » La suite qui lui été donnée n'existait pas lorsqu'elle fut soumise à l'approbation du roi. Mais la phrase que avons soulignée fut évidemment écrite après 1832. Le reste ne contient rien qui intéresse l'histoire, M. d'Haussez n'ayant pas accompagné madame la duchesse de Berry en Italie et n'ayant rien connu des préparatifs de l'expédition en Vendée.

III

LE TRÉSOR DE LA CASAUBAH

Composition en valeurs, espèces, colis et poids des fonds envoyés à Toul (?)
par la Commission des Finances d'Alger :

NOMS DES VAISSEAUX porteurs des fonds	NATURE DES VALEURS CHARGÉES A BORD DE CHAQUE BATIMENT	QUANTITÉ DES ESPÈCES En or	QUANTITÉ DES ESPÈCES En argent	NOMBRE DES COLIS En caisses	NOMBRE DES COLIS En boîtes	NOMBRE DES COLIS En sacs	POIDS en kilogrammes
		FR.	FR.				
MARENGO VAISSEAU	Lingots et saumons	»	934.600	»	»	206	4.678
	Un lingot d'or	132.000	»	»	»	1	44
	Monnaies diverses d'or	7.200.000	»	22	»	»	2.400
	Monnaies diverses d'or	3.900.000	»	22	»	»	1.320
	Onces d'or d'Espagne et de Portugal	991.998	»	»	6	»	330
DUQUESNE VAISSEAU	Monnaies d'or d'Alger	10.800.000	»	60	»	»	3.600
	Monnaies d'or d'Espagne et de Portugal	750.000	»	»	5	»	250
SCIPION VAISSEAU	Monnaies d'argent d'Espagne .	»	5.100.000	101	62	228	25.503
	Piastres fortes d'Espagne . . .	»	10.240.000	»	»	800	51.200
NESTOR VAISSEAU	Piastres fortes d'Espagne . . .	»	3.289.600	»	»	257	16.448
	Pièces d'argenterie	»	Mémoire[1]	2	»	»	52
VÉNUS FRÉGATE	Lingots d'or et d'argent. . . .	Mémoire[1]	»	2	»	»	28
	Pendules	»	Mémoire[1]	1	»	»	»
	TOTAL	23.833.998	19.564.600	210	73	1492	105.758
	TOTAL GÉNÉRAL	43.398.598[2]		1.775			

1. Il a été impossible d'évaluer ces parties d'or et d'argent, non plus que les pendules, vu que l'on n'en connaît ni le titre, ni le prix.
2. Note jointe par l'amiral de Martineng : « Il faut ajouter à cette somme 2.000.000 de francs environ, qui furent mis en circulation dans la colonie, plus un matériel immense d'artillerie, qui a été transporté en France. Deux petits bâtiments et les munitions, qui ont été transportés à Toulon, peuvent être évalués de deux à trois cent mille francs. »

Les 105 758 kilogrammes, répartis à raison de 2 000 kilogrammes par voiture, établissent la charge de cinquante-trois voitures qui formeront de cinq à six convois, chacun d'eux ne pouvant être que de neuf à dix voitures.

LA PART DU BARON D'HAUSSEZ.

Lettre d'envoi de l'amiral de Martineng, major général de la marine, à Toulon, pendant l'expédition d'Alger :

« Versailles, 2 octobre 1842.

» Monsieur le baron,

» Je m'empresse de vous envoyer les documents que vous aviez paru désirer sur l'expédition d'Alger ; ils sont officiels, étant le résultat de tous les rapports qui ont été faits au gouvernement à cette époque.

» Vous trouverez une différence de près de onze millions entre l'envoi fait par la Commission des finances et le produit réel. L'état que je vous adresse vous fera connaître *ce que j'ai reçu officiellement à Toulon;* le reste est venu en France à différentes époques, mais je ne garantirais pas qu'il soit entré intégralement dans le trésor de l'État.

» Une vieille rouillarde, une corne d'amorce (poire à poudre à l'usage des canonniers marins) et quelques documents officiels, voilà donc ce qui **vous** reste d'une expédition entreprise contre vent et marée, et qui vous a couvert de gloire. Alors, nous n'étions pas à la remorque de l'Angleterre, la France était France... Attendons un temps meilleur.

» Veuillez recevoir la nouvelle assurance de mon respectueux et entier dévouement.

» AMIRAL DE MARTINENG. »

NOTES COMPLÉMENTAIRES

Page 9. — Auguste-Simon-Hubert Ravez, né à Lyon en 1770, débuta brillamment au barreau en 1791 ; l'année suivante, après avoir été emprisonné comme suspect, il se réfugia à Bordeaux et prit place parmi les avocats les plus distingués de cette ville. En 1816 député de la Gironde, il devint, en 1817, sous-secrétaire d'État au Département de la Justice et, en 1818, fut président de la Chambre, position qu'il occupa jusqu'en 1827. En 1824, il avait été nommé premier président de la Cour royale à Bordeaux. La révolution de Juillet le rendit au barreau ; mais en 1849, le département de la Gironde l'envoya à l'Assemblée législative. Il mourut la même année à Bordeaux, le 5 septembre. Plusieurs fois, M. Ravez refusa des ministères. Il était pair de France et cordon bleu.

II

Page 21. — Louis-Urbain Aubert, marquis de Tourny, né aux Andelys en 1690, intendant de la Guyenne en 1743, s'occupa très activement de l'embellissement et de l'assainissement de Bordeaux, et aussi de la création de routes alors bien négligées. En 1758, il fut nommé conseiller d'État et se fixa à Paris où mourut en 1761.

III

Page 47. — Jean-Baptiste-Sylvère Gaye de Martignac, fait vicomte par Charles X. Né à Bordeaux en 1776, se fit tout jeune connaître comme brillant avocat et spirituel vaudevilliste. En 1814, il entra dans la magistrature et ne tarda pas à être nommé procureur général à Limoges. Élu député en 1821, il se fit bien vite remarquer à la tribune. En 1827, il fut appelé à succéder à M. de Villèle. Il quitta le ministère de l'Intérieur à l'avènement de M. de Polignac. Lors du procès des ministres, M. de Martignac se chargea de la défense de son successeur menacé de la peine capitale. Il mourut en 1832. — Voir sur cet homme éminent l'ouvrage de M. Ernest Daudet, *le Ministère de M. de Martignac*, Paris, Dentu, 1875.

IV

Page 52. — La note de cette page doit être ainsi complétée : Jean-François-Hyacinthe Feutrier, né à Paris le 2 avril 1785, mort à Beauvais le 27 juin 1830, avait été, en 1823, nommé curé, non de l'Assomption, comme le dit d'Haussez, mais de la Madeleine et, en 1825, obtint l'évêché de Beauvais. En 1828, il fut appelé à succéder à monseigneur Frayssinous comme ministre des Affaires ecclésiastiques.

V

Page 63. — Gabriel-Jacques Laisné de Villevêque naquit à Orléans en 1767. Il paraît s'être tenu à l'écart au début de la Révolution ; mais en 1793, eut le courage de signer la première pétition demandant la mise en liberté de Madame, depuis duchesse d'Angoulême. Conseiller général du Loiret, dans une adresse de félicitation au Premier Consul, il engagea ses collègues à émettre un vœu pour la rentrée des émigrés. Il adhéra chaleureusement au retour des Bourbons ; élu député, il prit place parmi les royalistes constitutionnels. Lorsqu'il s'agit des indemnités réclamées par les alliés, il combattit vivement la proposition d'accorder un milliard aux Prussiens, « liquidation qui éterniserait les angoisses de la France, qui en consommerait la ruine ». A la Chambre, il prit fréquemment la parole et fut membre d'un grand nombre de commissions. Ses discours ont été réunis en deux volumes. « Son élocution facile et parfois très brillante, dit le *Dictionnaire des Parlementaires*, n'était pas exempte d'emphase, et le *Moniteur* a noté de longs éclats de rire qui accueillirent une phrase prononcée par Villevêque en 1817 au cours des débats sur le budget. » En 1818, il passa du centre droit au centre gauche, combattit le ministère Polignac et fut l'un des 221. Il se rallia à la monarchie de Juillet. Ayant échoué dans deux élections, il renonça à la vie politique et mourut à Orléans en janvier 1831. Il avait obtenu une grande étendue de terrain dans l'isthme de Tchuantepec, sur les bords du Goazacoalco, et tenta d'y fonder une colonie. Séduits par de belles promesses, beaucoup de malheureux s'y rendirent, mais l'entreprise échoua. C'est à cet essai de colonisation que M. d'Haussez fait allusion. Suivant la *Biographie universelle,* M. de Villevêque, « sans être un homme supérieur, fut un homme de bien, plein de patriotisme et de désintéressement et qui, par ses lumières et son expérience, rendit service au Gouvernement constitutionnel ».

VI

Page 64. — Georges-Paul Petou, né à Paris le 11 novembre 1772, mort à Elbeuf le 21 mai 1849. Fabricant de drap à Louviers et maire d'Elbeuf, il se porta candidat à la députation comme royaliste-constitutionnel en 1824. La *Biographie des Députés* (Paris, Dentu, 1826) s'exprime ainsi à son sujet : « Cet honorable manufacturier professe l'indépendance la plus absolue, et, dans aucune circonstance, il ne recule devant ses devoirs de député. Nous avons cependant un reproche amical à lui faire : il ne soigne pas assez son débit, et ses brusques intonations excitent parfois l'hilarité de l'Assemblée (p. 473). » La crainte des jésuites paraît avoir poussé M. Petou dans les rangs des libéraux. Il fut l'un des 221 et se rallia au gouvernement de Louis-Philippe. Réélu député en 1831 et 1834, il vota avec le tiers parti et en 1837 quitta la vie politique. La ville d'Elbeuf a donné son nom à l'une de ses rues.

VII

Page 76. — A ce chapitre commence la partie des Mémoires de M. d'Haussez qui a paru sous ce titre : *Mémoire sur le Ministère du 8 août 1829*. M. de Circourt et M. Darmesteter, qui la publièrent dans la *Revue de Paris* en 1894, la firent précéder d'observations auxquelles il peut être bon d'emprunter ce passage : « Nous avons vu depuis 1830 assez de révolutions et de coups d'État avortés ou triomphants pour pouvoir juger avec plus d'équité les hommes qui essayèrent de sauver la monarchie légitime, et qui eurent surtout le tort d'échouer. Et si ces pages contiennent des injustices ou des excès de justice à l'égard des compagnons d'armes de M. d'Haussez, on doit considérer qu'il avait été appelé au Ministère sans l'avoir demandé, ni désiré, qu'il a été contraint par honneur et dévouement à y prendre place, qu'il a livré bataille sans avoir été admis à la préparer. Quel est l'homme politique qui oserait affirmer qu'ayant à témoigner dans des circonstances pareilles, au lendemain de la crise finale, il aurait mis dans sa plume moins d'acide ? »

On a reproduit le mémoire sur le *Ministère du 8 août* tel qu'il parut dans la *Revue de Paris*. On y a joint seulement quelques notes dont plusieurs avaient été préparées par M. de Circourt. Bien jeune, il avait pris part à l'expédition d'Alger ; bien âgé il avait conservé une fidélité de mémoire et une netteté de vue qui rendent particulièrement intéressantes celles de ces notes dont cette glorieuse expédition lui a fourni le sujet.

VIII

Page 89. — M. d'Haussez parle un peu plus loin de la confiance de M. de Polignac en une sorte de prédestination. M. Maxime Du Camp rapporte dans ses *Souvenirs littéraires* (t. Ier, p. 33) que le prince croyait avoir obéi à un ordre de la Sainte Vierge qui, disait-il, lui était apparue. « Le fait, ajoute M. Maxime Du Camp, m'a été raconté au moment de l'établissement du second Empire par le grand orateur légitimiste, par Berryer, qui le tenait du prince lui-même, et en 1846, un an avant sa mort, celui-ci disait encore : « En présence d'une aussi glorieuse apparition, toute hésitation eût été criminelle. » M. Hyde de Neuville (*Mémoires et Souvenirs*, t. II, p. 433) parle d'une sorte d'illuminisme en lequel croyait le prince, et qui put avoir une influence sur la promulgation des ordonnances; il ajoute : « Les inspirations du ciel qui guidèrent le prince de Polignac, dit-on, ne dataient pas seulement de cette époque, mais remontaient plus haut. » M. Hyde de Neuville raconte ensuite à ce sujet une anecdote qui n'a rien de probant.

Le prince Jules de Polignac est un personnage si connu qu'il serait oiseux de donner sur lui d'amples détails biographiques; rappelons seulement qu'il naquit en 1780, qu'il fut compromis avec son frère Armand, dans la conspiration dite de Pichegru, que tous deux cherchèrent à se sauver mutuellement par de généreuses dépositions, que, condamnés à mort, la peine fut commuée. Le 8 avril 1830, M. Jules de Polignac fut appelé au ministère de l'Intérieur; après la révolution de Juillet il fut condamné à une prison qui devait être perpétuelle, mais qui ne dura que six ans. Il mourut en Angleterre le 2 mars 1847. Dans son excellent ouvrage, *Biographies contemporaines*, M. Boullée, après avoir rendu justice aux nobles qualités du prince de Polignac, juge ainsi son rôle comme ministre : « Etranger par six ans d'éloignement au véritable esprit de pays, plein d'illusions sur les hommes et sur les choses, dépourvu de toute expérience militaire, et préoccupé par-dessus tout de cette étrange idée que le succès dépendait exclusivement d'un secret absolu, le chef du Conseil semble avoir écarté les éléments de réussite dans une proportion égale aux obstacles qu'il a accumulés autour de lui. » (T. Ier, p. 321.) — En 1845, M. de Polignac publia des *Études historiques, politiques et morales* et une brochure, *Réponse à mes adversaires*. « Les hommes impartiaux, dit encore M. Boullée, se plurent à reconnaître dans ces deux écrits des vues sages, des appréciations saines et judicieuses, un sentiment indéniable de modération et de sincérité. Mais cet appel demeura sans écho dans la masse des esprits. » (*Ibid.*, p. 352.)

IX

Page 99. — Christophe-Jean-André, comte de Chabrol de Crouzol, frère du préfet de la Seine, né à Riom en 1771, se destinait à l'état ecclésiastique ; il quitta les oratoriens pour refus de serment à la constitution civile du clergé. Emprisonné pendant la Terreur, il ne recouvra la liberté qu'en 1795. Il fut successivement maître des requêtes, président de la Cour impériale d'Orléans, président du Conseil souverain de législation en Toscane. La manière dont il remplit les fonctions d'intendant des provinces Illyriennes le fit nommer préfet du Rhône, poste qu'il quitta durant les Cent Jours et reprit à la seconde Restauration. Après avoir été directeur de l'enregistrement et des domaines, il fut nommé pair de France et ministre de la Marine, et en 1825 ministre des Finances. Il résigna ce portefeuille le 7 mai 1830. Après la révolution de Juillet il rentra dans la vie privée et mourut en 1839.

X

Page 119. — M. d'Haussez se montre à l'égard de M. le Dauphin d'une sévérité contre laquelle nous avons protesté dans notre *introduction*, t. I, p. 60. Nous prions le lecteur de s'y reporter, et de lire la note de la page 338 de ce premier volume et celle de la page 269 du présent tome.

XI

Page 125. — M. d'Haussez a dit brièvement quels bienfaits la France dut à la Restauration. Comme complément à cette rapide esquisse, nous croyons intéressant de reproduire une page d'un historien impartial et clairvoyant, Capefigue : « En tombant, la Restauration a laissé un grand vide d'ordre et de prospérité publique. Tout ce que nous avons de liberté, de garanties, de crédit, la vie du gouvernement représentatif, nous le devons aux quinze années de Restauration : comment les Bourbons prirent-ils la France et comment l'ont-ils laissée ? Qui ne se souvient de la double invasion, de ce territoire désolé, de ce despotisme de soldat, de ce gouvernement sans liberté, de cette pesante organisation sociale qui ne laissait de consolations que la victoire? Eh bien ! les Bourbons nous rendirent le bien-être, la parole écrite, cette puissance de l'intelligence qui s'essaie et se développe par la presse. Ils nous donnèrent la tribune, la paix, le commerce, l'industrie et les capitaux fécondants. Je ne sache rien de plus élevé que ces deux grandes branches du gouvernement de la Restauration : la diplomatie et les finances. Qui peut oublier que le gouvernement des Bourbons déchira la carte humiliante où l'Alsace et la Lorraine étaient placées sous la rubrique d'*Austria*, noble succès du négociateur du traité d'Aix-la-Chapelle? Dans toutes les affaires de l'étranger, même aux jours les plus mauvais, le sentiment de l'honneur le plus profond présida aux relations diplomatiques ; je porte le défi qu'on trouve une seule dépêche où les intérêts du pays aient été abandonnés ; et puis cet admirable progrès de l'administration des finances, cet ordre, ce crédit établi ! Le rapport de M. de Chabrol en 1830 reste là comme le testament politique et financier de la Restauration. Et à quelle époque la pensée des hautes études fit-elle de plus larges progrès ? Quel siècle vit de plus grands efforts d'intelligence ! » (Capefigue, *Histoire de la Restauration*, 3e édition, Paris, Charpentier, 1842, t. IV, p. 252.)

XII

Page 207. — Charles-Ignace, comte de Peyronnet, né à Bordeaux en 1775, entra au barreau, se prononça énergiquement pour les Bourbons en 1814. Fut président du tribunal de première instance de sa ville natale, puis procureur général à Bourges, député en 1820, ministre de la Justice de 1821 à 1828, ministre de l'Intérieur en 1830. Signataire des ordonnances, il fut emprisonné au fort de Ham et rendu à la liberté en 1836. Il mourut dans son château de Montferrand le 2 janvier 1854. Il a laissé plusieurs ouvrages d'histoire et de philosophie : dans un livre que j'ai souvent cité, *Biographies contemporaines* (t. Ier, p. 384), M. Boullée a écrit une excellente notice sur M. de Peyronnet. Elle est à confronter avec le portrait tracé par M. d'Haussez dans les irritations de l'exil, et avec le jugement très âpre porté par M. de Guernon-Ranville, se rappelant les aigreurs d'une longue captivité subie en commun (*Journal d'un ministre*, p. 285). Cette notice modifie sur certains points des sévérités qui semblent excessives. M. Boullée peint ainsi l'ancien ministre de l'Intérieur : « Doué d'un grand courage et d'une incontestable élévation d'esprit, le comte de Peyronnet neutralisa de brillantes qualités par la raideur hautaine et présomptueuse de son caractère, généralement dépourvu de naturel et de simplicité. — M. de Martignac, son compatriote et son ami, disait de lui que c'était un brave homme, un homme brave, mais non pas un bonhomme » (*Biographies contemporaines*, t. Ier, page 362). M. Boullée constate que la fortune de M. de Peyronnet ne s'était point accrue dans les plus hautes charges de l'État, et que son désintéressement ne put donner prise aux calomnies de l'esprit de parti; mais on peut dire que cette probité fut la qualité dominante de tous les hauts fonctionnaires de la Restauration. »

INDEX

DES NOMS CITÉS DANS L'INTRODUCTION
DES
MÉMOIRES DU BARON D'HAUSSEZ

A

ALEXANDRE (l'Empereur). — 28, 35.
ALMAZAN (voyez Saint-Priest).
ANGOULÊME (Dauphin, duc d'). — 44, 52, 56, 60, 69, 76, 87.
ANGOULÊME (duchesse d'). — 69.
ARTOIS (comte d'). V. Charles X.

B

BERRY (duc de). — 22, 55.
BEUGNOT (comte). — 9
BEZUEL (François). — 4. (Louise). — 6.
BOURDONNAYE (comte de la). — 77.

C

CAPELLE (baron). — 49.
CADOUDAL (Georges). — 3, 7.
CADOUDAL (M. de). — 7, 8.
CARAMAN (Louise de). — 119.
CHAMBORD (comte de). — 88.
CHARLES X. — 26, 53, 76, 80, 83, 85, 86.
CONSTANT (Benjamin). — 30.
CORBIÈRES (comte de). — 68.
CREUSÉ DE LESSERT. — 48.

D

DECAZES (duc). — 41, 43, 44, 46, 52, 54, 55, 59.
DONNADIEU (général Vte). — 56.

E

ESTAR DE TOURNEVILLE. — 6.

F

FORÊT-DIVONNE (comte Ferdinand de La). — 119.
FOUCHÉ (duc d'Otrante). — 41.
FOY (général). — 18.

H

HAUSSEZ (baron d'). — 3, 4, 5, 6, 7, 8, 37, 38, 39, 40, 41, 42, 43, 44, 47, 48, 49, 50, 51, 54, 57, 62, 64, 65, 66, 67, 69, 72, 74, 78, 80, 81, 82, 83, 84, 85, 89, 90, 97, 102, 103, 106, 107, 111, 113, 114, 115, 116, 122, 124.
HAUSSEZ (baronne d'). — 103, 110, 111, 116.
HYDE DE NEUVILLE (baron). — 8.

J

JOURDAN (général). — 30.

L

LACROIX (Voyez Pamphille de Lacroix).
LAINÉ. — 39, 41, 42, 44.
LAMARTINE. — 48.
LEMARROIS (général comte). — 18.
LEMERCHER (Pierre). — 4.
LEMERCHER DE LONGPRÉ (Étienne). — 4, 6.
LESUEUR (Louise). — 4.
LÉVIS (duc de). — 88.
LOUIS XVIII. — 28, 30, 34, 38, 39, 40, 42, 43, 44, 49, 58, 59.

M

MADIER DE MONTJAU. — 53.
MARMONT (maréchal). — 29, 30.
MARTIGNAC (vicomte de). 69, 76.
MONSIEUR (Voyez Charles X).
MORTEMART (duc de). — 85.
MOUCHARD (Madeleine). — 4.

N

NAPOLÉON. — 20.
NAPOLÉON (Louis). — 82.

P

PAMPHILLE DE LACROIX (général vicomte). — 56.
PATRY DES HALLAIS. — 6.
PERSIGNY (duc de). — 83.

P

PEYRONNET (comte de). — 48.
PIET. — 49.
POLIGNAC (prince de). — 76, 77, 80.

R

RICHELIEU (duc de). — 76.
ROYER-COLLARD. — 77, 91.

S

SAINT-ALBIN (baron et baronne de). — 110, 118.
SAINT-ALBIN (Émilie de). — 118,
SAINT-PRIEST (duc d'Almazan, Louis-Emmanuel vicomte de). — 118.
SAINT-PRIEST (duc d'Almazan, François vicomte de). — 118.
SAINT-PRIEST (duchesse d'Almazan, Marguerite de). — 119.
SAINT-PRIEST (Thérèse de, comtesse de la Forêt-Divonne). — 119.
SALABERRY. — 48.
SALVANDY. — 49.
SAVARY. — 8.

T

TALLEYRAND (prince de). — 28, 31.
TROCHE. — 10.

V

VILLÈLE (comte de). — 45, 59, 67.
VITROLLES (baron de). — 14, 19.

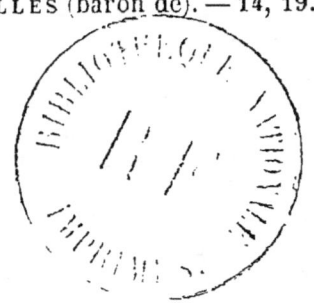

INDEX

DES NOMS CITÉS DANS LES DEUX VOLUMES
DES
MÉMOIRES DU BARON D'HAUSSEZ

A

ALMÉRAS (lieutenant général baron). — II, 13.
ALVIMARE (colonel d'). — I, 358.
ANGELO. — I, 187.
ANGLÈS (comte). — I, 205, 206.
ANGOULÊME (dauphin duc d'). — I, 168, 279, 314, 338, 366, 367. — II, 12, 116, 117, 118, 119, 129, 130, 133, 154, 156, 164, 180, 181, 184, 188, 189, 190, 191, 193, 194, 192, 196, 199, 200, 214, 219, 221, 243, 269, 271, 273, 274, 276, 277, 287, 288, 289, 298, 299, 344, 345, 348, 360.
ANGOULÊME (dauphine duchesse d'). — I, 154, 168, 279, 305. — II, 7, 8, 40, 115, 120, 121, 191, 360.
ARGENSON (marquis d'). — I, 183.
ARGOUT (comte d'). — I, 264, 265, 266, 267, 270, 318. — II, 40, 267, 268, 271, 284.
ARTOIS (comte d'). Voir Charles X.
ASTOR (d'). — I, 352.
AUTICHAMPS (général comte d'). — II, 69.
AVARAY (duc d'). — I, 368, 369.

B

BACOT DE ROMANS (baron). — I, 213.
BALBY (marquise de). — I, 368.
BALHE (comte de). — I, 351.
BARANTE (baron de). — I, 185.
BARBÉ-MARBOIS (comte de). — I, 161, 177.
BAREET DE JOUY. — II, 298, 325, 327, 328.
BECQUEY. — I, 196, 230, 383, 384, 385.
BELLART (procureur général). — I, 200, 316.
BELLEYME (de). II, 55.
BELLUNE (maréchal Victor duc de). — I, 364, 366, 389, 395, 396. — II, 276.
BENOIT. — I, 146.
BERARD. — II, 278.
BERBIS (chevalier de). — I, 411. — II, 56.
BÉRENGER. — II, 62.
BERRY (duc de). — I, 169, 305, 312, 315.
BERRY (duchesse de). — I, 314, 316. — II, 122, 123, 281, 286, 291, 293, 294, 324, 358, 362, 363, 365, 366.

BERRYER. — II, 68, 69.
BERTHEZÈNE. — II, 197.
BERTIN DE VAUX. — I, 245.
BEUGNOT (comte). — I, 142, 144, 181, 223, 230, 371. — II, 211.
BIGNON. — I, 254, 255.
BLACAS (duc de). — I, 151, 368.
BOISSIÈRE (de la). — I, 267.
BOISSY D'ANGLAS (comte de). — I, 260, 261, 262.
BONHOMME (l'abbé). — I, 287.
BORDEAUX (duc de). — II, 274, 294, 299, 358, 360.
BORDESOULLE (général). — I, 339, II, 287.
BOUILLÉ (comte de). — II, 291.
BOULLAYE (vicomte de la). — II, 65, 66.
BOURDONNAYE (comte de la). — I, 157, 228, 331. — II, 74, 75, 83, 86, 87, 91, 101, 103, 104, 106, 107, 109, 131, 148, 149, 150, 151.
BOURMONT (général comte de). — I, 378. — II, 83, 85, 94, 95, 102, 129, 131, 136, 148, 157, 163, 190, 191, 213, 214, 215, 217.
BRETEUIL (comte de). — II, 5, 8, 22.
BRICHE (général comte de). — I, 273, 275, 276, 278, 279.
BRIGODE (comte de). — I, 181, 191.
BRIGODE (baron de). — I, 191.
BRISSAC (duc de). — II, 48.
BROGLIE (duc de). — I, 223. — II, 73.

C

CANUEL (général). — I, 235.
CAPELLE (baron. — I, 311. — II, 205, 207.
CAPO D'ISTRIA (comte). — II, 137, 141.
CARRIGNAN (prince de). — I, 351.
CARRÈRE (comte de). — I, 235.
CASTELBAJAC (vicomte de). — I, 213.

CAVALIER. — I, 269.
CAYLA (madame du). — I, 368, 370.
CÉRISY. — II, 169.
CHABAUD-LATOUR (baron de. — I, 260, 261, 265.
CHABROL (comte de Chabrol de Volvic). — I, 399, 400.
CHABROL (comte de Chabrol de Crouzol). — II, 83, 99, 102, 129, 130, 147, 171, 174, 182, 183, 192, 200, 201.
CHANTELAUZE (de). — II, 203, 204, 259, 275, 325.
CHARLES X (le Roi). — I, 141, 309, 311, 408. — II, 111, 117, 124, 129, 134, 145, 150, 177, 180, 184, 188, 192, 201, 202, 218, 223, 226, 243, 268, 269, 271, 277, 280, 281, 287, 288, 290, 296, 298, 300, 342 344, 346, 349, 357, 363.
CHARTRES (duc de). — II, 43
CHATEAUBRIAND (vicomte de). — I, 389.
CHAUVELIN (marquis de). — I, 183.
CHAZETTE. — I, 267.
CHEVERUS (monseigneur de). — II, 18.
CHOPIN D'ARNOUVILLE. — I, 320. 322.
CISTERNA (prince de la). — I, 351.
CLAUSEL (général). — II, 191.
CLAUSEL DE COUSSERGUES. — I, 210.
CLERMONT-TONNERRE (marquis de). — I, 364, 389, 396.
COCHRANE. — II, 166.
COETLOSQUET (général, comte de). — I, 378, 379. — II, 258, 273.
COLLIN DE SUSSY (comte), II, 278.
CONNY (vicomte de). — II, 67.
CONSTANT (Benjamin). — I, 222, 402, 403.
CORBIÈRES (comte de). — I, 157, 228, 330, 388, 389, 393, 394. — II, 9, 20, 30, 206.

CORVETTO. — I. 161, 163.
COTTU. — II, 68.
COURVOISIER. — II, 83, 93, 102, 147, 148, 149, 151, 174, 192, 200, 201, 203.
CUVIER (baron). — I, 400, 401. — II, 48.

D

DAMAS (comte de). — II, 356.
DAMBRAY (Comte). — I, 151, 152, 221.
DANDEZENO (comte). — I, 347.
DECAZES (duc), — I, 159, 160, 161, 162, 170, 175, 182, 230, 267, 286, 296, 303, 312, 313, 316, 324, 330, 341, 368, 369. — II, 8, 9, 19, 71, 72.
DESCHAMPS. — II, 24.
DONNADIEU (général, vicomte). — I, 235.
DROVETTI. — II, 134, 135, 137, 155, 165.
DUDON. — II, 13.
DUHAMEL. — II, 13.
DUMONT-D'URVILLE (amiral). — II, 344, 347.
DUPERRÉ (amiral). — II, 186, 213, 219, 222, 223, 225.
DUPETIT-THOUARS (amiral). — II, 161.
DUPIN (baron). — II, 47, 59.
DUPIN (aîné). — II, 57, 58.
DUPLESSIS (Grénedan, comte de). — I, 210.
DUPLESSIS-PARSCAU. — II, 165.
DUPONT (général). — I, 149.
DUPONT DE L'EURE. — I, 241.
DURAS (duc de) — II. 271, 291.
DUVERGIER DE HAURANNE. — I, 189.
ESSARTS (général des). — I, 341, 367.

E

ÉTIENNE. — I, 245.
EYNARD — II, 138, 141, 145.
FELTRE (Gaudin, duc de). — I, 161, 178.

F

FEUTRIER (Monseigneur). — II, 52.
FORBIN (comte de). — I, 382.
FOY (général). — I, 403,
FRANCHET. — 1, 398.
FRAISSINOUS (Monseigneur). — I, 397.
FUMERON D'ARDEUIL. — II, 48.

G

GAUDIN (duc de Gaëte). — I, 216.
GAUTIER. — II, 11, 12, 13.
GAY DE TARADEL. — II, 161.
GÉRARD (général comte). — II, 61, 260, 268.
GIRARDIN (général comte A. de), — I, 155. — II. 267.
GIRARDIN (comte Stanislas de). — I, 404, 405.
GIROD DE L'AIN. — I, 243.
GLANDEVÈS (baron de). — II, 265.
GONTAUT (baron de). — II, 360.
GRAMMONT (comte de). — I, 182.
GRAMMONT (duc de). — I, 370.
GRÉGOIRE (abbé). — I, 321.
GUDIN (général). — I, 379.
GUERNON-RANVILLE (comte de). — II. 151, 152, 179, 203, 259, 271, 272.
GUICHE (duc de). — I, 339.
GUILLEMINOT (général). — II, 134.
GUIZOT. — I, 166, 167, 223, 260. — II, 50.

H

HALGAN. — II. 186, 187.
HAUSSEZ (baron d'). — II, 96, 103.
HOCQUART. — II, 282.
HUET. — I, 271.
HYDE DE NEUVILLE (baron). — I, 157, 228. — II, 51, 52.

J

JACQUART (abbé). — II, 114.
JACQUES. — I, 269.
JARNAC. — I, 275.
JAUCOURT (marquis de). — I, 145, 371.
JEANNIN (général). — I. 295.

K

KÉRATRY (comte de). — I, 244. — II, 47.
KERGORLAY (comte de). — I, 203.

L

LABBEY DE POMPIÈRES. — I, 247. — II, 56.
LABORDE (de). — I, 254.
LACROIX (général, vicomte Pamphille de). — Voir Pamphille de Lacroix.
LA FAYETTE (marquis de). — I. 248. — II, 64, 232, 278.
LAFFITTE. — I, 251. — II, 47, 64, 260.
LAINÉ (comte Joachim). — I, 194, 230, 330. — II, 13.
LAISNÉ DE VILLEVÈQUE. — II, 63. 64.
LALLY-TOLLENDAL (marquis de). — I, 224.
LA LONDE (marquis de). II, 295.
LALOT (Charles de), — I, 407, 410. — II, 56.
LAMARQUE (général. — II, 60, 61.
LAMBERT. — II, 328, 329, 330, 332, 335, 336, 337.
LAMETH (comte de). — I, 250.
LATIL (cardinal de). — II, 343. 356.
LA TOUR DU PIN GOUVERNET (marquis de). — I, 349.
LATOUR-MAUBOURG (marquis de), — I, 324, 325.
LAVAL (duc de). — II, 145.
LAVALETTE (comte de). — I, 170.
LAVAUX (comte de), — I, 399.
LIVRON (général). — II, 137, 155, 165.

LODI (comte de). — I, 350, 351.
LOUIS (baron). — I, 148.
LOUIS XVIII. — I, 155, 172, 180, 226, 227, 367, 368, 369, 370, 372, 374, 375, 376. — II, 124.
LOUVEL. — I, 316, 317.
LUXEMBOURG (duc de). — II, 291.

M

MADIER DE MONTJAU. — I, 299, 300, 301, 302.
MAISON (maréchal). — II, 140.
MANGIN (préfet de police). — II, 107, 109, 110, 235.
MANUEL. — I, 404.
MARCELLUS (comte de). — I, 211.
MARGOT. — II, 165.
MARMONT (maréchal). Voir RAGUSE.
MARTIGNAC (vicomte DE). — I, 331. II, 47, 49, 50, 54, 70, 82.
MARTINENG (amiral). — II, 369.
MAUGUIN. — II, 56, 57, 260.
MEHEMET-ALI (v.-roi d'Égypte). — II, 136, 167.
MESGRIGNY (comte de). — I, 135.
MIRBEL. — I, 165, 167.
MONSIEUR (voyez Charles X).
MONTBEL (comte de). — I, 331. — II, 75, 83, 101, 130, 149, 152, 182, 183, 192, 201, 202, 240, 248, 259, 325.
MONTESQUIOU (l'abbé de). — I, 145. — II, 205.
MONTLOSIER (comte de). — I, 188.
MONTLIVAUT. — II, 4.
MOROZZO (comte de). — I, 351.
MORTEMART (duc). — II, 268, 275, 277, 278, 282, 284, 287, 289.
MOUNIER (baron). — I, 215, 318, 324. — II, 48.

N

NAPLES (le roi de). — II, 225, 226.
NOAILLES (comte Alexis de). — I. 212.

O

ORANGE (prince Frédéric d'). — II, 142.
ORCIÈRE (comte d'). — II, 295.
ORLÉANS (duc d'). — II, 43, 44, 45, 145, 226, 233.
ORLÉANS (duchesse d'). — II, 43.
OTHON (prince). — II, 147.
OUDINOT (duc de Reggio). — I, 370.

PAMPHILLE DE LACROIX (madame). — I, 342.
PAMPHILLE DE LACROIX (général vicomte). — I, 342, 349, 351, 352, 358, 360, 361, 364, 365, 367, 378.
PANGE (marquis de). — I, 272, 274, 275, 276.
PARCHAPPE. — II, 284.
PARDESSUS. — I, 209.
PASQUIER (comte). — I, 204.
PASTORET (marquis de). — I, 220, 371.
PATAILLE. — I, 302, 303.
PELLET DE LA LOZÈRE. — I, 260, 261. — II, 48.
PÉRIER (Aug.). — I, 386.
PÉRIER (Casimir). — I, 405, 406. II, 64, 260, 263.
PERRIN. — 355.
PETOU. — II, 64, 65.
PEYRONNET (comte de). — I, 331, 389. — II, 13, 20, 38, 129, 192, 193, 199, 201, 202, 205, 207, 209, 248, 259, 298, 325.
PIET. — I, 208.
POLIGNAC (prince de). — I, 331, — II, 73, 74, 75, 83, 86, 87, 88, 98, 113, 130, 133, 134, 135, 136, 137, 147, 148, 149, 150, 155, 157, 173, 183, 192, 193, 201, 207, 222, 223, 224, 235, 241, 242, 248, 249, 250, 251, 252, 253, 259, 275, 288, 290, 291, 297, 298.

PORTAL (baron). — I, 324, 325. — II, 48.
PORTALIS. — II, 53, 54.
PRADT (abbé de, archevêque de laMines) — I, 137, 223.
PRINCETEAU (madame), — I, 170.
PUYMAURIN (baron de). — I, 239.

Q

QUINSONNAS (général de). — II, 256.
QUIOT (général). — I, 365.

R

RAGUSE (maréchal duc de). — I, 377. — II, 190, 191, 253, 256, 257, 259, 264, 265, 276, 288, 290.
RAVEZ. — II, 9, 10, 56, 73, 74.
RENAULDON. — I, 353, 355, 360, 364.
RICHELIEU (duc de). — I, 161, 173, 324.
RIGNY (amiral de). — II, 72, 83, 84, 186.
LA ROCHEFOUCAULD (Sosthène de, duc de Doudeauville). — I, 140.
ROLLAND (baron). — II, 169.
ROSAMEL (amiral). II, 224.
ROUSSIN (amiral). — II, 161.
ROUX DE LABORIE. — I, 201.
ROY (comte). — I, 324, 326. — II, 82.
ROYER-COLLARD. — I, 197. — II, 56, 182.

S

SAINTE-AULAIRE (comte de). — I, 186, 260, 261.
SAINT-CHAMANS (général de). II, 256.
SAINT-CRICQ (comte de). — I, 214.
SAINT MARSAN (comte de). — I, 351.
SALABERRY (comte de). — I, 206, 207.

SALVANDY (comte de). — II, 48, 49.
SAXE (prince Jean). — II, 142.
SAXE-COBOURG (prince Léopold). — II, 143, 144.
SAYNE (de). — I, 289.
SCHLEGEL. — I, 223.
SCHONEN. — II, 260.
SÉBASTIANI (général). — I, 256, 257.
SÉGUIER (président, baron). — I, 316. — II, 79.
SÉGUR (comte de). — I, 223.
SEMONVILLE (marquis de). — I, 205. — II, 267, 268, 271, 278, 284.
SERRE (comte de). — I, 217, 324.
SERVAN. — I, 291, 292, 293.
SESMAISONS (comte de). — I, 211.
SÈZE (Raymond de). — I, 219. — II, 13.
SIDNEY SMITH (amiral). — II, 166.
SIMÉON (comte). — I, 181, 324, 330, 381, 382.
STAEL (madame de). — I, 145, 222.
STUART (Lord). — II, 158.
SUARD. — I, 223.
SYRIÈS DE MERINHAC. — II, 30.

T

TAHIR-PACHA. — II, 213.
TALLEYRAND (prince de). — I, 139, 222, 223.

T

TALMONT (princesse de). — I, 175.
TALON (général vicomte). — II, 256, 277.
TAYLOR (baron). — II, 167, 169, 170, 171.
TOCQUEVILLE (comte de). — II, 331.
TOURNON (comte de). — II. 5, 6, 7, 8, 19, 22.
TOURNY (comte de) II, 21.
TRESTAILLON. — I, 287.
TRUPHÉMI. — I, 291.

V

VAUBLANC (comte de). — I, 161, 175, 330.
VICTOR EMMANUEL (le Roi). — I, 350.
VIENNET. — II, 47, 62, 63.
VILLEMAIN. — I, 166, 167.
VILLÈLE. — I, 156, 228, 389, 390, 391, 392, 393, 407, 409. — II, 36, 38, 40, 41, 82, 201.
VITROLLES (baron de). — I, 309, 310, 311. — II, 267, 268, 271, 280, 284, 286.
VOIROL (colonel). — I, 299.

W

WALL (comte de). — II, 250.
WILSON (sir Robert). — I. 172.
WURTEMBERG (prince Paul de). I, 184. — II, 142.

FIN DE L'INDEX

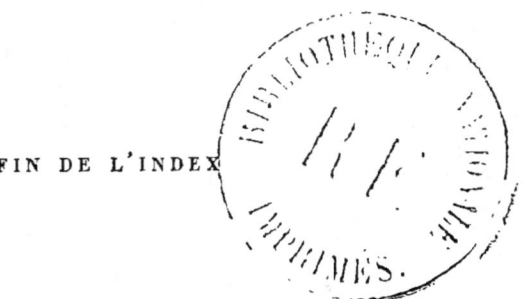

TABLE

DU TOME DEUXIÈME

DEUXIÈME PARTIE

CHAPITRE I

M. d'Haussez à Bordeaux. — Ses prédécesseurs, M. de Breteuil et M. de Tournon. — M. Ravez. — M. Gautier. — Le général Alméras. — Travaux d'embellissement et d'utilité exécutés à Bordeaux. — Une statue de Louis XVI décapitée à la fonte. — Monseigneur de Cheverus, le clergé, les jésuites. — La statue de M. de Tourny. — Travaux conçus pour l'utilité du département de la Gironde, la plupart entravés par l'administration centrale. 3

CHAPITRE II

M. de Villèle songe à dissoudre la Chambre. — Mauvais résultats de cette mesure. — M. d'Haussez les prévoit et en avertit. — Il est nommé député à Dax. — Accusation injuste de M. de Villèle. — M. d'Haussez la repousse avec éclat. — Le duc d'Orléans. — M. de Martignac. — Il forme une commission administrative composée d'hommes de diverses opinions et y appelle M. d'Haussez. — M. de Salvandy. — M. Hyde de Neuville. — Monseigneur Feutrier. — M. Portalis. — M. de Belleyme. — M. Mauguin. — M. Dupin, aîné. — M. Charles Dupin. — Le général Lamarque. — Le général Gérard. — M. Béranger. — M. Viennet. — M. Laisné de Villevêque. — M. Petou. — M. de la Boulaye. — Le vicomte de Conny. — MM. Cottu, Berryer. — M. d'Haussez apprend sa nomination au ministère de la Marine. — Visite à M. Decazes. — Singulière erreur où tombe celui-ci. — M. d'Haussez se rend à Paris. — Première rencontre avec les ministres 36

CHAPITRE III

Danger de la monarchie au moment de la chute du ministère Martignac. — Le ministère Polignac. Désarroi des idées, absence de direction politique. — Portraits des ministres : M. de Polignac, M. de La Bourdonnaye, M. Courvoisier, comte de Bourmont, baron d'Haussez, comte de Chabrol, M. de Montbel. — Premières séances du Conseil. — Le préfet de police. — Portraits du Roi, du Dauphin, de la Dauphine, de la duchesse de Berry. — La Cour 76

CHAPITRE IV

Les séances du Conseil. — Projet de réforme militaire du comte de Bourmont. — Préliminaires de l'expédition d'Alger. — Menées de M. de Polignac pour en faire charger le pacha d'Égypte Méhémet-Ali. — Affaires de Grèce. — L'expédition française en Morée. — Les candidats au trône de Grèce. — Marchandages du prince Léopold. — M. de Polignac nommé président du Conseil. — Démission de M. de la Bourdonnaye. — M. de Guernon-Ranville à l'intérieur. — Le roi refuse d'acheter les quelques voix nécessaires pour assurer une majorité royaliste. 128

CHAPITRE V

Abandon des négociations avec l'Égypte. — Opposition de l'Angleterre à l'expédition d'Alger. — Conversation de M. d'Haussez avec l'ambassadeur d'Angleterre, lord Stuart de Rothsay. — Nécessité de hâter les préparatifs. — Hésitation et défiance des bureaux de la marine vaincues par la volonté arrêtée du ministre. — M. d'Haussez et le baron Taylor obtiennent du pacha d'Égypte la cession de deux obélisques de Louqsor. — Dispositions prises pour les amener en France. — Réunion des Chambres. — Projets financiers proposés. — Rédaction du discours du Trône. — La phrase provocatrice. — Réponse de la Chambre. — Le tarif des consciences. — Réception de l'adresse par le roi. — Ordonnance de dissolution 155

CHAPITRE VI

Fin des préparatifs de l'expédition d'Alger. — Commandement de la flotte. — Le vice-amiral Duperré. — Le comte de Bourmont quitte le ministère pour diriger l'expédition. — Réunion de la flotte dans la rade de Toulon, et de l'armée à Toulon et dans les environs. — Le Dauphin va les passer en revue. — Son voyage dans le Midi. Les dernières acclamations royalistes . . 185

CHAPITRE VII

Remaniement du ministère. — Les nouveaux ministres : M. de Chantelauze; M. de Peyronnet; le baron Capelle; le comte Beugnot. — Suite de l'expédition d'Alger. — Prise d'Alger. — Indifférence de la population à ce grand succès. — Élections hostiles au gouvernement 199

CHAPITRE VIII

Nécessité des Ordonnances justifiées par la conspiration contre la monarchie. — Le duc d'Orléans. — Aveuglement du préfet de police et du président du Conseil. — Preuves de l'existence d'un plan d'opposition armée. — Les ordonnances sont adoptées par le Conseil presque sans discussion et sans s'être assuré au préalable les forces nécessaires pour les appliquer. 230

CHAPITRE IX

Effet des Ordonnances. — La journée du 26. — Indifférence apparente du public. — Premiers troubles. — Insuffisance des mesures et des forces de police. — Journée du 27. — Paris mis en état de siège. — Forces insuffisantes du duc de Raguse. — Les premiers coups de fusil. — Disparition du préfet de police. — Journée du 28. — Plan du duc de Raguse. — Les barricades arrêtent la marche des colonnes. — Défaillance des troupes. — Aspect du Conseil des ministres. — M. de Polignac refuse de recevoir la députation libérale offrant un arrangement 245

CHAPITRE X

Progrès de l'insurrection. — Attitude du peuple et de la garde nationale. — Propositions de conciliation portées à Saint-Cloud par M. de Sémonville. — M. d'Haussez propose de battre en retraite sur la Loire pour reprendre la lutte. — Prise du Louvre. — M. de Mortemart nommé président du Conseil et investi de pleins pouvoirs pour traiter avec les insurgés. — Inertie de M. de Mortemart. — Insubordination des troupes. — Retraite de la Cour sur Versailles, puis sur Rambouillet. — M. d'Haussez sauvé par un compatriote libéral. — Abdication du roi. . . . 261

CHAPITRE XI

Causes de la chute de la royauté, perdue par la coalition de ses défenseurs naturels avec ses ennemis mortels. — Fautes commises par ses derniers défenseurs. — Récriminations injustes des modérés contre le ministère Polignac. — Ce sont eux qui ont déchaîné la révolution qu'ils essaient à présent d'entraver et qui les emportera à leur tour. 302

Appendice 321

Notes complémentaires. 371

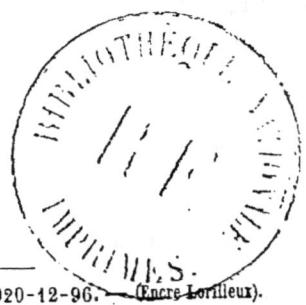

IMPRIMERIE CHAIX, RUE BERGÈRE, 20, PARIS. — 24920-12-96. — (Encre Lorilleux).

CALMANN LÉVY, ÉDITEUR

DERNIÈRES PUBLICATIONS

— Format in-8° —

DUC D'AUMALE
Histoire des princes de Condé, 7 volumes.................. 52 50
1 volume *index*............... 3 50

C. DE BARANTE
Souvenirs du baron Claude de Barante, 6 volumes...... 45 »

M. BERTHELOT
Science et morale, 1 volume. 7 50

FEU LE DUC DE BROGLIE
Souvenirs, 4 volumes........ 30 »

DUC DE BROGLIE
L'Alliance autrichienne, 1 vol. 7 50

JAMES DARMESTETER
Les Prophètes d'Israël, 1 volume....................... 7 50

MARÉCHAL DAVOUT
1806-1807, 1 volume........... 7 50

MADAME OCTAVE FEUILLET
Souvenirs et correspondances 1 volume................... 7 50

BARON D'HAUSSEZ
Mémoires, 2 volumes......... 15 »

VICTOR HUGO
Correspondances, tome I..... 7 50

PRINCE DE JOINVILLE
Vieux souvenirs, édition illustrée, 1 volume............. 30 »

PIERRE LOTI
OEuvres complètes, t. I à VII 52 50

PRINCE HENRI D'ORLÉANS
Autour du Tonkin, 1 volume. 7 50

DUC D'ORLÉANS
Lettres, 1825-1842, 1 volume... 7 50
Récits de campagne, 1833-1841, 1 volume............... 7 50

COMTE DE PARIS
Histoire de la Guerre civile en Amérique, t. I à VII........ 52 50

LUCIEN PEREY
Une Princesse romaine au XVIIe siècle : Marie Mancini Colonna, 1 volume..... 7 50

COMTE CH. POZZO DI BORGO
Correspondance diplomatique, 2 volumes.................. 15 »

ERNEST RENAN
Histoire du peuple d'Israël, 5 volumes.................. 37 50
Lettres intimes de Renan et de Henriette Renan, 1 vol... 7 50

PRINCE DE TALLEYRAND
Mémoires, avec une préface du duc de Broglie, 5 volumes.. 37 50

GÉNÉRAL THOUMAS
Le Maréchal Lannes, 1 vol... 7 50

www.ingramcontent.com/pod-product-compliance
Lightning Source LLC
Chambersburg PA
CBHW052126230426
43671CB00009B/1140